DK Vis-à-Vis

W0090201

IRLAND

INHALT

SCHOTTLAND

Tory Island
Inishowen Peninsula
Portrush
Ballycastle
Rathmullan
Buncrana
Coleraine
Cushendall
Aranmore
Letterkenny
Derry~Londonderry
Ballymena
Larne
Stranraer
Nordwest-Irland
Seiten 224–243
Stranorlar
Strabane
NORDIRLAND
Carrickfergus
Antrim
Glencolmcille
Donegal
Nordirland
Seiten 262–299
Lough Neagh
Bangor
Kilcar
Omagh
BELFAST
Ballyshannon
Lough Derg
Dungannon
Donegal Bay
Lower Lough Erne
Lisburn
Enniskillen
Portadown
Dundrum
Sligo
Upper Lough Erne
Armagh
Ardglass
Monaghan
Newcastle
Tobercurry
Kilkeel
Carrick-on-Shannon
Cavan
Dundalk
Boyle
Knock
Ardee
Irische See
Westirland
Seiten 206–223
Longford
Midlands
Seiten 244–261
Kells
Slane
Roscommon
Trim
REPUBLIK IRLAND
Athlone
Kilbeggan
Dublin
Seiten 54–121
Shannonbridge
Tullamore
DUBLIN
Bray
Naas
Enniskerry
Portumna
Birr
Kildare
Wicklow Mountains
Lough Derg
Portlaoise
Wicklow
Roscrea
Abbeyleix
Nenagh
Carlow
Rathvilly
Arklow
Shannon
Unterer Shannon
Seiten 184–205
Kilkenny
Südost-Irland
Seiten 124–153
Gorey
Limerick
Cashel
Enniscorthy
Adare
Tipperary
Kilmallock
Cahir
Carrick-on-Suir
New Ross
Wexford
Mitchelstown
Rosslare
Ballymacarbry
Waterford
Fermoy
Lismore
Mallow
Saltee Islands
Youghal
Cork
Ardmore
St George's Channel
Cobh
Kinsale

0 Kilometer   50

N

INSPIRIEREN / PLANEN / ENTDECKEN / ERLEBEN

IRLAND

Links: *Alte Guinness-Schilder an der Wand eines Pubs*
Vorhergehende Seite: *Die Cliffs of Moher, County Clare* (siehe S. 190f)
Umschlag: *Blick auf den Rock of Cashel* (siehe S. 194f)

IRLAND
ENTDECKEN

Der Ring of Kerry von Valentia Island

WILLKOMMEN IN
IRLAND

Schroffe Küsten und üppig grüne Landschaften. Weltklasse-Museen und gemütliche Pubs voller Einheimischer, die jeden mit ihrem typisch keltischen Charme begeistern. Kultur und Lebensfreude – die Grüne Insel bietet beides im Überfluss. Wie auch immer Ihre Traumreise nach Irland aussieht, dieser Reiseführer ist Ihr perfekter Begleiter.

1 Die St Colman's Cathedral erhebt sich über die bunten Fischerboote im Hafen von Cobh im County Cork.

2 Prachtvolle Gräber auf dem Glasnevin Cemetery in Dublin

3 Der Mussenden Temple auf dem Rand einer Klippe an der Nordküste Nordirlands bei Sonnenuntergang

Irland ist eine kleine, aber spektakuläre Insel. Überall gibt es beeindruckende Orte zu entdecken – von den berühmten Cliffs of Moher bis zur atemberaubenden Causeway-Küstenroute bei Antrim. Cineasten werden in Irland manche Kulissen von *Star Wars* und *Game of Thrones* wiedererkennen.

Aber auch die Städte sind sehenswert. Das früher vom Bürgerkrieg gezeichnete Belfast ist heute eine junge Stadt mit einer interessanten Szene aus Restaurants und zahlreichen kuriosen Bars. Entdecken Sie Dublin auf den Spuren der berühmtesten literarischen Söhne der Stadt, von James Joyce bis Oscar Wilde, oder erkunden Sie die Weiten des Phoenix Park. Im Westen laden die farbenfrohen Straßen von Galway zu einem Besuch ein, während Cork mit malerischen Wasserwegen und dem nahen Blarney Castle zu den zahlreichen Attraktionen zählt.

Irland ist von seiner Größe her leicht zu bereisen, die Zahl der Sehenswürdigkeiten ist jedoch überwältigend. Detaillierte Reiserouten, nützliche Tipps und informative Karten helfen Ihnen, Ihren Besuch perfekt zu planen. Unser Vis-à-Vis Irland ist ideal, um eine Reise ganz nach Ihrem ganz eigenen Geschmack zu planen, und ein perfekter Begleiter, um die Insel zu erkunden. *Céad míle fáilte* – hunderttausend Grüße von einer der freundlichsten Inseln der Welt. Genießen Sie Irland!

LIEBENSWERTES
IRLAND

Spektakuläre Landschaften, Menschen voller Lebensfreude, eine ergreifende Geschichte – das ist Irland. Fragen Sie irgendeinen Iren, warum er sein Land liebt, und jedes Mal werden Sie einen anderen Grund hören.

1 Der Begriff craic
Craic bedeutet »eine gute Zeit mit Freunden verbringen«. Es bezeichnet aber auch die Wurzel der irischen Herzlichkeit, der Grund, der viele immer wieder nach Irland führt.

Filmwürdige Landschaften 2
Von Spielberg bis Kubrick, von *Star Wars* bis *Game of Thrones* – Irlands atemberaubende Landschaften sind Kulisse vieler großer Filme.

3 Das Hügelgrab Newgrange
Machen Sie einen Abstecher nach Newgrange *(siehe S. 248 – 251)*. Es ist älter und geheimnisvoller als die ägyptischen Pyramiden, eine der bedeutendsten prähistorischen Stätten der Welt und das älteste bekannte Sonnenobservatorium.

Giant's Causeway 4

Besuchen Sie Nordirlands UNESCO-Weltnaturerbe, den surreal schönen Giant's Causeway, gebildet aus Tausenden ineinander verschachtelter Basaltsäulen *(siehe S. 276f)*.

Irlands zwei Hauptstädte 5

Nur knapp zwei Autostunden voneinander entfernt, können Sie die Sehenswürdigkeiten von Dublin *(siehe S. 54–121)* wie auch von Belfast *(siehe S. 270–275)* leicht erkunden.

Aufblühende Food-Szene 6

Irlands kulinarischer Ruf war eher bescheiden. Heute aber machen kreative Köche und beste lokale Zutaten die Insel zu einem Geheimtipp für Feinschmecker.

Alte Burgen und Schlösser 7

Irland ist übersät mit alten Burgen und Schlössern, manche sind nur noch Ruinen, andere aber haben nichts von ihrer glanzvollen Historie verloren.

Titanic-Museum in Belfast 8

2016 wurde das innovative Titanic Belfast *(siehe S. 274f)* an dem Platz, wo das Schiff einst gebaut wurde, zur World's Leading Tourist Attraction gewählt.

9 Weltklasse-Destillerien

Irland ist ein Paradies für Whiskey-Liebhaber. Die Insel, Heimat von Spitzen-Destillerien wie Bushmills und Jameson, ist der perfekte Ort, die edlen Tropfen zu genießen.

10 Trad Sessions in irischen Pubs

So werden die traditionellen Livemusik-Events genannt, die zu jedem irischen Pub gehören. Manchmal sind es Gruppen, manchmal Solisten, die alle einfach begeistern.

Surfen an der Sligo Coast 11

Irlands Atlantikküste ist weltweit als Top-Surfspot bekannt, und es gibt keinen besseren Ort, der Surfleidenschaft nachzugehen, als Sligo mit goldenen Stränden und sauberen Wellen *(siehe S. 238f)*.

Reiches keltisches Erbe 12

Irlands reiche Tradition des Geschichtenerzählens ist von einem Zauber geprägt, der in den 2000 Jahre alten irischen Mythen und der Geschichte der Kelten verwurzelt ist.

IRLAND
AUF DER KARTE

Irland ist in diesem Reiseführer in acht Regionen aufgeteilt, die auf den folgenden Seiten einzeln beschrieben werden. Jede Region hat eine eigene Farbe, in der sie auf der Karte unten eingefärbt ist.

Belmullet
Ballycastle
Ballin
Foxford
Achill Island
Newport
Castlebar
Clare Island
Westport
Inishbofin
Leenane
Clifden
Cashel
Knockferry
Galway
Galway Bay
Ballyvaughan
Aran Islands
Burren

Atlantischer Ozean

Enni
Kilkee
Killimer
Tarbert
Tralee
Dingle Peninsula
Dingle
Killarney
Dingle Bay
Cork und Kerry
Seiten 154–183
Valentia Island
Ring of Kerry
Kenmare
Tahilla
Skellig Islands
Glengarriff
Durrus
Leap
Mizen Head
Baltimore

Westeuropa

NORWEGEN
SCHWEDEN
Nordsee
DÄNEMARK
IRLAND
GROSS-BRITANNIEN
DEUTSCH-LAND
TSCHECH. REP.
Atlantischer Ozean
ÖSTERREICH
FRANK-REICH
SCHWEIZ
ITALIEN
PORTUGAL
SPANIEN
Mittelmeer

SCHOTTLAND

Tory Island

Inishowen Peninsula

Aranmore

Rathmullan
Buncrana
Portrush
Ballycastle
Coleraine
Cushendall

Letterkenny

Nordwest-Irland
Seiten 224–243

Derry~Londonderry

Stranorlar

Ballymena
Larne
Stranraer

Glencolmcille

Donegal

Strabane

NORDIRLAND

Carrickfergus

Kilcar

Ballyshannon

Lough Derg

Omagh

Nordirland
Seiten 262–299

Dungannon

Lough Neagh

Antrim
Bangor

BELFAST

Donegal Bay

Lower Lough Erne

Lisburn

Sligo

Enniskillen

Upper Lough Erne

Armagh

Portadown
Dundrum
Ardglass
Newcastle

Tobercurry

Monaghan

Kilkeel

Boyle

Carrick-on-Shannon

Cavan

Dundalk

Knock

Ardee

Westirland
Seiten 206–223

Longford

Midlands
Seiten 244–261

Kells

Slane

Irische See

Roscommon

Trim

REPUBLIK IRLAND

Athlone

Kilbeggan

Dublin
Seiten 54–121

DUBLIN

Shannonbridge

Tullamore

Bray
Enniskerry

Portumna

Birr

Naas

Kildare

Wicklow Mountains

Wicklow

Lough Derg

Portlaoise

Abbeyleix

Roscrea

Carlow
Rathvilly

Arklow

Nenagh

Gorey

Shannon

Unterer Shannon
Seiten 184–205

Kilkenny

Südost-Irland
Seiten 124–153

Limerick

Adare

Tipperary

Cashel

Enniscorthy

Kilmallock

Cahir

Mitchelstown

Carrick-on-Suir

New Ross

Wexford

Rosslare

Fermoy

Lismore

Ballymacarbry

Waterford

Mallow

Saltee Islands

Youghal

Cork

Ardmore

St George's Channel

Cobh

Kinsale

0 Kilometer   50

N

DIE REGIONEN
IRLANDS

Das heutige Irland besteht aus vielen verschiedenen Bereichen: zwei Staaten, vier Provinzen, 32 Countys und zahllosen Städten und Dörfern. Während der irische *craic* überall zu finden ist, hat jede Region ihre eigene Geschichte und Besonderheit. Je mehr man darüber weiß, desto leichter fällt die Reiseplanung.

Seiten 54–121

Dublin

Die irische Hauptstadt hat viele Attraktionen, die leicht zu Fuß zu erkunden sind. Vom Trinity College bis zur Christ Church Cathedral – historische Sehenswürdigkeiten gibt es an jeder Ecke. Im Südosten liegen die Grafton Street mit attraktiven Shops sowie Irlands kulturelles Erbe in der National Gallery und dem National Museum of Ireland – Archaeology. Dublins Südwesten weckt Erinnerungen an die Wikinger-Zeit und bietet Vergnügen im lebhaften Temple Bar. Nördlich des Liffey finden Sie die schönsten georgianischen Straßenzüge und zahlreiche große Museen.

Entdecken
Weltklasse-Museen und pulsierendes Nachtleben

Sehenswert
Das *Book of Kells* in der Old Library, Trinity College

Genießen
Einen Abend mit traditioneller Musik in Temple Bar

Südost-Irland

Gesegnet mit dem wärmsten Klima Irlands, ist der Südosten eine der schönsten Regionen des Landes. Das County Wicklow, der »Garten Irlands«, bezaubert mit seiner atemberaubenden Berglandschaft und zahlreichen historischen Stätten. Die Countys weiter südlich sind geprägt von sanften Hügeln, üppigem Ackerland und imposanten mittelalterlichen Schlössern. Die gesamte Region ist ein Paradies für Golfer.

Entdecken
Prächtige Herrenhäuser und Anwesen

Sehenswert
Kilkenny, eine der schönsten Städte mit großem historischem Erbe

Genießen
Einen Spaziergang durch die mystische Klosteranlage von Glendalough

Cork und Kerry

Die herrliche Landschaft, die fast die Hälfte der historischen Provinz Munster umfasst, zieht seit der viktorianischen Zeit Besucher an. Felsige Landzungen ragen dramatisch in den Atlantik, bunte Fischerdörfer schmiegen sich in den Schutz der Buchten. Neben atemberaubenden Landschaften bietet Kerry eine Fülle prähistorischer Stätten. Der Charme und das kulinarische Erbe von Cork haben schon manche dazu verleitet, für immer zu bleiben.

Entdecken
Malerische Küstenorte

Sehenswert
Die historischen Skellig Islands, die schon als Kulisse für *Star Wars*-Filme dienten

Genießen
Die kulinarischen Genüsse in West Cork

$\rightarrow$

17

Unterer Shannon

Die drei Countys, die den Unterlauf des Shannon, des längsten irischen Flusses, säumen, sind sehr unterschiedlich – vom hügeligen Ackerland in Tipperary bis zum unwirtlichen Kalksteinplateau des Burren. Mittelalterliche Festungen, stimmungsvolle Städtchen und kleine Orte am Fluss ziehen viele Besucher an. Am westlichen Rand der Region liegen die beeindruckenden Cliffs of Moher, Irlands meistbesuchtes Naturspektakel. Die Gegend ist auch berühmt für ihre lebendige, traditionelle Musikszene, vor allem in den kleinen Dörfern des County Clare.

Entdecken
Spontane irische Musik-Sessions

Sehenswert
Cliffs of Moher, einer der dramatischsten Abschnitte der irischen Westküste

Genießen
Einen luxuriösen Aufenthalt im neogotischen Adare Manor

18

Westirland

Connaught, Herzstück von Irlands historischem Westen, ist seit jeher dünn besiedelt. Seine Landschaft ist geprägt von windgepeitschten Bergen, niedrigen Steinmauern und Torfmooren. In dieser ursprünglichen ländlichen Region liegt die ausgesprochen quirlige Universitätsstadt Galway, deren junge Bevölkerung die mittelalterlichen Straßen und gemütlichen Pubs mit Leben erfüllt. An der Mündung der Galway Bay liegen die drei Aran-Inseln, deren schroffe Landschaften, alte Kirchen, Festungen und Denkmäler viele Tagestouristen anziehen.

Entdecken
Erstklassige Pferderennen

Sehenswert
Die kargen Aran Islands

Genießen
Ein dunkles Bier in einem von Galways gemütlichen Pubs

→

Nordwest-Irland

Turmhohe Klippen und einsame Strände – einige der wildesten Landschaften Irlands prägen das Bild der Küste von Donegal. Die Einheimischen aber sind bekannt für ihre unprätentiöse Freundlichkeit. Sligo im Süden, geprägt von seinem Erbe aus prähistorischer und keltischer Zeit, besticht mit seinen alten Denkmälern und seiner natürlichen Schönheit, bereichert durch die Verbindungen zu dem großen Dichter W. B. Yeats. Im Gegensatz dazu ist Leitrim eine beschauliche Gegend mit fast unberührten Seen und Wasserwegen.

Entdecken
Lange Spaziergänge an einsamen Stränden

Sehenswert
Slieve League, eine der höchsten Küstenklippen Europas

Genießen
Riesenwellen am Strand von Sligo, einem Hotspot für Surfer

Midlands

Wiege der irischen Kultur und spirituelle Heimat der Kelten – die Midlands beheimaten die meisten der einst heiligen, immer noch symbolträchtigen Orte der Insel. Ein Großteil der Region ist wenig besucht, aber in den zerklüfteten Landschaften mit saftigen Weiden, Seen und Mooren finden sich alte keltische Kreuze, normannische Abteien und Burgen im gotischen Stil. Die Midlands beherbergen eine Reihe von Irlands bekanntesten Whiskey-Brennereien, etwa Kilbeggan in Westmeath und Tullamore in Offaly.

Entdecken
Prähistorische Stätten

Sehenswert
Newgrange, Irlands bedeutendstes Hügelgrab

Genießen
Whiskey-Verkostungen in der historischen Kilbeggan Distillery, die auf das Jahr 1757 zurückgeht

Nordirland

Nordirland ist reich an Sehenswürdigkeiten aus der irischen Geschichte und großartigen Landschaften. Die atemberaubendsten findet der Besucher an der Nordküste: den einzigartigen Giant's Causeway oder den auf einer Klippe thronende Mussenden Temple. In Belfast, der lebhaften Hauptstadt, zeigt sich die Geschichte in Form von politischen Graffiti und der *Titanic*-Werft. Daneben gibt es eine aufblühende Szene von Feinschmeckerrestaurants und ein abwechslungsreiches, teils skurriles Nachtleben.

Entdecken
Atemberaubende Küstenlandschaft und tolle lokale Restaurants

Sehenswert
Giant's Causeway

Genießen
Eine Pub-Tour über die Kopfsteinpflasterstraßen in Belfasts Cathedral Quarter

←

1 *Coumeenoole Beach auf der Dingle Peninsula*

2 *St Kieran's Street, Kilkenny*

3 *Stand auf Corks English Market*

4 *Whiskey in der Jameson Distillery Midleton*

Irland ist eine Schatzkiste voller Sehenswürdigkeiten und Aktivitäten. Ihre relativ geringe Größe macht es leicht, die Insel zu erkunden. Diese Reiserouten sollen Sie inspirieren und helfen, das Beste aus Ihrem Aufenthalt zu machen.

2 WOCHEN
IN IRLAND

Tag 1
Erkunden Sie Dublin – wählen Sie eine Tagestour durch Dublin *(siehe S. 58f)*.

Tag 2
Fahren Sie von Dublin Richtung Süden nach Enniskerry, wo die prächtigen Gärten von Powerscourt *(siehe S. 132f)* einen Besuch lohnen. Ab hier folgen Sie eine Weile der malerischen Military Road durch die windgepeitschten Wicklow Mountains. Unterwegs finden Sie viele atemberaubende Orte, an denen man haltmachen kann, darunter auch der Powerscourt Waterfall, der höchste Wasserfall in Irland. Beenden Sie den Tag in Kilkenny mit einem Abendessen im Matt the Millers, einem lebhaften Pub.

Tag 3
Erstes Ziel ist Waterford, Irlands älteste Stadt *(siehe S. 140f)*. Besuchen Sie das Museum der Schätze, das die Geschichte der Stadt erzählt. Nach dem Mittagessen im Granary Café folgen Sie der Küstenstraße nach Youghal mit seinen mittelalterlichen Stadtmauern. Von hier ist es eine kurze Fahrt zur Jameson Distillery in Midleton *(siehe S. 175)*. Machen Sie eine Tour und kosten Sie den feinen Whiskey. Runden Sie den Tag mit einem Besuch des Blarney Castle *(siehe S. 175)* ab, bevor Sie die Nacht in Cork verbringen *(siehe S. 158–161)*.

Tag 4
Beginnen Sie den Tag mit dem Besuch des English Market in Cork, hier können Sie

frühstücken und ein Picknick für unterwegs kaufen. Fahren Sie danach nach Kinsale *(siehe S. 177–179)* und schlendern Sie durch die historischen Straßen der Stadt. Weiter geht es entlang der Küste durch kleine Dörfer und schöne Landschaften nach Bantry *(siehe S. 172)*. Ein perfekter Ort, die Nacht zu verbringen, mit vielen guten Restaurants und Livemusik, die in den meisten Nächten im Sommer geboten wird.

Tag 5
Eine atemberaubende Fahrt führt durch die Caha-Berge nach Kenmare *(siehe S. 170)*, von wo aus Sie den Ring of Kerry *(siehe S. 182f)* erkunden können. Machen Sie Ihre Mittagspause in einem der vielen Restaurants, bevor Sie die Halbinsel auskundschaften und in dem einen oder anderen Dorf haltmachen, um die Landschaft zu genießen. Übernachten Sie in Tralee *(siehe S. 168f)*, einer kleinen Stadt, die vor allem für ihr internationales Festival Rose of Tralee bekannt ist.

Tag 6
Am nächsten Morgen fahren Sie um die schöne Dingle Peninsula. Bei einem Halt in Dingle *(siehe S. 169)* können Sie frische Meeresfrüchte im Out of the Blue genießen. Danach erkunden Sie die Stadt, bevor Sie mit einer Fähre zu den Blasket Islands fahren. Auf den heute unbewohnten Inseln lebte früher eine gälischsprachige Gemeinde. Zurück auf dem Festland können Sie im Dingle Skellig Hotel übernachten. Nur wenige Minuten vom Dorf entfernt bietet es großartige Ausblicke. →

Tag 7

Folgen Sie der atemberaubenden Küstenstraße durch Kilkee, Milltown Malbay, vorbei an den Cliffs of Moher *(siehe S. 190f)* nach Doolin. Hier wird traditionelle irische Volksmusik gepflegt. Nach dem Mittagessen in Doolin verbringen Sie den Nachmittag mit der Erkundung der mondähnlichen Landschaft des Burren *(siehe S. 188f)*. Übernachten Sie in dem schönen Städtchen Ennis *(siehe S. 197)*.

Tag 8

Weiter geht es Richtung Süden. Sehen Sie sich am Morgen in Limerick *(siehe S. 201)* um: Besuchen Sie die St Mary's Cathedral und das Hunt Museum mit seiner Antiquitätensammlung. Am Nachmittag erkunden Sie das herrlich renovierte Bunratty Castle und den Folk Park *(siehe S. 192f)*, in dem das ländliche Leben im Irland des 19. Jahrhunderts akribisch nachempfunden ist. Fahren Sie weiter nach Galway *(siehe S. 210f)* und verbringen den Abend in einem der Restaurants oder Bars entlang der Quay Street.

Tag 9

Von Galway folgen Sie der Küstenstraße durch Roundstone und Clifden. Genießen Sie die spektakulären Ausblicke. Besuchen Sie die prachtvolle Kylemore Abbey *(siehe S. 218f)*, wo Sie zu Mittag essen können, bevor Sie einen Spaziergang (zugänglich durch das Besucherzentrum) im schönen Connemara-Nationalpark unternehmen. Nach einer Wanderung über Berge und durch Wälder beenden Sie Ihren Tag im schicken kleinen Städtchen Westport *(siehe S. 214f)*.

Tag 10

Morgens besuchen Sie das herrlich renovierte Westport House. Fahren Sie dann auf Achill Island und genießen Sie die Ausblicke. Mittags erreichen Sie Sligo *(siehe S. 238f)*. Nach einem Snack im Vintage Lane Café erkunden Sie am Nachmittag die Stadt. Besuchen Sie auf jeden Fall das Sligo County Museum, das mit herrlichen Exponaten an den großen W. B. Yeats erinnert. In der Kunstgalerie The Model sind Bilder seines Bruders Jack B. Yeats zu bewundern.

1 *Fanad Head, Leuchtturm in Donegal*
2 *Bunratty Castle & Folk Park*
3 *Westport im County Mayo*
4 *Nordirlunds Nordküste*
5 *The Spaniard, eine Bar in Belfast*

Tag 11

Die Küste von Donegal ist eine der am wenigsten besuchten, aber schönsten Regionen Irlands. Für wirklich atemberaubende Aussichten empfiehlt sich Horn Head, wo Sie bei schönem Wetter am nahe gelegenen Killahoey Strand auch baden können. Beenden Sie Ihren Tag in Derry~Londonderry *(siehe S. 280 – 283)*.

Tag 12

Verbringen Sie einen Tag an der Küste von North Antrim. Besuchen Sie die Sandstrände von Portstewart Beach, wo Sie in Harry's Shack *(siehe S. 279)* zu Mittag essen können, bevor Sie nach Osten zum Giant's Causeway *(siehe S. 276f)* fahren – Nordirlands einziges UNESCO-Weltnaturerbe. Dann geht es weiter entlang der Küste zu Gobbins Cliff Path, einer bemerkenswerten geführten Tour, die sich in Richtung Irische See windet (im Voraus buchen; www.thegobbinscliffpath.com). Naht der Abend, fahren Sie weiter nach Belfast *(siehe S. 270 – 275)*, um im Muddlers Club ein Gourmet-Dinner zu genießen.

Tag 13

Von Belfast aus folgen Sie der Küstenstraße Richtung Osten

7 TAGE AM
WILD ATLANTIC WAY

Der Wild Atlantic Way ist eine der längsten festgelegten Küstenrouten der Welt. Sie führt vom nördlichsten Punkt Irlands im County Donegal bis zum südlichsten im County Cork. Es gibt viele Möglichkeiten, die einzigartige Strecke zu erkunden. Die hier vorgeschlagene Tour folgt dem südlichen Teil.

Tag 1

Beginnen Sie Ihre Tour im malerischen Küstenstädtchen Kinsale *(siehe S. 177–179)*, berühmt für seine Gourmetrestaurants und seinen schönen Hafen. Vor den Toren der Stadt erhebt sich an der Küste das sternförmige Charles Fort aus dem 17. Jahrhundert. Besuchen Sie auf Ihrem Weg nach Schull den kleinen Küstenort Baltimore *(siehe S. 173)*.

Tag 2

Von Schull aus fahren Sie durch die atemberaubenden Caha-Berge über Glengarriff nach Kenmare *(siehe S. 170)*. Die Stadt, deren irischer Name Neidín, »kleines Nest«,

bedeutet, liegt herrlich am gleichnamigen Fluss. Sie ist eine ideale Basis für eine Nachmittagstour über den Ring of Beara.

Tag 3

Sie bleiben einen weiteren Tag in Kenmare und erkunden von hier aus den Ring of Kerry. Die beliebte Touristenroute ist meistens gut besucht, aber es gibt viele Möglichkeiten, die ausgetretenen Pfade zu verlassen und kleine Buchten oder zerklüftete Klippen ganz für sich zu entdecken. Nehmen Sie sich ein oder zwei Stunden Zeit, um Sneem oder Waterville zu besuchen, zwei der Dörfer, die in dieser spektakulären Landschaft liegen.

3

5

1 *Dingle Peninsula, County Kerry* ↑

2 *Bunte Pub-Schilder in Kenmare*

3 *Läden und Restaurants in Kinsale, County Cork*

4 *Keem Bay, Achill Island*

5 *Straße im Zentrum von Galway*

Tag 4

Von Kenmare fahren Sie 40 Minuten nach Killarney *(siehe S. 164f)*. Halten Sie am Ladies' View, von wo aus Ihnen ganz Kerry zu Füßen liegt. Holen Sie sich frische Fish and Chips in der Quinlan's Seafood Bar und fahren dann weiter zum lebhaften Küstendorf Dingle *(siehe S. 169)* – berühmt für seine malerischen Restaurants und Kunsthandwerksläden.

Tag 5

Am nächsten Morgen erkunden Sie die zerklüftete, wunderschöne Halbinsel Dingle mit Überresten frühchristlicher Kirchen und Klosteranlagen. Eine malerische Fahrt an Bord der Killimer-Tarbert-Fähre bringt Sie zur Küstenstraße, der Sie durch Kilkee und Milltown Malbay folgen, wo die atemberaubenden Cliffs of Moher *(siehe S. 190f)* auftauchen. Jetzt sind es noch 90 Minuten nach Galway *(siehe S. 210f)* – die lebendige Universitätsstadt, die Sie herzlich willkommen heißt.

Tag 6

Von Galway sind es etwas mehr als 70 Kilometer nach Clifden *(siehe S. 216)*, im Volksmund auch Hauptstadt von Connemara genannt. Von hier aus können Sie die Parklandschaft des Connemara National Park und die majestätische Kylemore Abbey *(siehe S. 218f)* erkunden. Folgen Sie der Sky Road, die sich malerisch um die Nordseite der Clifden Bay schlängelt, und besuchen Sie Dan O'Hara's Homestead *(siehe S. 217)* mit Exponaten zur Geschichte Connemaras.

Tag 7

Fahren Sie weiter Richtung Norden zum Croagh Patrick, Irlands heiligem Berg. Nach einem steilen Aufstieg werden Sie mit herrlichen Ausblicken auf die Landschaft belohnt. Besuchen Sie danach Westport und Westport House *(siehe S. 214f)*. Verbringen Sie den Rest des Tages damit, die weiten Sandstrände und dramatischen Klippen von Achill Island, Irlands größter Insel, zu erkunden.

Dramatische Küsten

Irlands Küsten warten mit spektakulären Szenerien auf. Der an der Spitze der Nordküste gelegene Giant's Causeway gehört zum UNESCO-Weltnaturerbe *(siehe S. 276f)* und ist wirklich eine der einzigartigsten Landschaften der Welt. Seine Steinprismen fügen sich fast zu perfekt ineinander, sodass es viele Mythen über seine Entstehung gibt. An der Westgrenze des County Clare erheben sich die atemberaubenden Cliffs of Moher *(siehe S. 190f)* majestätisch über die tosenden Wellen des Atlantiks. Weiter südlich, vor der Küste von Kerry, liegen die Skellig Islands *(siehe S. 162f)*. Im 6. Jahrhundert Heimat einer Gruppe von Mönchen, wurden sie auch weltberühmt durch den Kinohelden Luke Skywalker aus *Star Wars*, der sich hierher zurückzog.

→

Wellen rollen gegen die hexagonalen Steinprismen des Giant's Causeway

IRLANDS
SPANNENDE LANDSCHAFTEN

Irlands Landschaften sind einer der größten Schätze der Insel. Der »Smaragd im Atlantik«, wie Irland auch genannt wird, zeigt sich in den sanften, grünen Hügeln in einer schier unübertrefflichen Vielfalt. Nicht minder verzaubern die schroffen Küsten und unberührten Strände Auge und Gemüt.

Berglandschaften von Wicklow

Das als »Garten von Irland« bekannte Wicklow fühlt sich manchmal an wie der Garten Eden. Folgen Sie dem Wicklow Way, Irlands ältestem Wanderweg. Entlang rauschender Wasserfälle in dichten Wäldern oder kristallklarer Seen inmitten leuchtend grüner Täler entdecken Sie die Vielfalt in diesem Paradiesgarten.

←

Panoramablick über Wicklow Richtung Süden nach Wexford

Bray Cliff Walk, Co Wicklow
Küstenwanderweg, auch für Familien geeignet (2,5 Std.).

The Barnavave Loop, Co Louth
Mittlere Bergtour (4 Std.).

Coomloughra Horseshoe, Co Kerry
Gratwanderung, nur für Könner (7 Std.).

Cliffs of Moher Coastal Path, Co Clare
Einfache Wanderung (1–3 Std.).

Glenariff Forest Park, Co Antrim
Mehrere Waldwanderwege (1–2 Std.).

Strände von Donegal
Mit mehr als 1000 Kilometer Küstenlinie ist Donegal reich an unberührten Stränden, viele mit der Blauen Flagge ausgezeichnet. Weite Sandstrände, dazu lebhafte Wellen – perfekt zum Surfen. Die Abgeschiedenheit der Region macht es leicht, einen Platz für sich zu finden.

→

Narin Strand in der Nähe von Ardara, County Donegal

Wale, Delfine und Haie
Die Küste von Kerry ist ein idealer Ort für Walbeobachtungen. Mehr als ein Drittel aller Wal- und Delfinarten der Welt wurden in irischen Gewässern gesichtet. Wer Glück hat, kann bei einer Bootstour Orcas, Buckelwale und Riesenhaie beobachten.

→

Fluke eines Buckelwals. Sie werden oft vor der Küste von Kerry gesichtet

Sonnenaufgang in Newgrange

Als dieses Meisterwerk vor mehr als 5200 Jahren erbaut wurde, waren Steine und Holz die einzig verfügbaren Baumaterialien und Werkzeuge. Das neolithische Ganggrab diente seinen Erbauern auch als Sonnenobservatorium. Jedes Jahr zur Wintersonnenwende am 21. Dezember fallen die Strahlen der Sonne bis in einen Raum tief im Inneren des Bauwerks *(siehe S. 248–251)*.

$\rightarrow$

Der kunstvoll behauene Eingangsstein in Newgrange

IRLAND FÜR
HISTORY-FANS

In Irland ist Geschichte lebendig. Überall sind die Spuren einer reichen, oft turbulenten Vergangenheit sichtbar: Festungsanlagen aus der Eisenzeit, normannische Burgen, mittelalterliche Straßen und bunte, politische Wandmalereien. Heute wird in Irland Geschichte verehrt, gefeiert und heiß diskutiert.

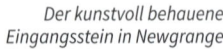

TOP 5 Irische Frauen

Brigida von Kildare, 6. Jahrhundert
Die einzige weibliche Schutzheilige Irlands.

Grace O'Malley, 1530–1603
Piratenkönigin und Gegenspielerin Englands.

Lady Gregory, 1852–1932
Spielt eine Schlüsselrolle im Irish Literary Revival.

Countess Markievicz, 1868–1927
Bedeutende Figur im Osteraufstand 1916.

Mary Robinson, * Mai 1944
Irlands erste Präsidentin.

Black Cab Tour zu Belfasts Graffiti

Eine der Attraktionen der Stadt ist die Black Cab Tour zu den wohl berühmtesten Sehenswürdigkeiten von Belfast *(siehe S. 273)*. Führer, die die Bürgerkriegszeiten miterlebt haben, erklären die Bedeutung der Wandbilder und zahlreiche Aspekte des Konflikts, der bis heute nachwirkt.

»A Walk Around Dublin«

In Dublin finden viele ausgezeichnete Führungen statt. Eine der beliebtesten wird von einem Historiker geleitet und führt zu den wichtigsten Schauplätzen des Osteraufstands von 1916 – eine großartige Möglichkeit, die Stadt zu entdecken. Die Tour findet von März bis Oktober täglich statt, in den Wintermonaten seltener. Es gibt auch eine Michael Collins Walking Tour.

↓ *Das GPO in Dublin, Schauplatz der Osteraufstände 1916*

→ *Der Rundturm auf dem Rock of Cashel*

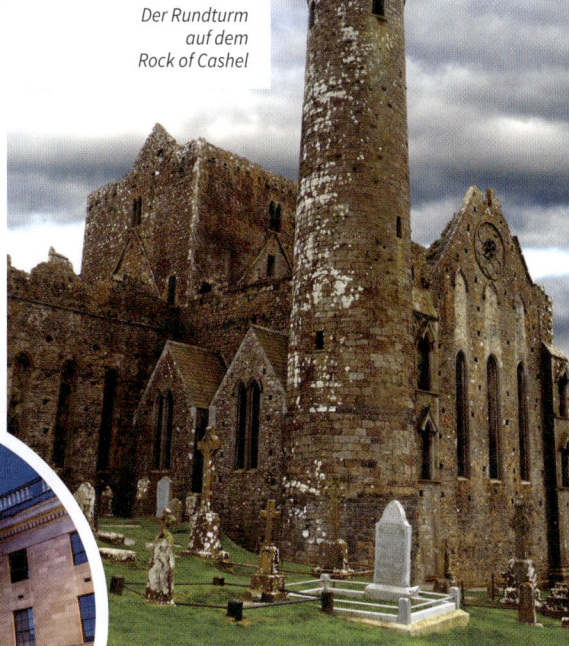

Ausflug in Irlands Mittelalter nach Tipperary

Eine der bedeutendsten historischen und archäologischen Stätten Irlands ist der Rock of Cashel *(siehe S. 194f)* mit seinem spektakulären Ensemble mittelalterlicher Bauwerke, darunter eine Burg, eine Kathedrale und ein Rundturm.

Alte Schätze in Waterford

Waterfords »Viking Triangle«, das historische »Wikinger-Dreieck«, ist das Kulturerbeviertel der Stadt mit drei Museen: Reginald's Tower, Medieval Museum und Bishop's Palace, bekannt als Waterford Treasures. Zusammen erzählen sie die Geschichte der Stadt, von ihrer Gründung im Jahr 914 bis ins 20. Jahrhundert.

↑ *Politische Wandbilder an der Falls Road in Belfast*

→ *Franziskanerkloster in Waterfords Viking Triangle*

31

Expertentipp
Cheers!

Sláinte ist ein in Irland und vor allem in der Republik Irland üblicher Toast. Ausgesprochen »slawn-che«, heißt der Trinkspruch wörtlich übersetzt »Gesundheit«, dazu erhebt man natürlich das Glas und prostet sich zu.

IRLANDS
PUBS

Im Pub, das für seine einzigartige Atmosphäre, seine freundlichen Einheimischen und das geniale Barpersonal gefeiert wird, schlägt das Herz der Iren. Ein Besuch ist ein Muss für alle neugierigen Reisenden, die das »echte« Irland suchen. Humor, Whiskey und Guinness findet man hier im Überfluss.

Pubs der Vergangenheit
Die ersten Vorläufer irischer Pubs waren mittelalterliche Tavernen, Gasthäuser, Spelunken und illegale Kneipen. Das Brauen und Destillieren blühte unter der Kolonialherrschaft auf. Die opulenten edwardianischen und viktorianischen Interieurs einiger städtischer Pubs sind heute Zeugen dieser Zeit. Irlands ältestes Pub ist Sean's Bar. Es geht auf die Zeit um das Jahr 900 zurück.

→

Sean's Bar, das älteste Pub Irlands, duckt sich neben das Athlone Castle

Pubs heute

Moderne irische Pubs sind nach wie vor ein wichtiger Bestandteil des lokalen Lebens. Seit den Nullerjahren gilt in irischen und nordirischen Pubs ein Rauchverbot, was dazu geführt hat, dass viele Biergärten entstanden sind. Die Pubs sind tagsüber weitgehend familienfreundlich und eignen sich hervorragend für ein deftiges Mittagessen. Das Essen kann variieren, von getoasteten Sandwiches bis hin zu Speisen auf Michelin-Niveau.

←

Der Crown Liquor Saloon im viktorianischen Stil

TOP 4 Typische Pubs

Kyteler's Inn, Kilkenny
Stimmungsvolles, gemauertes Pub aus dem Jahr 1263.

Stag's Head, Dublin
Das viktorianische Pub ist nur einen Katzensprung von Temple Bar entfernt.

The Crown Liquor Saloon, Belfast
Legendäres City Pub mit Gaslampen.

Tigh Neachtain's, Galway
Großartige Trad Music.

↑ *Eine Runde Guinness – die cremigen Kronen gehören zu jedem guten Pint*

Pub-Etikette

Die irische Pub-Etikette ist eigentlich formlos. Aber geachtet wird der Brauch der »Runden«, das Kaufen von Getränken für eine Gruppe, das dann von jeder Person in der Gruppe erwidert wird. Das Verlassen einer Runde an der Bar, bevor Sie Ihre Runde ausgegeben haben, ist verpönt. Also, Etikette bitte!

↑ *Ein typisches irisches Pub, Herzstück des lokalen gesellschaftlichen Lebens*

Traditionelle Musikfestivals

Sie finden in der Regel überall in Irland statt und sind sehr beliebt. Das Fleadh Cheoil, das jedes Jahr in einer anderen Stadt veranstaltet wird, ist das weltweit größte Festival für traditionelle irische Musik, zu dem 2019 über 500 000 Fans strömten. Ein besonderes Event ist auch die Willy Clancy Summer School in der malerischen Stadt Milltown Malbay. Im Mittelpunkt stehen hier das Lehren und Lernen von Musik sowie Vorträge über die Sprache und Kultur der Region. Das Temple Bar TradFest in Dublin lädt zu kostenlosen Veranstaltungen an einzigartigen Orten ein.

$\rightarrow$

TradFest Gala Night im Printworks im Schlosshof von Dublin Castle

IRLANDS
LIEBE ZUR MUSIK

Irland ist das einzige Land der Welt, das ein Musikinstrument – die Harfe – als nationales Emblem hat. Die Liebe der Nation zur Musik und deren Rolle in der Gesellschaft ist kaum zu übertreffen. Livemusik ist ein bedeutender Teil des irischen Kulturerbes, und es gibt unzählige Möglichkeiten, sie zu erleben.

Traditionelle Instrumente

Es gibt keine feste Besetzung in traditionellen irischen Bands. Die Geige, oder Fidel, ist wahrscheinlich das am häufigsten verwendete Instrument, zusammen mit der Flöte und der Tin Whistle. Die Bodhrán, eine alte Rahmentrommel, sorgt für den Rhythmus. Oft zu hören sind auch die Uilleann Pipes, der irische Dudelsack. Harfen werden in Irland seit dem 10. Jahrhundert gespielt. Sie erlebten in den 1990er Jahren eine Renaissance, sind aber aufgrund ihrer oft hohen Preise nur selten zu sehen.

Irish Dancing

Tanzen spielt in der traditionellen irischen Musik eine wichtige Rolle. Viele Melodien sind von jahrhundertealten Reels, Jigs und Hornpipes abgeleitet, die heute vor allem bei *céilís* (Tänzen) oder *fleadhs* (Festen) gespielt werden. Solche Veranstaltungen bieten oft die Gelegenheit, selbst ein paar Schritte zu lernen.

TOP 5 Irische Musiker

The Dubliners
Die wohl berühmteste
Irish-Folk-Band.

Van Morrison
Nordirischer Sänger
und Songwriter.
Einer seiner Hits war
Brown-Eyed Girl.

Thin Lizzy
Hard-Rock-Band, ge-
gründet von Phil Lynott.

U2
Weltbekannte Rock-
band aus Dublin mit
Leadsänger Bono.

The Cranberries
Band aus Limerick, die
mit ihrem Debütalbum
in den 1990er Jahren
weltberühmt wurde.

← *Parade zum
Ende des Sligo
Fleadh Cheoil*

Trad Sessions im Pub

Pubs sind bekannt als »Brutstätte« spon-
taner Sessions traditioneller Musik. Dazu
gehören auch *Sean-nós* (ausgesprochen
»shan-nos«), was wörtlich »alter Stil« bedeutet und eine traditionelle Art des unbegleite-
ten Singens bezeichnet. Diese meist im Gälischen vorgetragenen Lieder wurden von
Generation zu Generation mündlich überliefert. Auch wenn man Gälisch nicht ver-
steht, sind die Gesänge sehr ergreifend.

↑ *Session
traditioneller
irischer Musik
in einem Pub
in Doolin,
County Clare*

↑ *Eine irische Tanz-
gruppe in traditio-
nellen Kostümen*

Wissenschaft für Kinder
Das W5 in Belfast (www.w5 online.co.uk) ist ein Wissenschaftszentrum mit über 250 Exponaten; Robotik, Technik und Live-Vorführungen werden Ihre Kinder stundenlang unterhalten. In Dublin bietet das National Museum of Ireland – Natural History *(siehe S. 74f)* ebenfalls familienfreundliche Ausstellungen.

→

Kinder spielen im interaktiven Bereich des W5

IRLAND FÜR
FAMILIEN

Mit seiner Fülle an Burgen, Naturparks und der dem Land innewohnenden keltischen Mystik ist Irland ein wahrer Entdeckerspielplatz für Kinder. Die meisten Attraktionen sind familienfreundlich. Die einzige Sorge in Irland ist natürlich das Wetter. Aber zum Glück gibt es auch viele Indoor-Aktivitäten.

Restaurants

Gaillot et Gray
Pizzeria mit Holzofen-Sauerteigpizzas.

📍D4 🏠59 Clanbrassil St Lower, Dublin
📞+353 1 454 7781
€€€

The Market Bar
Tapas-Lokal mit Tischspielen für Kinder.

📍D4 🏠14A Fade St, Dublin 🌐marketbar.ie
€€€

Captain Americas
Eine Speisekarte mit Burgern und Pizzas sowie ein Kinderclub.

📍D4 🏠44 Grafton St, Dublin 🌐captain americas.com
€€€

The Windstar, eine rasante Erlebnisfahrt im Tayto Park ↑

Besuch im Königreich der Tiere

Der Dublin Zoo *(siehe S. 112f)* ist einer der ältesten und beliebtesten Zoos weltweit. Auf mehr als 70 Hektar sind hier mehr als 400 Tierarten zu Hause, perfekt für einen Tag mit der Familie. Viele Tiere sind selten, und es finden regelmäßig Vorträge statt, damit Kinder und Erwachsene mehr über sie erfahren.

$\rightarrow$

Familienbesuch im Dublin Zoo

Reise in die Vergangenheit

Bunratty Castle & Folk Park *(siehe S. 192f)* – die alte, gut restaurierte Burg aus dem 15. Jahrhundert und die Rekonstruktion des mittelalterlichen irischen Dorflebens mit kostümierten Darstellern ermöglichen eine fast perfekte Reise in Irlands Vergangenheit.

$\leftarrow$

Das großartige Bunratty Castle im County Clare

Spaß im Freizeitpark

Irlands einziger Freizeitpark, Tayto Park, ist nur 30 Autominuten von Dublin entfernt und beherbergt Europas größte Holzachterbahn. Es gibt viele weitere Attraktionen, darunter ein 5-D-Kino, eine Dinosaurierausstellung und ein Greifvogelgehege.

Erleben Sie Feen und Folklore

In Armagh im schönen Slieve Gullion Forest Park liegt Giant's Lair, ein magischer Abenteuerpark voller Aktivitäten, die alle auf lokalen Legenden basieren.

↑ *Schnitzwerk im Giant's Lair, einem zauberhaften Abenteuerpark für Kinder*

Auf dem Wasser

Irland bietet eine Fülle von Wassersportmöglichkeiten. An der Westküste finden Sie unvergleichliche Surfbedingungen – Anfänger besuchen eine der vielen Surfschulen in Bundoran, Experten strömen nach Mullaghmore *(siehe S. 239)* mit einer der größten Brandungen der Welt. Zum Kitesurfen geht es auf die schöne Insel Achill Island, wo man mit der Kite-Schule Pure Magic (www.puremagic.ie) auf dem flachen Wasser des Sees oder den Wellen am Strand surfen kann. Weiter südlich kann man in West Cork bei Sternenlicht Seekajak fahren (www.atlanticseakayaking.com). Wer es etwas urbaner mag, kann in Dublin Wakeboarding ausprobieren (www.wakedock.ie). Irlands erster Cable Wake Park ist für alle Stufen geeignet, also gleiten Sie durch eines der belebtesten Viertel der Stadt.

→

*Surfer am
Bundoran Beach
in Donegal*

IRLANDS
OUTDOOR-ABENTEUER

Irland ist ein hervorragendes Reiseziel für alle, die den Nervenkitzel suchen. Es ist kein Geheimnis, dass man an der Küste fantastisch surfen kann, aber auch im Landesinneren gibt es viele Möglichkeiten, die Endorphine in Wallung zu bringen – vom Wandern bis zum Radfahren.

Zu Fuß

Wanderbegeisterte werden die Landschaften Irlands genießen. Verbringen Sie einen Tag auf dem Cuilcagh Way in Fermanagh, der wegen seiner beeindruckenden Aussichten den Spitznamen »Stairway to Heaven« trägt. Noch dramatischer ist der Gobbins Cliff Path, der hoch über dem Atlantik verläuft (www.thegobbinscliffpath.com).

←

Gobbins Cliff Path, eine malerische Küstenroute bei Islandmagee, Antrim

»Schlammigstes« Rennen Irlands

Die irischen Meisterschaften im Bog Snorkelling (Moorschnorcheln) finden im August/September in Castleblayney, County Monaghan, statt und sind eine lustige Sportveranstaltung. Die Teilnehmer schnorcheln durch zwei 55 Meter lange Gräben in einem Torfmoor und bewegen sich nur mit Flossen vorwärts. Teilnehmen können alle, die mutig genug sind! Die schnellste Zeit eines Teilnehmers war eine Minute und 19 Sekunden im Jahr 2016.

Auf zwei Rädern

Irland bietet eine große Auswahl an Radrouten. Der Ring of Kerry ist mit einer Länge von 180 Kilometern ein beachtliches Unterfangen, aber die herrlichen Aussichten sind unvergesslich. Die zerklüfteten Aran Islands eignen sich perfekt für einen Tagesausflug; Räder können auf den Inseln gemietet oder mit der Fähre von Rossaveal übergesetzt werden. Wenn Sie höher hinauswollen, sollten Sie sich in die Ballyhoura Mountains begeben mit Irlands größtem Netz an Mountainbikestrecken (www.visitballyhoura.com).

→

Ein Radfahrer auf dem Gap of Dunloe, einem engen Bergpass in der Nähe des Ring of Kerry

In die Höhe

Ein neuer Trend ist das Klettern an Küstenwänden. Die Besteigung dieser steilen, der Küste vorgelagerten Brandungspfeiler kann eine größere Herausforderung darstellen als das Klettern im Landesinneren, da sie in der Regel aus weicherem Gestein bestehen. Das in Donegal ansässige Unternehmen Unique Ascent (www.uniqueascent.ie) bietet für alle, die schwindelfrei sind, ein geführtes Paket. Zu weiteren überirdischen Attraktionen gehören Irlands längste Seilrutsche und ein Baumwipfelpfad, der sich im Castlecomer Discovery Park in Kilkenny (www.discoverypark.ie) befindet.

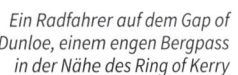

←

Klettern an einem Brandungspfeiler bei Gweedore in Donegal

Yeats Country, Sligo
Obwohl er einen Großteil seines Lebens in England verbrachte, betrachtete W. B. Yeats Sligo immer als seine wirkliche Heimat. Die Landschaft inspirierte ihn zu einigen seiner berühmtesten Gedichte, darunter *The Lake Isle of Innisfree* und *Under Ben Bullen*. Ursprünglich in Frankreich begraben, wurde sein Körper später auf einen Friedhof in Sligo überführt.

$\rightarrow$

Ein großartiges Standbild von W. B. Yeats steht im Zentrum der Stadt Sligo

IRLAND FÜR
BÜCHERWÜRMER

Irlands literarisches Erbe ist wirklich bemerkenswert, allein vier Nobelpreisträger – Bernard Shaw, Yeats, Beckett und Heaney –, ohne dass man Größen wie Wilde, Joyce, Swift, Stoker oder C. S. Lewis erwähnt hat. Buchliebhaber werden die Festivals und Museen zu Ehren dieser Literatur-Koryphäen genießen.

Zeitgenössische Autoren
Auch heute noch begeistert das kleine Irland mit einer großen Zahl talentierter Schriftsteller. Zwei der renommiertesten sind William Trevor, Meister der Kurzgeschichte, und die überaus populäre Maeve Binchy. Zu den beliebtesten Autoren gehören Anne Enright, Irlands erste Preisträgerin des Irish Fiction Award, und John Banville. Colm Tóibíns brillantes Schreiben fand weltweit ein Echo, nachdem sein Roman *Brooklyn* Buchvorlage für den gleichnamigen, Oscar-nominierten Film wurde.

Charlie Byrne's Bookshop
Charlie Byrne's ist eine der beliebtesten unabhängigen Buchhandlungen Irlands. Mit über 100 000 Büchern zu allen erdenklichen Themen bietet das bibliophile Paradies viele signierte Titel und veranstaltet außerdem eine Reihe von Buchclubs.

$\rightarrow$

Regalreihen voller Bücher im Charlie Byrne's in Galway

 Expertentipp
Joyce erleben
Sweny's Pharmacy in Dublin ist im Stil der 1850er Jahre erhalten und verkauft noch immer Seife im *Ulysses*-Stil.

Dublin Literary Pub Crawl
Diese preisgekrönte Tour folgt den Spuren berühmter Schriftsteller durch die Pubs, die sie besuchten. Schauspieler präsentieren dabei die Werke von Joyce, Beckett und anderen Autoren in sehr unterhaltsamen und erhellenden Stunden.

↓ *Joyce-Statue von Ian Pollock in einem Pub*

↑ *Das Museum Seamus Heaney HomePlace von außen*

Seamus Heaney HomePlace
Das beeindruckende, 2016 eröffnete Museum *(siehe S. 293)* feiert Leben und Werk des beliebtesten irischen Dichters. Interaktive Ausstellungen, persönliche Geschichten und Hunderte von Artefakten schaffen eine Hommage an einen Titanen der Weltliteratur.

Dalkey Book Festival
Jedes Jahr im Juni findet im Küstenort Dalkey ein kleines Literaturfestival statt. Die Veranstaltungen in Pubs, Cafés und sogar auf einem Friedhof bieten eine fantastische Mischung, die Salman Rushdie dazu veranlasste, das Event als »das beste kleine Festival der Welt« zu bezeichnen.

→ *Veranstaltung im Rahmen des Dalkey Book Festival*

41

→ Ulster gegen Leinster, Rugby-Spiel in der RDS Arena

Eine Nation von Rugby-Liebhabern

Während die Six Nations zweifellos das Highlight im Rugby-Kalender sind, spielen die vier Profi-Teams Irlands regelmäßig in ihren Stadien: Munster im Thomond Park, Leinster im RDS- oder Aviva-Stadion, Connacht im Galway Sportsground, und wenn Sie die Ulstermen unterstützen wollen, dann besuchen Sie das Kingspan Stadium. Überall erwartet Sie eine raue, laute Atmosphäre sowie nach dem Spiel zahlreiche Analysen und dazu einige Pints.

IRLAND FÜR
SPORTFANS

Irland bietet eine Fülle von Abwechslung für Sportfans. Alle großen internationalen Mannschaftssportarten werden gespielt, am populärsten aber sind die beiden einzigartig irischen Sportarten: Gaelic Football und Hurling. Berühmt ist Irland auch für seine Pferderennen und seine Golfplätze.

Die Heimat von Hurling

Kaum eine Sportart ist spannender live zu erleben als Hurling. Hurling, das als schnellste Mannschaftssportart der Welt gilt, kombiniert Elemente von Hockey, Lacrosse und Baseball. Seine Ursprünge reichen bis in die prähistorische Zeit zurück. Dieses rasante Hochgeschwindigkeitsspiel mit vielen Toren im Croke Park zu sehen, ist ein unvergessliches Erlebnis, das das Herz höherschlagen lässt.

← Galway gegen Waterford im irischen Hurling-Finale

←

An der Küste liegt der Tralee Golf Club, Kerry

Spielen Sie Weltklasse-Golf

Irland ist Heimat einiger der besten Golfplätze der Welt und eines Drittels aller Linkskurse – einfach ein Traumziel für Golfer. Es erwarten Sie eine spektakuläre Landschaft und herrliche Golfplätze, so wie der Royal Portrush Golf Club (Co Antrim), Gastgeber der British Open 2019. Kein Wunder, dass Irland so gute Golfspieler wie Rory McIlroy oder Shane Lowry hervorbringt.

→

Hindernisrennen auf dem Punchestown Racecourse

Ein Tag bei den Rennen

Das Punchestown Festival in Kildare ist einer der Höhepunkte des Rennkalenders. Veranstaltungen in Curragh, County Kildare, oder Leopardstown in Greater Dublin bieten ebenfalls die Gelegenheit, sich chic anzuziehen, während in Laytown, nördlich von Dublin, ein spektakuläres Rennen am Strand stattfindet.

Belfasts blühende Foodie-Szene

Belfast *(siehe S. 270 – 275)* hat die vielleicht aufregendste Feinschmeckerszene der Insel. Viele Spitzenköche kreieren hier mit lokalen, saisonalen Zutaten einfach atemberaubende Gerichte. Es gibt aber auch jede Menge hochwertiges, günstiges Essen. Eine große Auswahl bietet zum Beispiel der St George's Market.

←

Leckeres Gericht im Coppi, einem italienischen Restaurant in Belfast

IRLAND FÜR
FOODIES

Irlands bescheidene Gastronomie war einmal. Dank vieler talentierter Köche, die mit frischen, lokalen Zutaten arbeiten, ist die Insel heute eine Top-Destination für Foodies. Die meisten Gourmetrestaurants sind in den größeren Städten zu Hause, feine Küche finden Sie aber überall auf der Insel.

Irische Küche

Irish Stew
Eintopf aus Fleisch und Wurzelgemüse.

Ulster Fry
Goldenes Kartoffelbrot zu gebratenem Ei, Speck und Würstchen.

Galway Bay Oysters
Meer- und Süßwasser verleihen den Austern ihr besonderes Aroma.

Brown Bread Ice Cream
Früher ein Luxus, heute ein moderner Klassiker.

Boxty
Beliebtes Bratkartoffelgericht, halb Pfannkuchen, halb Rösti.

English Market in Cork

Der 1610 gegründete Markt für Obst und Gemüse ist einer der ältesten städtischen Märkte der Welt. Heute finden sich in der Markthalle alle Arten von Köstlichkeiten, die zu erkunden immer ein kulinarisches Vergnügen ist.

→

Der English Market in Cork bietet eine riesige Auswahl an Delikatessen

Expertentipp
Hobbyköche

Corks renommierte Ballymaloe Cookery School bietet viele Kochkurse an.

Im Pub essen wie ein Gourmet

Irlands erstes Pub mit einem Michelin-Stern war das Wild Honey Inn am Rand des Burren *(sieh S. 188f)*. Hier gibt es auch 14 komfortable Zimmer. Eine Option für alle, die nicht genug kriegen von den raffinierten Kreationen des Kochs und Miteigentümers Aidan McGrath.

↓ *Raffinierte Bistroküche im Wild Honey Inn*

↑ *Käsestand auf dem Temple Bar Market, Teil des Dublin Tasting Trail*

Unterwegs auf dem Tasting Trail

So lernen Sie die lokale Küche und Dublin *(siehe S. 54–121)* kennen: Die dreistündige Tour auf dem Tasting Trail durch die Stadt führt Sie zu acht verschiedenen Orten, an denen Sie regionale Anbieter treffen, Proben kosten und mehr über die Geschichte und die aktuelle Gastronomie erfahren.

Galway Oyster and Seafood Festival

Das älteste Austernfestival der Welt findet jeden September in Galway *(siehe S. 210f)* statt und bietet Seafood-Pfade, Wettbewerbe im Austernschälen, Verkostungen, Vorführrungen, Musik und Familienveranstaltungen. Das Festival wurde 1954 ins Leben gerufen und zieht große Namen aus ganz Irland an.

→

Teilnehmer des Galway International Oyster and Seafood Festival

DAS JAHR IN
IRLAND

Es ist nicht verwunderlich, dass Irland, wo *craic* an erster Stelle steht, einen prall gefüllten Festkalender bietet. Ob Musikkonzerte, Sportereignisse oder traditionsreiche Festivals – das ganze Jahr über gibt es zahlreiche Feierlichkeiten.

Frühling

Der März läutet Irlands berühmtestes Fest ein: den St Patrick's Day. Auch wenn der Frühling nass sein kann, lassen sich die Iren ihre Laune nicht verderben und stoßen am 17. März mit Guinness und grünen Feiern auf der ganzen Insel auf den Nationalfeiertag zu Ehren des Schutzpatrons des Landes an.

1 *Parade am St Patrick's Day in Dublin*

Sommer

Heißes Wetter ist im Sommer nicht garantiert, aber wenn es da ist, machen die Iren das Beste daraus und genießen Zeit im Freien, etwa Surfen in Donegal oder die landschaftlich reizvollen Fahrten und Wanderungen auf dem Wild Atlantic Way. In Dublin feiern die Einheimischen am Bloomsday Mitte Juni James Joyce' berühmten Roman *Ulysses* mit Lesungen und

»The Twelfth«

Die Schlacht am Boyne 1690, als der niederländische protestantische König Wilhelm von Oranien den englischen katholischen König James II besiegte, wird in Nordirland am 12. Juli als Feiertag begangen. Die Märsche des Oranier-Ordens sind zwar interessant, aber auch umstritten.

Nachstellungen, während in Nordirland Freudenfeuer aufge-schichtet werden und der Oranier-Orden zum Gedenken an die Schlacht am Boyne marschiert.

2 *Slea Head, Halbinsel Dingle, am Wild Atlantic Way*

Herbst

Im Herbst werden die Tage kürzer, aber es gibt keinen Mangel an Unterhaltung – überall finden Festivals statt, bei denen vor allem Musikliebhaber die Qual der Wahl haben. Electric Picnic ist eine beliebte Musik- und Kunstveranstaltung in Laois – die größte ihrer Art in Irland –, in Cork und Wexford finden ein Jazz- bzw. ein Opernfestival statt. Das seit Langem bestehende Galway Internationale Oyster and Seafood Festival ist ein wun-derbares Fest der köstlichen lokalen Meeresfrüchte.

3 *Picknick in den Gärten von Johnstown Castle während des Wexford Opera Festival*

Winter

Die Wintermonate können in Irland stürmisch und bitter sein – ideal für ein Glas Glühwein vor einem knisternden Kaminfeuer. Im Dezember wird im ganzen Land Weihnachten gefeiert, und in den meisten Städten gibt es einen Weihnachtsmarkt. Im Februar verfolgen Sportfans dann die Fortschritte Ir-lands beim Rugby-Tur-nier Six Nations.

4 *Belfasts Weihnachtsmarkt und typische Bäckerei (Detail)*

TOP 4 Skurrile Festivals

Tedfest
Fans der TV-Serie *Father Ted* versammeln sich im Februar/März auf Inishmore.

Koboldjagd
Erwachsene und Kinder machen sich Mitte Mai rund um Carlingford auf die Suche nach »kleinen grünen Männchen«.

Puck Fair
Eines der ältesten Feste Irlands findet im August in Kerry statt. Eine wilde Bergziege namens »King Puck« führt den Vorsitz.

Durrow Scarecrow Festival
Der beliebte Vogel-scheuchenwettbewerb findet im Juli/August in Laois statt.

3

4

1

KURZE
GESCHICHTE

Irland war wegen seiner isolierten Lage lange von den historischen Entwicklungen in Europa abgekoppelt. Seine Geschichte ist geprägt von inneren Unruhen, Invasionen und Versöhnungen. Seit 1921 ist die Insel in die Republik Irland und Nordirland unterteilt. Trotz seiner kleinen Größe ist Irlands Einfluss weltweit beachtlich. Bedingt ist er durch die Massenemigration infolge der Großen Hungersnot und durch das bemerkenswerte literarische Erbe.

Prähistorisches Irland

Bis vor etwa 9500 Jahren war Irland unbewohnt. Dann kamen die ersten Jäger und Sammler, die aber nur wenige Siedlungsspuren hinterlassen haben. Im 4. Jahrtausend v. Chr. trafen jungsteinzeitliche Bauern und Viehhirten ein, die ihre Felder mit Steinmauern einfassten und Monumentalgräber wie das von Newgrange errichteten. Die Eisenzeit begann im 3. Jahrhundert v. Chr. mit der Besiedlung Irlands durch die Kelten, die sich in kurzer Zeit als herrschende Kultur etablierten.

1 *Wikinger landeten 795 mit ihren Schiffen in Irland* ↑

2 *Poulnabrone Dolmen, neolithisches Portalgrab*

3 *König Henry II in Waterford*

4 *Strongbow bei der Belagerung von Waterford*

Chronik

7500 v. Chr.
Erste Besiedlung Irlands

3200 v. Chr.
Bau des Ganggrabs von Newgrange

500 v. Chr.
Erste Welle keltischer Eroberer

432 n. Chr.
St Patrick beginnt seine Missionierung in Irland

795
Wikinger greifen erste Küstenklöster an

Keltisches Christentum

Das keltische Irland war in über 100 Stammesgebiete unterteilt, von denen viele den Königen größerer Provinzen wie Munster und Connaught untertan waren. Bisweilen gab es einen offiziellen Oberkönig, der in Tara residierte. Mit der Christianisierung im 5. Jahrhundert n. Chr. begann ein Zeitalter der Gelehrsamkeit, die vor allem in den neuen Klöstern gepflegt wurde. Ende des 8. Jahrhunderts wurde Irland durch die Ankunft der Wikinger erschüttert.

Irland unter den Normannen

Von Richard de Clare (genannt »Strongbow«) geführte anglonormannische Edelleute wurden 1169 vom König von Leinster ins Land gerufen. Sie brachten die wichtigsten Städte unter ihre Herrschaft. Henry II von England proklamierte sich zum Herrscher Irlands. In den folgenden Jahrhunderten zerfiel die englische Herrschaft. Die anglonormannischen Kolonien in der Nähe von Irlands Häfen wurden am stärksten von der Pest im Jahr 1348 getroffen. Am Ende kontrollierte die Krone nur noch ein kleines Gebiet um Dublin. Viele der anglonormannischen Barone widersetzten sich der englischen Herrschaft.

Anglonormannische Bauwerke

Gute Beispiele normannischer Festungsbauten in Irland sind die Burgen in Limerick, Carrickfergus und Trim sowie die Stadtmauern von Waterford. Gotische Kathedralen sind die Christ Church und St Patrick's in Dublin sowie St Canice's in Kilkenny. Eindrucksvolle Ruinen mittelalterlicher Zisterzienserabteien findet man in Jerpoint und in Boyle.

1014
Oberkönig Brian Ború von Irland schlägt bei Clontarf die Wikinger und den König von Leinster

1169
Beginn der Invasion der Anglonormannen unter Strongbows Führung

1260
Brian O'Neill fällt in der Schlacht von Down

1348
Schwarzer Tod: Ein Drittel der Bevölkerung stirbt in nur drei Jahren

1494
Tagungen des Parlaments ohne königliche Zustimmung werden verboten

Protestantische Eroberung

Der Bruch Englands mit der katholischen Kirche, die Auflösung der Klöster und die Selbsternennung Henrys VIII zum König von Irland verbitterten sowohl die alten anglonormannischen Dynastien als auch die irischen Clans, etwa die O'Neills. Gegen starken Widerstand etablierte sich die englisch-protestantische Vorherrschaft erst nach 150 Jahren. Die Tudors und Stuarts verfolgten eine Politik der Neubesiedlung und militärischen Gewalt. So vertrieb James I die Iren von ihrem angestammten Land und vermachte es protestantischen Siedlern aus England und Schottland, auf dass die Menschen der Krone treu ergeben waren. Als der Katholik James II den englischen Thron bestieg, keimte in Irland Hoffnung auf. Aber er wurde abgesetzt und floh nach Irland, wo er 1690 von Wilhelm III von Oranien geschlagen wurde.

Georgianisches Irland

Zur Zeit der protestantischen Vorherrschaft lebte die landbesitzende Oberschicht in großem Wohlstand und baute prächtige Landhäuser. Die Katholiken durften zu jener Zeit nicht einmal Land kaufen. Ende des 18. Jahrhunderts forder-

Iren im Ausland

Eine Folge der Hungersnot war die Emigration einer starken irischen Gemeinschaft in die USA, die dort auch zu Reichtum und Einfluss kam. Sie forderte die US-Regierung auf, die Briten zu einer Änderung ihrer Irland-Politik zu bewegen. Die militante Gruppe Clan na Gael entsandte zahlreiche Männer nach Irland, die in den fenianischen Erhebungen im Jahr 1865 kämpften.

Chronik

1541
Henry VIII wird vom Parlament zum König erklärt

1689
20 000 Protestanten werden in Londonderry von den Truppen James' II belagert. Tausende verhungern, bevor die Engländer zu Hilfe kommen

1742
Uraufführung von Händels *Messias* in Dublin

1690
Wilhelm III von Oranien schlägt James II in der Schlacht am Boyne. James' Armee kapituliert ein Jahr später in Limerick

4

ten Radikale die Unabhängigkeit von der englischen Krone. Premierminister Henry Grattan versuchte, das Ziel auf parlamentarischem Weg zu erreichen. Wolfe Tone und die United Irishmen plädierten für einen bewaffneten Aufstand. Beide Wege scheiterten letztendlich.

Hungersnot und Emigration

Das schlimmste Ereignis der irischen Geschichte im 19. Jahrhundert war die durch den Ausfall der Kartoffelernte verursachte Große Hungersnot (1845 – 48). Irisches Getreide wurde trotzdem weiterhin nach England exportiert, mehr als eine Million Menschen starben an Hunger und Krankheit, rund zwei Millionen emigrierten in die USA. Bis 1900 war die Zahl der Einwohner Irlands von acht Millionen vor der Hungersnot auf die Hälfte geschrumpft. Die Not löste einen Kampf der Pächter für mehr Rechte aus, der in der Forderung nach Unabhängigkeit von Großbritannien mündete. Daniel O'Connell, bekannt als »Der Befreier«, organisierte friedliche Demonstrationen mit bis zu einer Million Menschen für die Gleichberechtigung der Katholiken. Im Parlament trat der charismatische Charles Stewart Parnell für eine unabhängige irische Regierung ein.

1 *Henry VIII ernennt sich 1541 zum König von Irland* ↑

2 *Die Schlacht am Boyne 1690*

3 *Gefangennahme von Wolfe Tone 1798*

4 *Statue zur Großen Hungersnot in Dublin*

Schon gewusst?

Die Fäule, die die Hungersnot auslöste, wurde von dem Eipilz *Phytophthora infestans* verursacht.

1759
Arthur Guinness kauft die St James's Gate Brewery in Dublin

1798
Rebellion der United Irishmen niedergeschlagen

1800
Vereinigungsgesetz: Irland wird Teil Großbritanniens

1845
Große Hungersnot, die vier Jahre dauern sollte

1884
Gründung der Gaelic Athletic Association zur Wahrung irischer Tradition

Krieg und Unabhängigkeit

Der Erste Weltkrieg rückte die irischen Unabhängigkeitsbe-
strebungen vorerst in den Hintergrund. Aber der gescheiterte
Osteraufstand von 1916, der ein nationaler Aufstand sein sollte, aber letztendlich eine Rebellion 2500 Bewaffneter in Dublin
blieb, belebte die republikanische Sache von Neuem. 1919
wurde ein inoffizielles irisches Parlament etabliert, ein Krieg
gegen die britischen »Besatzungs«-Truppen begann. Im angloirischen Vertrag von 1921 wurde die Insel geteilt. Der Irische
Freistaat erhielt größere innenpolitische Unabhängigkeit,
während Nordirland Teil des Vereinigten Königreichs blieb.
Das löste im Süden einen erbitterten Bürgerkrieg zwischen
den Befürwortern und Gegnern des Vertrags aus, die die Ver-
einbarungen aufgrund der Zugeständnisse, die sie Großbritannien gewährten, als Rückschritt betrachteten. Die Gegner star-
teten eine Kampagne der Guerilla-Kriegsführung gegen den
Freistaat, wobei Michael Collins (ein Held des Unabhängigkeitskriegs von 1919) ihr prominentestes Opfer war. Im Mai
1923 wurde ein inoffizieller Waffenstillstand ausgerufen. 1937
erklärte eine neue Verfassung Südirlands vollständige Unabhängigkeit von Großbritannien.

Éamon de Valera

Als er nach dem Oster-
aufstand der Exekution
entgangen war, spielte
er in der irischen Poli-
tik fast 60 Jahre lang
eine beherrschende
Rolle. Er verließ die
Sinn-Féin-Partei, grün-
dete die Partei Fianna
Fáil, war 1932–1948
Premierminister und
1959–1973 Präsident
Irlands.

Chronik

1913
Arbeitskämpfe
und General-
streik in Dublin

1916
Osterauf-
stand wird
niederge-
schlagen

1921
Unterzeichnung
des angloirischen
Vertrags. De Va-
lera tritt zurück.
Bürgerkrieg in
Südirland

1922
Gründung des Irischen
Freistaats, Michael
Collins wird in Cork
erschossen

1937
Neue Verfassung,
vollständige Un-
abhängigkeit,
Name des Landes
von nun an Éire

Jüngere Geschichte

Seit dem Beitritt der Republik Irland zur Europäischen Wirtschaftsgemeinschaft (heute EU) im Jahr 1973 haben Volk und Regierung viel zur Modernisierung der Wirtschaftsstrukturen geleistet. Beachtlich sind auch die großen sozialen Veränderungen der Gesellschaft. Obwohl Irland das letzte Land in Europa war, das die Scheidung legalisierte (1996), war es 2015 das erste Land der Welt, das die gleichgeschlechtliche Ehe in einer Volksabstimmung bejahte. Und im Mai 2018 sprachen sich die Iren mit überwältigender Mehrheit gegen das strenge Abtreibungsverbot aus.

Nordirland hat unterdessen mehr als 25 Jahre Bürgerkrieg und Unruhen durchlebt. Von den 1960er Jahren bis weit in die 1990er Jahre war Nordirland ein Schlachtfeld, auf dem sowohl loyalistische als auch republikanische, paramilitärische Gruppen einen erbitterten Krieg führten. 1998 schließlich läutete das Karfreitagsabkommen eine nachhaltige Ära des Friedens, des Wohlstands und der Hoffnung ein. Die dezentrale Regierung hat sich in den 20 Jahren danach jedoch manchmal als fragil erwiesen. Der Brexit wirft auch weiterhin ungeklärte Fragen nach der Zukunft Irlands auf.

1 *Eine irische Tageszeitung aus dem Jahr 1916*

2 *Wandbilder in Belfast zeigen Geschichte*

3 *Euromünze mit Gravur einer keltischen Harfe*

4 *Irische Wähler feiern das Ja zur Homo-Ehe*

Schon gewusst?

Irland hat den Eurovision Song Contest sieben Mal gewonnen, öfter als jedes andere Land.

1956

IRA beginnt Terrorkampagne entlang der nordirischen Grenze, die bis 1962 anhält

1972

Blutiger Sonntag: Britische Soldaten erschießen 14 Demonstranten in Derry, nordirisches Parlament wird aufgelöst

1991

Mary Robinson wird als erste Frau irische Präsidentin, ihre Nachfolgerin ist Mary McAleese

2015

Irland legalisiert als erster Staat die Homo-Ehe nach Volksabstimmung

1998

Das Karfreitagsabkommen soll den Weg für eine künftige Autonomie Nordirlands ebnen

DUBLIN
ERLEBEN

Der Long Room der Old Library, Trinity College

DUBLIN
AUF DER KARTE

Dublin ist in diesem Reiseführer in vier Sightseeing-Regionen unterteilt: drei innerstädtische und Abstecher. Auf den folgenden Seiten erfahren Sie mehr darüber.

King's Inns Park

King's Inns

STONEYBATTER

Nördlich des Liffey
Seiten 94–109

National Museum of Ireland – Decorative Arts & History

SMITHFIELD

Jameson Distillery

St Mary's Church

Esplanade

St Michan's Church

National Leprechaun Museum

Liffey

Four Courts

Temple Bar

Olympia Theatre

Christ Church Cathedral

City Hall

Dublinia

Dublin Castle

Guinness Storehouse

Dubh Linn Garden

Südwest-Dublin
Seiten 78–93

THE LIBERTIES

Whitefriar St Carmelite Church

St Patrick's Cathedral

Marsh's Library

Irland

Cabbage Garden

St Kevin's Park

Mountjoy Square

Dublin Writers Museum

James Joyce Centre

Diamond Park

Hugh Lane Gallery

Gate Theatre

Garden of Remembrance

Liberty Park

Rotunda Hospital

St Mary's Pro Cathedral

Connolly Station

DOCKLANDS

General Post Office

Abbey Theatre

Custom House

George's Dock

EPIC– The Irish Emigration Museum

Famine Memorial

Liffey

Liffey

National Wax Museum Plus

Tara Street Station

Elizabeth O'Farrell Park

Bank of Ireland

Trinity College Dublin

Pearse Station

Science Gallery

Powerscourt Townhouse

Südost-Dublin
Seiten 60–77

National Library

National Gallery of Ireland

Leinster House

Gaiety Theatre

Little Museum of Dublin

National Museum of Ireland – Archaeology

National Museum of Ireland – Natural History

Merrion Square

St Stephen's Green

Iveagh Gardens

Fitzwilliam Square

Grand Canal

National Concert Hall

0 Meter   300

N

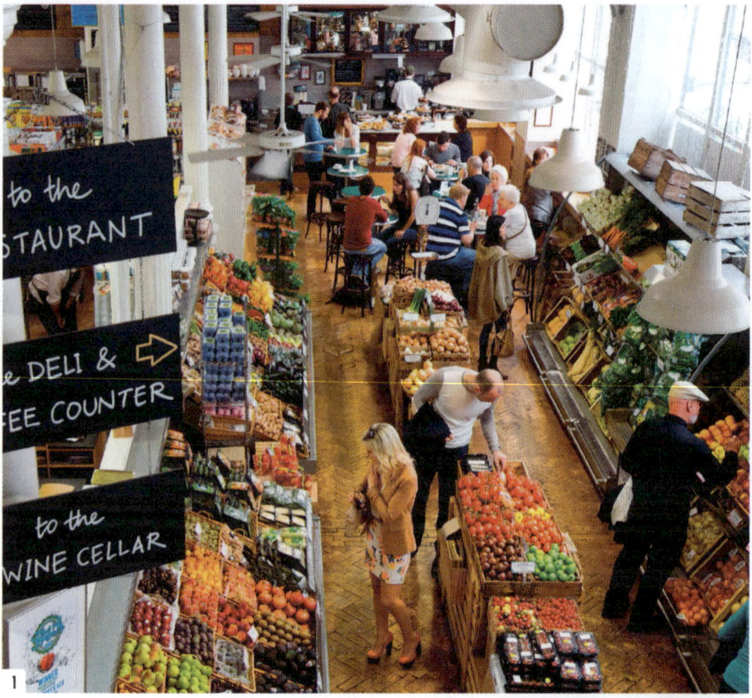

1

2

3

4

←

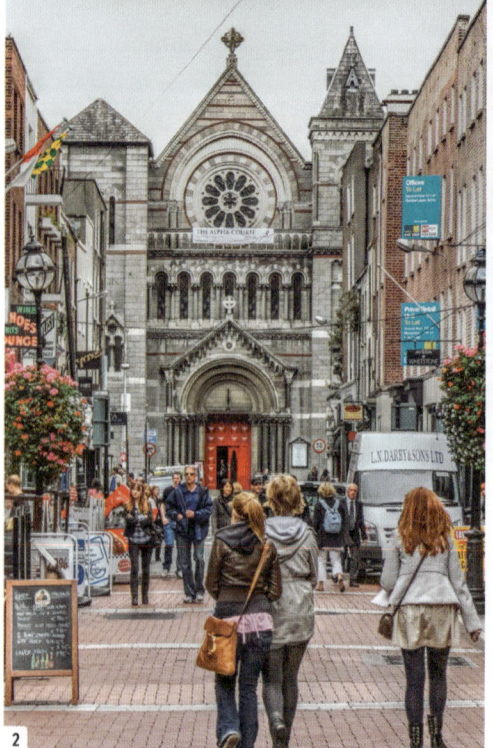

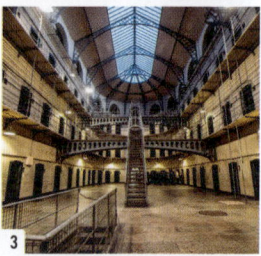

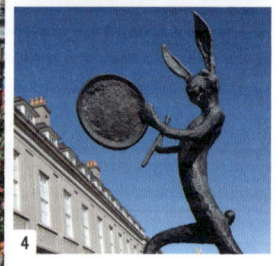

1 *Fallon and Byrne*

2 *Anne Street South bei der Grafton Street*

3 *Kilmainham Gaol*

4 *Irish Museum of Modern Art*

3 TAGE
Ein langes Wochenende in Dublin

Tag 1

Vormittags Widmen Sie eine Stunde dem wunderbaren National Museum – Archaeology *(siehe S. 68f)*. Danach werfen Sie im Trinity College unbedingt einen Blick auf das sagenhafte *Book of Kells (siehe S. 66)*. Die Universität liegt mitten im Herzen der Stadt, hier gibt es viele Möglichkeiten für ein Mittagessen. Sie können etwa die Foodhall von Fallon and Byrne besuchen (mit einer schönen Weinbar im Keller) oder köstliche Pasteten im Queen of Tarts *(siehe S. 88)* essen.

Nachmittags In der Grafton Street und den angrenzenden Straßen können Sie wunderbar shoppen. Spazieren Sie danach zum schönen Park von St Stephen's Green *(siehe S. 72f)*. Am Wochenende werden Führungen angeboten, aber auch wenn man allein unterwegs ist, lohnt sich ein Besuch der historischen Oase.

Abends Essen Sie in der französischen Brasserie The Green Hen in der Exchequer Street zu Abend. Danach geht es für ein Getränk in der nahen South William Street in ein Pub – Grogans gehört zu den beliebtesten in Dublin.

Tag 2

Vormittags Besuchen Sie nach einem herzhaften Frühstück im Café Brother Hubbard Dublin Castle *(siehe S. 82f)*. Die Chester Beatty Library *(siehe S. 86)* zeigt prächtige historische Manuskripte. Hier befindet sich auch das Silk Road Café – ideal für ein Mittagessen mit Spezialitäten aus dem Mittleren Osten und der Mittelmeerregion.

Nachmittags Tauchen Sie im General Post Office *(siehe S. 98f)* mit der Ausstellung über den Osteraufstand 1916 in die Geschichte Dublins ein. Am nahen Parnell Square liegen die Hugh Lane Gallery *(siehe S. 104)* und das Dublin Writers Museum *(siehe S. 105)*. Aus Zeitgründen werden Sie sich wohl für eines der Museen entscheiden müssen.

Abends Beenden Sie den Abend auf jeden Fall im Chapter One, dem Restaurant des Writers Museum. Hier sitzt man gemütlich mit Einheimischen zusammen und genießt typisch irische Küche auf hohem Niveau.

Tag 3

Vormittags Besuchen Sie zuerst das ehemalige Gefängnis Kilmainham Gaol *(siehe S. 118)* und dann das Irish Museum of Modern Art *(siehe S. 116f)* auf der anderen Straßenseite. Das Museum liegt auf dem Gelände des Royal Hospital Kilmainham, auf dem man auch ein schönes Picknick machen kann.

Nachmittags Kein Dublin-Besuch ohne eine Führung durch das Guinness Storehouse *(siehe S. 114f)*! Erfahren Sie alles über die Geschichte und das Erbe des beliebtesten Biers der Nation. Von der Gravity Bar im siebten Stock hat man einen schönen Panoramablick.

Abends Fahren Sie nach Portobello und essen Sie in einem von Dublins besten Restaurants zu Abend: im kleinen, aber sensationellen Bastible. Besuchen Sie danach eine der belebten Bars oder spazieren Sie am Kanal entlang.

Südost-Dublin

Trotz seiner Nähe zur alten ummauerten Stadt war dieser Teil Dublins bis zur Gründung des Trinity College 1592 relativ unterentwickelt. Selbst dann sollte es noch fast 100 Jahre dauern, bis das Areal weiter im Süden in den weitläufigen Stadtpark St Stephen's Green umgestaltet wurde.

Mitte des 18. Jahrhunderts brach in der Gegend ein Bauboom aus. Während dieser Zeit wurden imposante Gebäude errichtet, etwa die Alte Bibliothek im Trinity College und Leinster House. Die auffälligsten Hinterlassenschaften des georgianischen Dublin sind allerdings die schönen Plätze und *terraces* rund um den Merrion Square. Viele der fast unveränderten Bauten haben noch originale Türklopfer, Lünetten und schmiedeeiserne Balkone.

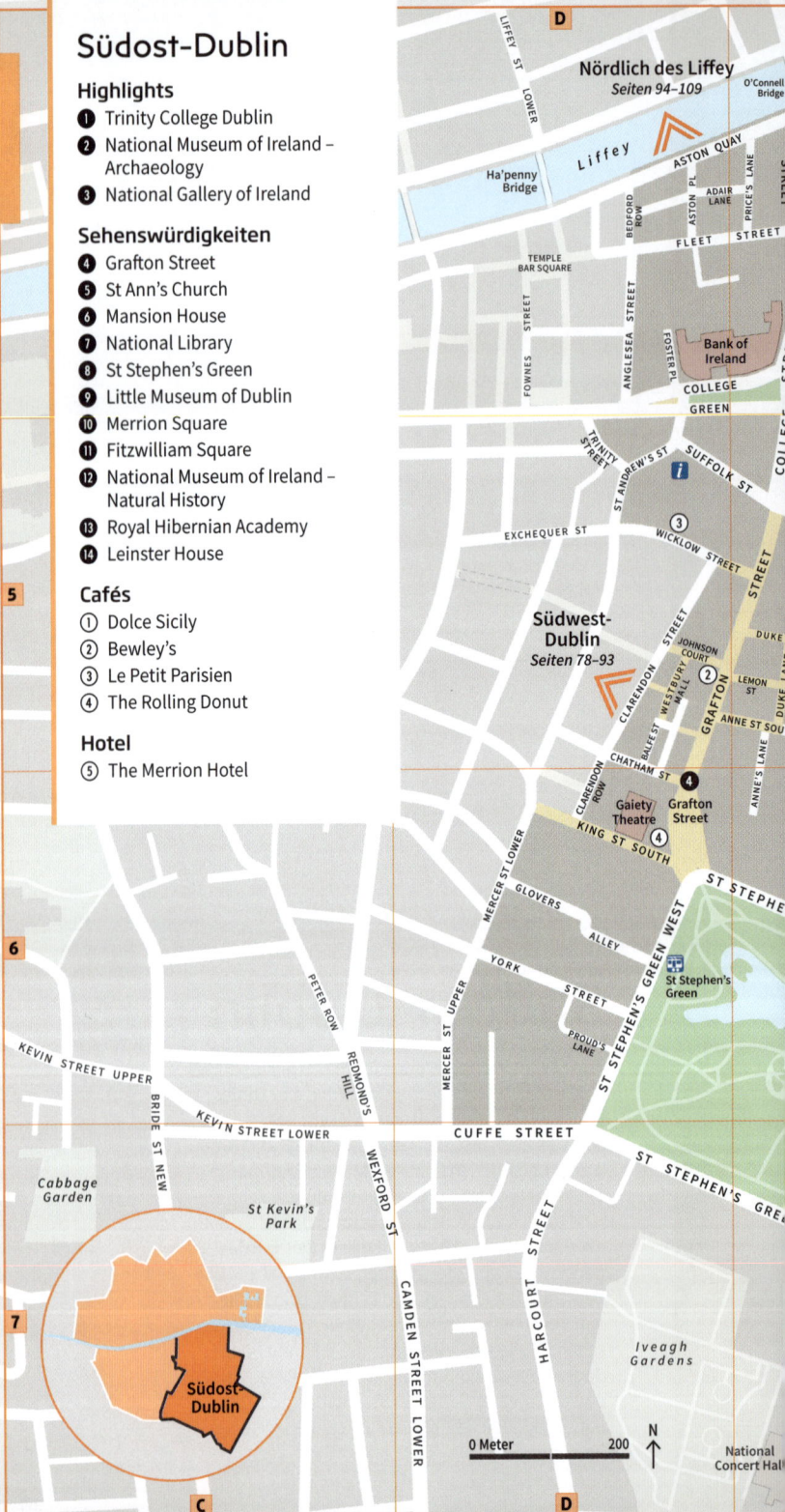

Südost-Dublin

Highlights
1. Trinity College Dublin
2. National Museum of Ireland – Archaeology
3. National Gallery of Ireland

Sehenswürdigkeiten
4. Grafton Street
5. St Ann's Church
6. Mansion House
7. National Library
8. St Stephen's Green
9. Little Museum of Dublin
10. Merrion Square
11. Fitzwilliam Square
12. National Museum of Ireland – Natural History
13. Royal Hibernian Academy
14. Leinster House

Cafés
1. Dolce Sicily
2. Bewley's
3. Le Petit Parisien
4. The Rolling Donut

Hotel
5. The Merrion Hotel

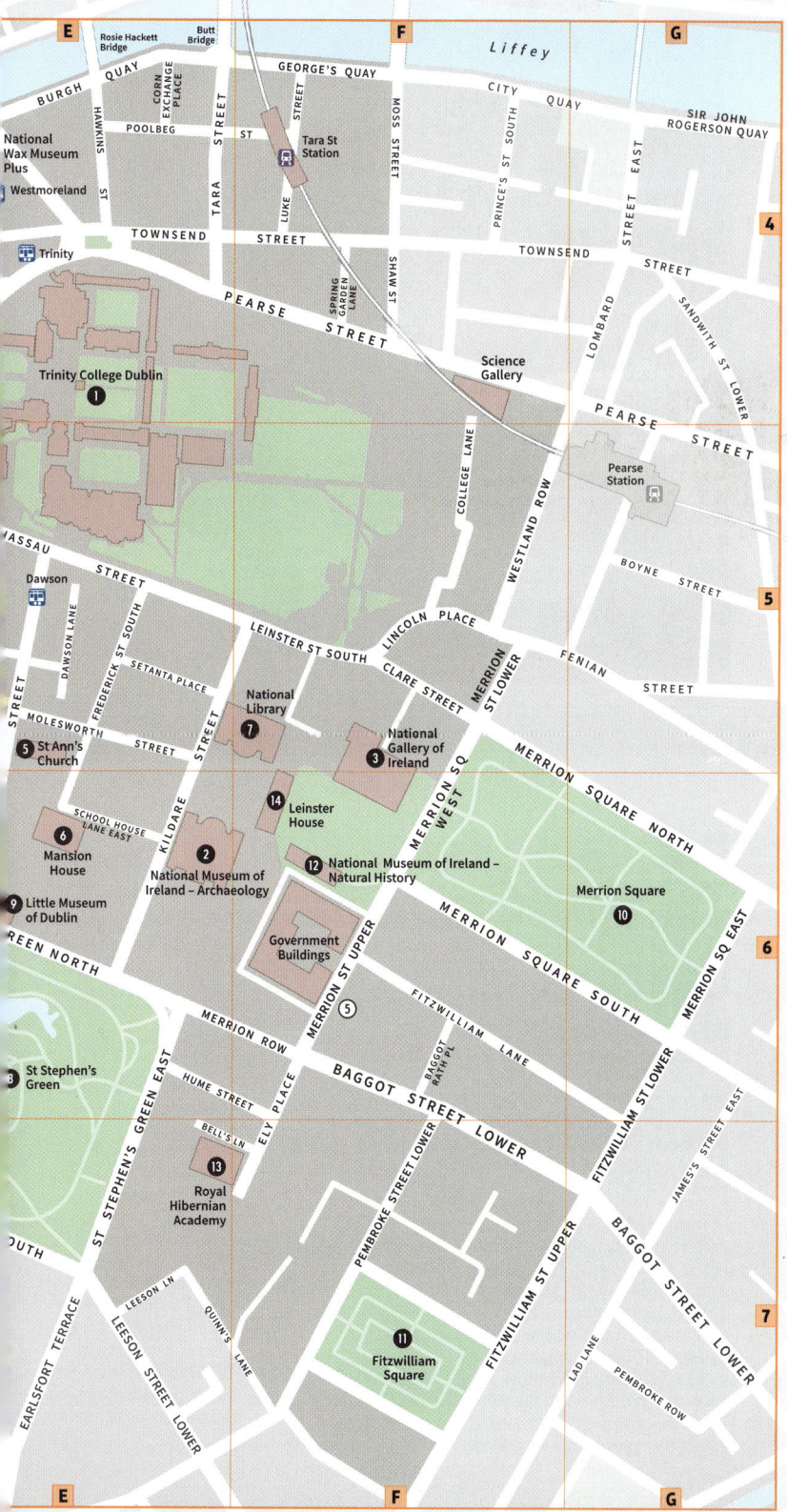

Der Library Square des Trinity College wird vom Glockenturm dominiert ↑

Trinity College Dublin

📍 E4 🏠 College Green 📞 +353 1 896 1000
🕐 Gelände: Mo – Fr 7 – 24, Sa, So 8 – 18 🌐 tcd.ie

Das Trinity College, Irlands prestigeträchtigste Universität, wurde 1592 auf Geheiß von Königin Elizabeth I auf dem Gelände eines ehemaligen Augustinerklosters gegründet.

Katholiken besuchen die ursprünglich protestantische Universität seit 1793 – obwohl es zu der Zeit noch etliche Restriktionen, darunter auch vonseiten der katholischen Kirche, gab –, in größerer Zahl aber erst seit den 1970er Jahren. Heute sind an der Universität über 17 000 Studierende eingeschrieben, und die Grünflächen und die gepflasterten Höfe sind eine schöne Oase mitten in der lebendigen Stadt. Hauptattraktionen sind der Long Room und das in der Alten Bibliothek verwahrte *Book of Kells*. Bei den ersten Sonnenstrahlen besuchen Studierende wie Einheimische die Campusbar Pav und genießen ein kühles Bier auf dem Kricketgelände.

Science Gallery Dublin

Das innovative Museum will die Kluft zwischen Wissenschaft und Kunst schließen. Die Science Gallery am äußersten Rand des Campus ist vollgepackt mit zum Nachdenken anregenden Exponaten über die Verbindung zwischen Kunst und Gewalt bis zur Zukunft der menschlichen Rasse. Es gibt zwar keine Dauerausstellung, aber ein äußerst interessantes Programm von Events.

↑ *Arnaldo Pomodoros* Sphere within Sphere *ist eines von vielen Kunstwerken auf dem Campus*

↑ *Der Haupteingang vom Trinity College am College Green*

Heute sind an der Universität über 17 000 Studierende eingeschrieben, und die Grünflächen und die gepflasterten Höfe sind eine schöne Oase mitten in der lebendigen Stadt.

Berühmte Alumni

1744–1748
△ **Edmund Burke** Der Autor und Politiker gründete Trinitys Historical Society, die älteste Studentenvereinigung der Welt.

1864–1870
△ **Bram Stoker** Der Autor von *Dracula* war zu Universitätszeiten ein hervorragender Sportler.

1871–1874
△ **Oscar Wilde** Der legendäre Dramatiker schloss sein Studium mit Auszeichnung ab und wurde danach zum Liebling der Gesellschaft.

1923–1927
△ **Samuel Beckett** Der Literaturnobelpreisträger studierte Französisch und Italienisch und war ein begeisterter Kricketspieler.

Trinity College: Campus

Besucher betreten die Universität durch das beeindruckende Fronttor, das von zwei berühmten Alumni in Bronze flankiert wird. Innen gehen drei Höfe vom Parliament Square weg. Geht man rechts, kommt man zu den großartigen Bibliotheken, links sind New Square und Botany Bay mit Klassenzimmern und Studentenunterkünften.

Schon gewusst?

Der jährliche Trinity Ball ist Europas größte private Open-Air-Party.

Book of Kells

Die Alte Bibliothek verfügt zwar über viele herausragende Manuskripte, das mit Abstand berühmteste ist aber das *Book of Kells*. Es enthält die vier Evangelien in lateinischer Sprache und ist mit verschlungenen Spiralen, Menschen- und Tierdarstellungen verziert. Es stammt wohl von Mönchen, die 806 n. Chr. vor den Wikingern von Iona nach Kells bei Newgrange flohen, und wurde im 17. Jahrhundert ins Trinity College gebracht.

Reclining Connected Forms (1969) von Henry Moore

Campanile

Speisesaal

Parliament Square

Kapelle (1798)

Statue von **Edmund Burke** (1868) von John Foley

Haupteingang

Statue von **Oliver Goldsmith** (1864) von John Foley

Prüfungshalle

Provost's House

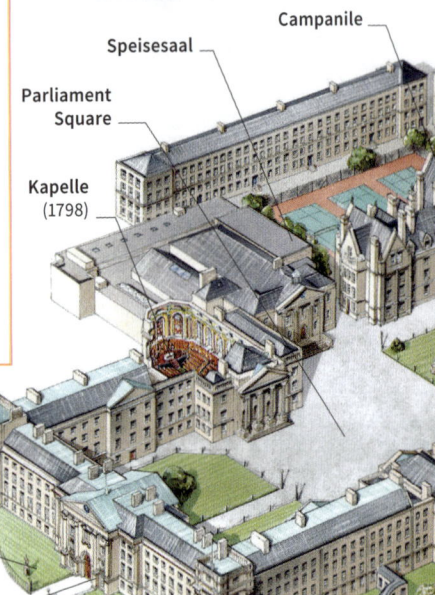

← *Die Rubrics am Library Square wurden um 1700 gebaut*

← *Im spektakulären Long Room der Alten Bibliothek befinden sich über 200 000 alte Bände*

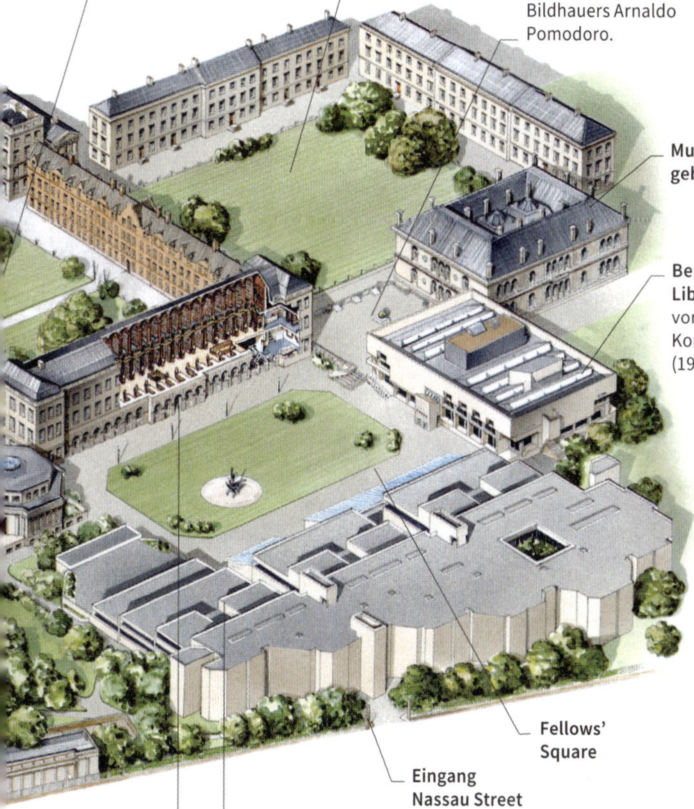

Der **Library Square** ist der älteste Teil des College.

New Square

Sphere within Sphere (1982) ist eine Schenkung des Bildhauers Arnaldo Pomodoro.

Museums-gebäude

Berkeley Library von Paul Koralek (1967)

Shop und Eingang zur **Alten Bibliothek**

The Douglas Hyde Gallery präsentiert seit den 1970er Jahren zeitge-nössische Kunst.

Eingang Nassau Street

Fellows' Square

↑ *Der College-Campus ist rund um drei begrünte Höfe angelegt*

②

National Museum of Ireland – Archaeology

📍 E6 🏠 Kildare St, Dublin 2 ☎ +353 1 677 7444 🕐 Di – Sa 10 –17, Mo, So 13 –17 🚫 Karfreitag, 25. Dez 🌐 museum.ie/Archaeology

Das National Museum of Ireland – Archaeology wurde nach Plänen von Sir Thomas Deane erbaut und im Jahr 1890 eröffnet. Die Halle ist mit Marmorsäulen und einem Tierkreismosaik verziert. Die Sammlung ist ebenso spektakulär und wartet mit einigen der berühmtesten Artefakte Irlands auf.

Zum National Museum of Ireland gehören insgesamt vier Museen, die jeweils auf ein bestimmtes Themengebiet spezialisiert sind. Neben dem Museum für Archäologie sind das die Museen für Decorative Arts & History in den Collins Barracks *(siehe S. 119)*, für Country Life in Mayo *(siehe S. 214)* und für Natural History am Merrion Square *(siehe S. 74f)*.

Der archäologische Zweig zeigt vor allem irische Schätze, auch wenn es eine beeindruckende ägyptische Ausstellung mit über 3000 Objekten gibt. Andere Ausstellungen sind: »Viking Ireland«, »Ór – Ireland's Gold«, eine der umfangreichsten Sammlungen bronzezeitlichen Goldes in Westeuropa, und »Kingship and Sacrifice« mit eisenzeitlichen Moorleichen, die Opferrituale beleuchten.

Schon gewusst?

Haut und innere Organe von Moorleichen werden vom Torf mumifiziert.

1 *Im zentralen Atrium im Erdgeschoss befindet sich die Ausstellung »Ór – Ireland's Gold«.*

2 *Ein 4500 Jahre alter Einbaum wird in der Ausstellung über das prähistorische Irland gezeigt.*

3 *Der vergoldete Sarkophag der Tentdinebu entstand vermutlich zwischen 945 und 716 v. Chr.*

Kurzführer

Im Erdgeschoss des Museums finden Sie die Schatzkammer und die Ausstellungen »Ór – Ireland's Gold«, »Kingship and Sacrifice« und »Prehistoric Ireland«. Der erste Stock beherbergt die mittelalterliche Ausstellung, in der viele Aspekte des Lebens in Irland bis zum späten Mittelalter beleuchtet werden. Außerdem sind hier die Wikinger-Exponate und die altägyptische Sammlung untergebracht. Die Exponate des Museums werden von Zeit zu Zeit neu organisiert. Im Erdgeschoss und im ersten Stock finden Wechselausstellungen statt.

←

Eingang zum National Museum an der Kildare Street

③

National Gallery of Ireland

📍 F5 🏛 Clare Street, Merrion Square W, Dublin 2 📞 +353 1 661 5133 🕐 Mo 11–17:30, Di – Sa 9:45 –17:30 (Do bis 20:30), So 11:30–17:30 🔒 Karfreitag, 24.– 26. Dez
🌐 nationalgallery.ie

Die National Gallery wurde im Jahr 1864 eröffnet – und zeigte anfangs »nur« 112 Gemälde. Dank großzügiger Schenkungen beherbergt sie heute über 16 300 europäische und irische Kunstwerke, darunter Gemälde, Drucke und Skulpturen.

Irlands National Gallery zeigt viele hervorragende Exponate, etwa die einst im Russborough House *(siehe S. 144f)* beheimatete Milltown-Sammlung, für die ein Anbau geschaffen werden musste. George Bernard Shaw, der der Galerie ein Drittel seines Vermögens vermachte, gehörte ebenfalls zu ihren Förderern. Der Schwerpunkt liegt zwar auf Kunst aus Irland wie den Gemälden von Jack Yeats, doch auch die wichtigsten Schulen der europäischen Malerei sind gut vertreten, zu den Highlights gehören Werke von Vermeer, Picasso und Velázquez. Eine großartige, mehrere Millionen Euro teure Renovierung des Dargan- und des Milltown-Flügels brachte ein elegantes neues Interieur zum Vorschein, das alte und neue Aspekte des Gebäudes gekonnt miteinander verbindet.

💬 Expertentipp
Werden Sie kreativ!

Die Galerie verfügt über großartige Online-Ressourcen für diejenigen, die durch ihren Besuch inspiriert wurden. Warum schaffen Sie nicht Ihre eigenen Meisterwerke von zu Hause aus?

Die umfangreiche Sammlung der National Gallery ↓

↑ Die Kreuzabnahme Christi *(1602) von Caravaggio hob das Ansehen der Galerie beträchtlich*

↑ Pierrot, *ein kubistisches Werk von Juan Gris, ist eine seiner vielen Variationen des Themas*

→
Der Eingang zum modernen Millennium Wing

SEHENSWÜRDIGKEITEN

❹ Grafton Street
📍 D6

Das »Rückgrat« der beliebtesten Einkaufsgegend Dublins verläuft vom Trinity College zum Einkaufszentrum St Stephen's Green.

In diesem von Straßenmusikern und Pflastermalern bevölkerten Fußgängerbereich liegt das Warenhaus Brown Thomas. Auch kleinere Läden für den gehobenen Bedarf sind vertreten. Juweliere gibt es hier auch. Nr. 78 befindet sich neben der Samuel-Whyte-Schule, die sich so illustrer Schüler wie des Anführers des Aufstands von 1803, Robert Emmet (siehe S. 83), und des Duke of Wellington rühmen kann.

In der nahen Suffolk Street befindet sich eine 1988 von Jean Rynhart geschaffene Statue der aus dem gleichnamigen Lied bekannten Straßenhändlerin *Molly Malone*.

❺ St Ann's Church
📍 E5   🏠 Dawson St
🕐 Sommer: Mo – Fr 10:45 – 14:45; Winter: Mo – Fr 11 – 14
🌐 stann.dublin.anglican.org

Zu ihrer beeindruckenden romanischen Fassade kam die 1707 erbaute Kirche erst 1868. Innen sind farbenprächtige Buntglasfenster aus der Mitte des 19. Jahrhunderts zu sehen. 1723 schenkte Lord Newton der Kirche Geld zur Armenspeisung. Der alte Brottisch steht noch neben dem Altar.

❻ Mansion House
📍 E6   🏠 Dawson St
🕐 für Besucher

Das attraktive Gebäude wurde 1710 im Queen-Anne-Stil für Joshua Dawson erbaut. 1715 erwarb die Stadt das Haus als Amtssitz des Bürgermeisters. Die Stuckfassade wurde in viktorianischer Zeit angebracht. Der Round Room neben dem Hauptgebäude wurde 1821 aus Anlass des Besuchs von König George IV errichtet. Die Abgeordneten des Dáil Éireann traten hier erstmals am 21. Januar 1919 zusammen.

❼ National Library
📍 F5   🏠 Kildare St
🕐 Mo – Mi 9:30 – 19:45, Do, Fr 9:30 – 16:45, Sa 9:30 – 12:45
🕐 Feiertage   🌐 nli.ie

Die von Sir Thomas Deane entworfene Nationalbibliothek wurde 1890 eröffnet. Sie birgt die ersten Editionen aller wichtigen irischen Autoren und Exemplare praktisch aller in Irland veröffentlichten Bücher.

Besucher können den Lesesaal, in dem wichtige irische Schriftsteller gearbeitet haben, oder eine der Ausstellungen besuchen.

Jeder, der an Genealogie interessiert ist, kann eine kostenlose Anfrage an den Genealogy Advisory Service stellen. Die Bibliothek veranstaltet auch etliche kostenlose Events.

❽ St Stephen's Green
📍 E6   🕐 ganzjährig bei Tageslicht

Dieses Gelände wurde im Jahr 1664 eingehegt. In ihrer heutigen Form wurde die neun Hektar große Anlage 1880 durch Schenkungsmittel Lord Ardilauns, eines Mitglieds der Guinness-Familie, geschaffen. Zwischen Blumenbeeten, Bäumen, einem Brunnen und einem See stehen Statuen namhafter Dubliner. Neben einer James-Joyce-Büste findet man auch ein W.-B.-Yeats-Denkmal von Henry Moore. Das Denkmal des Nationalistenführers Wolfe Tone, auch »Tonehenge« genannt, an der Ecke Merrion Row wurde 1967 von Edward Delaney entworfen. Im Musikpavillon (1887) finden den im Sommer tagsüber kostenlose Konzerte statt.

Das Royal College of Surgeons (Königliches Chirur-

← *Bronzestatue der Molly Malone in der Suffolk Street*

Einheimische relaxen auf den schönen Grünflächen von St Stephen's Green mit dem Musikpavillon im Hintergrund ↑

Cafés

Vier der besten Cafés in der Nähe der Grafton Street.

Dolce Sicily
Georgianisches Café mit sizilianischem Gebäck.
📍 E5 🏠 43 Dawson St
📞 +353 1 672 9215
€€€

Bewley's
Dublins kultigstes Café wartet mit frisch gebackenen Leckereien auf.
📍 D5
🏠 78–79 Grafton St
🅦 bewleys.com
€€€

Le Petit Parisien
Café im Pariser Stil mit köstlicher Patisserie.
📍 D5 🏠 17 Wicklow St
🅦 lepetitparisien.ie
€€€

The Rolling Donut
Donuts in allen Geschmacksrichtungen, auch vegane Optionen.
📍 D6
🏠 55 King St South
🅦 therollingdonut.ie
€€€

genkolleg, 1806) steht an der Westseite. Während des Aufstands von 1916 *(siehe S. 99)* hatten sich dort unter dem Kommando der Gräfin Constance Markievicz Rebellen verschanzt.

Das auffälligste Gebäude an der Nordseite ist das Hotel Shelbourne. Seit der Eröffnung 1824 ist der Eingang mit Statuen nubischer Prinzessinnen samt Sklaven geschmückt. Ein Blick in das Foyer lohnt ebenso wie ein Besuch der Lord Mayor's Lounge zum Afternoon Tea.

Auf der Südseite befindet sich das Newman House, Sitz der Katholischen Universität Irlands (heute Teil des University College), benannt nach dem ersten Rektor John Henry Newman. Das aus zwei Stadthäusern bestehende Gebäude verfügt über einige der am besten erhaltenen georgianischen Innenräume der Stadt, darunter barocke Stuckarbeiten (1739) der Schweizer Brüder Paolo und Filippo Lafranchini.

Ein Teil des Gebäudes beherbergt heute das Museum of Literature Ireland, in dem die Werke von James Joyce, der hier studierte, und anderer Titanen der irischen Literatur gewürdigt werden.

Die kleine Universitätskirche (1856) nebenan hat ein byzantinisches Marmorinterieur. Ebenfalls auf der Südseite befindet sich Iveagh House, ein Stadthaus der

Familie Guinness, in dem jetzt das Außenministerium seinen Sitz hat.

9
Little Museum of Dublin
📍 E6 🏠 15 St Stephen's Green 🕐 tägl. 11–17
🅦 littlemuseum.ie

In einem schönen georgianischen Haus am nördlichen Rand von St Stephen's Green ist dieses sehenswerte Museum untergebracht. Anhand von über 5000 Objekten wird die kulturelle, soziale und politische Entwicklung von Irlands Metropole der letzten rund 100 Jahre eindrucksvoll illustriert. Zu sehen sind Kunstwerke, Fotografien und Dokumente – alles Schenkungen von Bürgern.

↑ Werk von Mick O'Dea, Little Museum of Dublin

↑ *Statue von Oscar Wilde auf einem Felsen am Merrion Square*

 Fotomotiv
Wildes Leben

Die Statue von Oscar Wilde auf dem Merrion Square gibt ein farbenfrohes Bild ab. Der berühmte Dramatiker ruht auf einem Felsen in der nördlichen Ecke des Platzes und blickt zurück in Richtung seines Elternhauses.

❿ Merrion Square

📍 G6 🔲 merrionsquare.ie

Einer der größten georgianischen Plätze Dublins wurde 1762 von John Ensor angelegt. Auf der Westseite beeindrucken die imposanten Fassaden des Natural History Museum, der National Gallery *(siehe S. 70f)* und der vordere Garten von Leinster House. Gleichwohl kann sich das Dreigespann mit den georgianischen Stadthäusern auf den übrigen Seiten des Platzes nicht messen.

An vielen der heute meist gewerblich genutzten Häuser geben Tafeln Auskunft über die Persönlichkeiten, die hier einst wohnten, etwa W. B. Yeats (Haus Nr. 82). Oscar Wilde verbrachte seine Kindheit im Haus Nr. 1.

Die Parkanlage in der Mitte diente während der Großen Hungersnot der 1840er Jahre *(siehe S. 222)* als Suppenküche. Auf der Nordwestseite des Parks steht der Rutland-Brunnen (1791), der allein für die Armen errichtet wurde.

⓫ Fitzwilliam Square

📍 F7

Der ab 1790 angelegte Platz zählt zu Dublins spätesten georgianischen Anlagen. Heute haben sich hier zahlreiche Arztpraxen angesiedelt. In den 1960er Jahren fielen 16 Stadthäuser an der Fitzwilliam Street Lower, Fortsetzung des Fitzwilliam Square, dem Hauptquartier der Elektrizitätswerke zum Opfer. Das Unternehmen

Georgianisches Dublin

Das 18. Jahrhundert war die Epoche des Wohlstands, in der die irischen Lords aus Dublin eine der schönsten Städte Europas machten. Im 19. Jahrhundert ging der Reichtum verloren, viele bedeutende Straßen verkamen – glücklicherweise blieb vieles erhalten, etwa am Merrion Square.

versuchte, die Empörung durch die Restaurierung des georgianischen Hauses Nr. 29 zu besänftigen.

⓬ 🏛 ♿ National Museum of Ireland - Natural History

📍 F6 🏠 Merrion St 📞 +353 1 677 7444 🕐 Di – Sa 10–17, Mo, So 13–17 🚫 Karfreitag, 25. Dez 🔲 museum.ie

Das Museum wurde im Jahr 1857 mit einer Vorlesung des schottischen Missionars und Forschers David Livingstone eröffnet. Hinter dem Eingang stehen drei Skelette des »Irish Elk«, einer ausgestorbenen Hirschart. Im Erdgeschoss befasst sich der Irish Room mit der irischen Tier-

welt, im Obergeschoss widmet man sich allen Säugetieren der Erde. Die Primaten (Affen und Lemuren), der Königstiger sowie die Walskelette, die an der Decke hängen, sind besonders faszinierende Ausstellungsstücke.

13
Royal Hibernian Academy
📍 E7 🏛 15 Ely Place
🕐 Mo – Sa 11–17 (Mi bis 20), So 12 –17 🚫 Weihnachten
🌐 rhagallery.ie

Die Akademie ist einer der größten Ausstellungsorte der Stadt. Hier werden Exponate von irischen und internationalen Künstlern gezeigt. Der moderne Bau (1985) aus Backstein und Glas setzt sich

am Ende des Ely Place markant vom georgianischen Umfeld ab.

14 🚫
Leinster House
📍 F6 🏛 Kildare St 🕐 nur Führungen: siehe Website
🌐 oireachtas.ie

Das stattliche Herrenhaus beherbergt die beiden Kammern des irischen Parlaments (*Dáil* und *Seanad*). Richard Cassels gestaltete die zur Kildare Street gewandte Front im Stil eines Stadthauses, während die auf den Merrion Square blickende Rückseite an ein Gutshaus erinnert.

Bei einer Führung kann man die wichtigsten Räume besichtigen, darunter auch den Saal, in dem der *Seanad*

Hotel

The Merrion Hotel
Vier elegante Stadthäuser aus dem 18. Jahrhundert im Herzen des georgianischen Dublin wurden in dieses exklusive Luxushotel umgewandelt.

📍 F6
🏛 Merrion St Upper
🌐 merrionhotel.com
€€€

tagt, mit seiner überreich ornamentierten Decke. Führungen finden nur statt, wenn das Parlament nicht tagt; man muss einen Ausweis vorzeigen.

↓ *Leinster House, Sitz der irischen Regierung*

Spaziergang in Südost-Dublin

Länge 2 km **Dauer** 25 Minuten
Luas Trinity

Die Gegend um das College Green wird von den Fassaden der Bank of Ireland und des Trinity College dominiert. In den Gassen und Passagen, die die Fußgängerzone Grafton Street queren, gibt es viele der gehobeneren Dubliner Läden, Hotels und Restaurants. An der Kildare Street befinden sich das irische Parlament, die Nationalbibliothek und das National Museum of Ireland – Archaeology. Um dem Getümmel zu entkommen, suchen viele den Park St Stephen's Green auf, der von georgianischen Gebäuden gesäumt wird.

Die **Bank of Ireland**, ein großes georgianisches Gebäude, war ursprünglich als irisches Parlament konzipiert.

START

COLLEGE GRE

SUFFOLK ST.

GRAFT

Die **Grafton Street** (siehe S. 72) ist zu allen Tageszeiten gut besucht. Auch viele Straßenmusiker kommen hierher. Beliebt ist das Kaufhaus Brown Thomas.

GRAFTON STREET

DUKE ST

Die imposante Fassade wurde **St Ann's Church** (18. Jh.) 1868 hinzugefügt. Das Innere besticht durch hübsche Buntglasfenster.

ANNE ST STH

Seit 1715 residiert im **Mansion House** (siehe S. 72) Dublins Bürgermeister.

DAWSON ST

Fusiliers' Arch (1907)

ST STEPHEN'S GREE
NORTH

Der Stadtpark **St Stephen's Green** (siehe S. 72f) ist von vielen großartigen Gebäuden umgeben. Im Sommer ziehen die Mittagskonzerte viele Besucher an.

0 Meter 50 N

ZIEL

Südost-Dublin

Zur Orientierung
Siehe Stadtteilkarte S. 62f

Trinity College *(siehe S. 64–67)*, Dublins erste Universität, wartet mit vielen modernen Kunstwerken auf.

Schon gewusst?

Bis in die 1770er Jahre fanden die meisten Hinrichtungen in St Stephen's Green statt.

NASSAU STREET

MOLESWORTH ST

KILDARE STREET

Im schönen alten Lesesaal der **National Library** *(siehe S. 72)* war auch James Joyce ein häufiger Gast.

Leinster House beherbergt seit 1922 das irische Parlament.

Das **National Museum of Ireland – Archaeology** zeigt irische Altertümer, darunter auch ein bemerkenswertes Bronzeobjekt.

Das **Hotel Shelbourne Dublin** (1824) dominiert die Nordseite von St Stephen's Green.

↑ *Fusiliers' Arch am Eingang zu St Stephen's Green*

77

Die Kopfsteinpflasterstraßen von Temple Bar (siehe S. 87)

Südwest-Dublin

Die Gegend um die Burg wurde bereits in prähistorischer Zeit besiedelt, hier liegen die Wurzeln der Stadt. Dublin verdankt seinen Namen dem »schwarzen Tümpel« *(Dubh Linn)*, der sich am Zusammenfluss des Liffey und des Poddle, der früher über das Burgareal floss, bildete. Ausgrabungen hinter dem Wood Quay haben ergeben, dass die Wikinger hier um 841 einen Handelsposten gegründet hatten.

Nach der Invasion Richard de Clares 1170 entwickelte sich eine mittelalterliche Stadt. Die Anglonormannen umgaben die Burg mit einer starken Verteidigungsmauer. Zeugnisse aus der anglonormannischen Zeit sind Christ Church Cathedral und St Patrick's. Als sich die Stadt in der georgianischen Ära nach Norden und Osten hin ausdehnte, verwandelten sich die engen gepflasterten Straßen von Temple Bar in ein vorwiegend von Handwerkern und Kaufleuten bewohntes Quartier. Heute ist die Gegend touristisch gut erschlossen und beherbergt eine Vielzahl von alternativen Läden und Cafés.

Südwest-Dublin

Highlights
1. Dublin Castle
2. Christ Church Cathedral

Sehenswürdigkeiten
3. Chester Beatty Library
4. City Hall
5. Powerscourt Centre
6. Temple Bar
7. Wood Quay
8. St Audoen's Church
9. Dublinia
10. Tailors' Hall
11. St Patrick's Cathedral
12. Marsh's Library
13. Whitefriar Street Carmelite Church

Restaurant
① Queen of Tarts

Cocktails
② Vintage Cocktail Club

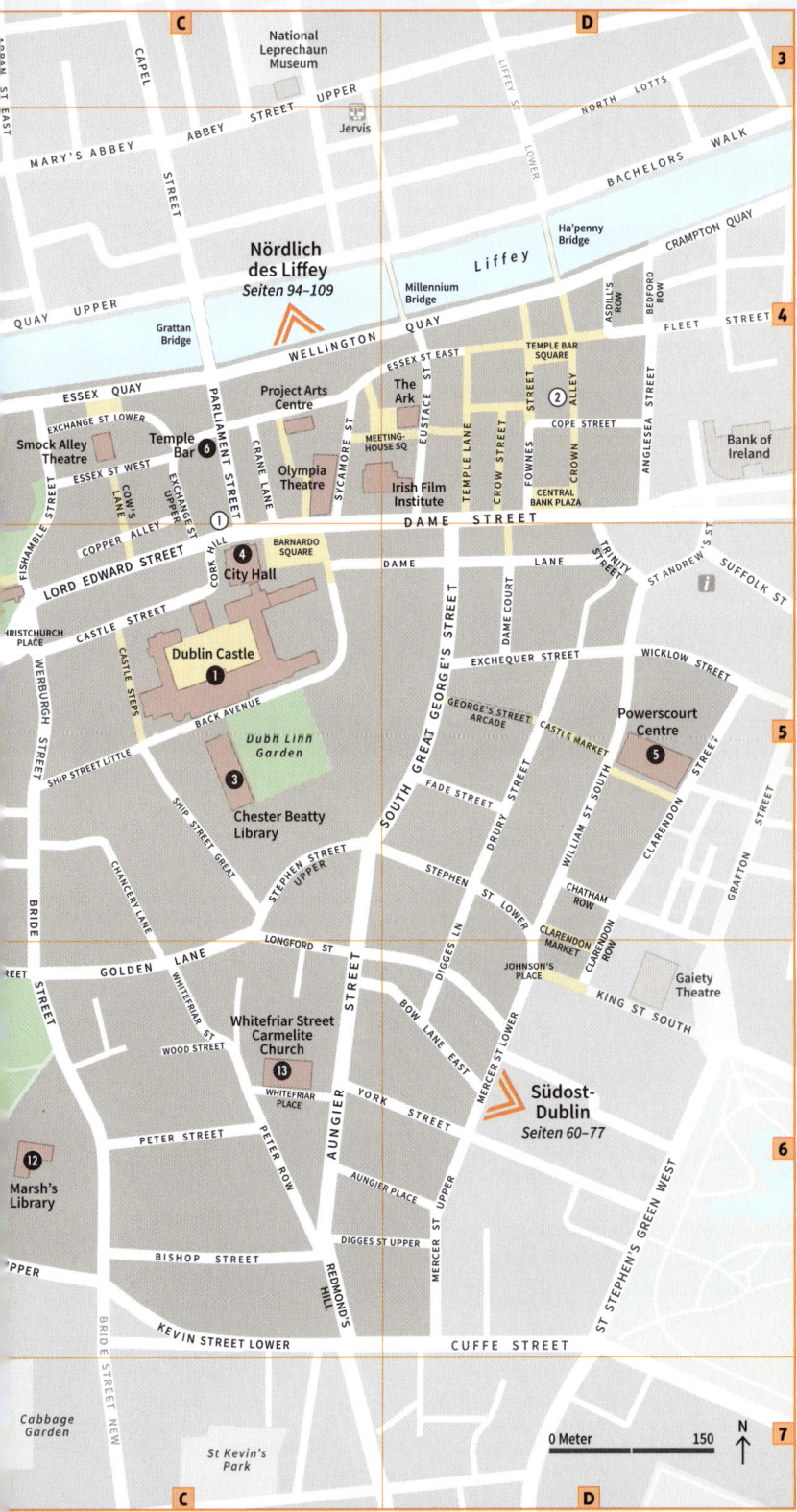

❶ ⚒ Ⓜ️ 🖥️

Dublin Castle

📍 C5 🏠 bei Dame St, Dublin 2 ☎ +353 1 645 8813 🕐 tägl. 9:45–17:45 🚫 1. Jan, 25.–27. Dez 🌐 dublincastle.ie

Dublin Castle, eines der wichtigsten Gebäude in der irischen Geschichte, wurde an der Stelle einer Wikinger-Festung im 13. Jahrhundert gebaut und war 700 Jahre lang das Zentrum britisch-kolonialer Herrschaft in Irland. Heute ist es eine der Hauptattraktionen der Stadt.

Von der ursprünglichen Burg ist nur der südöstliche mittelalterliche Turm (auch Record Tower genannt) übrig geblieben, während der Rest des Gebäudes ab dem 18. Jahrhundert hinzugefügt wurde. Nach einem Brand 1684 ließ Sir William Robinson den Oberen und Unteren Schlosshof anlegen. Auf der Südseite des Oberen Hofes befinden sich die Prunkgemächer sowie die prächtige St Patrick's Hall. In diesen Gemächern waren die von den Briten eingesetzten Vizekönige von Irland untergebracht. Dublin Castle wurde 1922 mit der Gründung des Irischen Freistaats offiziell an Irland übergeben.

↑ *Bedford Tower, das Herzstück des Oberen Schlosshofs*

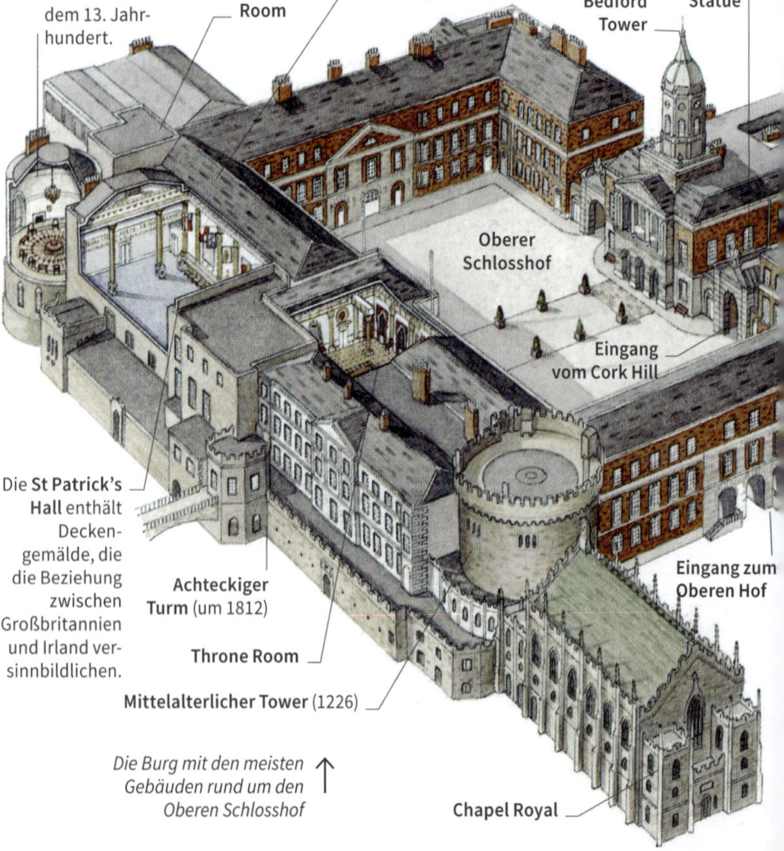

Der **Bermingham Tower** stammt aus dem 13. Jahrhundert.

Wedgwood Room

Porträtgalerie

Justitia-Statue

Bedford Tower

Oberer Schlosshof

Eingang vom Cork Hill

Die **St Patrick's Hall** enthält Deckengemälde, die die Beziehung zwischen Großbritannien und Irland versinnbildlichen.

Achteckiger Turm (um 1812)

Throne Room

Mittelalterlicher Tower (1226)

Eingang zum Oberen Hof

Die Burg mit den meisten Gebäuden rund um den Oberen Schlosshof ↑

Chapel Royal

1 *Die Justitia-Statue über dem Haupteingang kehrt der Stadt den Rücken zu und war deshalb den Dublinern oft Anlass für Hohn und Spott.*

2 *Die Chapel Royal wurde im Jahr 1814 von Francis Johnston vollendet. Die 103 Köpfe an der Außenseite stammen von Edward Smyth.*

3 *Der Throne Room, einer der prächtigsten Räume, enthält einen Thron, der 1821, anlässlich des Besuchs von König George IV, aufgestellt wurde.*

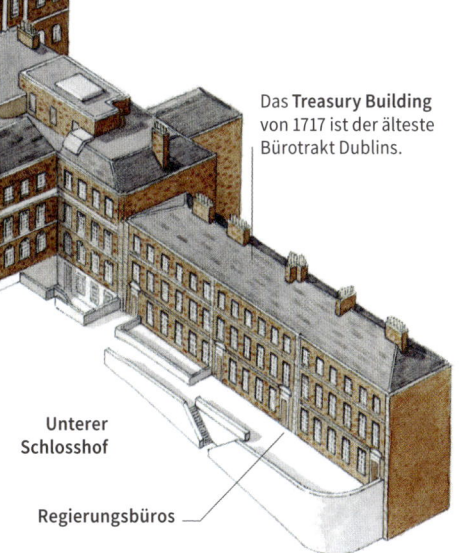

Das **Treasury Building** von 1717 ist der älteste Bürotrakt Dublins.

Unterer Schlosshof

Regierungsbüros

Robert Emmet

Robert Emmet (1778–1803), der Anführer des gescheiterten Aufstands von 1803, gilt bis heute als heldenhafter Verfechter der irischen Freiheit. Er wollte mit der Besetzung von Dublin Castle ein Fanal im Kampf gegen das Unionsgesetz setzen. Emmet wurde in Kilmainham Gaol gehenkt. Doch die patriotische Rede, die er vorher hielt, inspirierte noch die nachfolgenden Generationen in ihrem Freiheitskampf.

Christ Church Cathedral

📍 B5 🏠 Christchurch Place 🕐 siehe Website
📅 26. Dez 🌐 christchurchcathedral.ie

Die Christ Church Cathedral ist Dublins ältestes Gebäude, ihr jetziger Standort ist bereits in Manuskripten aus den 1030er Jahren belegt. Im Mittelalter war die Kathedrale ein Wallfahrtsort, und auch heute noch ist das Innere der Kirche faszinierend.

Die Christ Church Cathedral wurde von Sitric »Silkbeard«, dem irisch-normannischen König Dublins, und Dunan, dem ersten Bischof Dublins, gegründet. 1186 wurde sie von Erzbischof John Cumin neu erbaut. Sie ist die Kathedrale der (anglikanischen) Diözese Dublin und Glendalough. In den 1870er Jahren wurde das baufällige Gebäude von dem Architekten George Street umgestaltet, was an dem viktorianischen Äußeren zu sehen ist. Die riesige Krypta aus dem 12. Jahrhundert wurde 2000 renoviert. Sie enthält etliche interessante Kuriositäten sowie das Café und den Laden.

Hauptschiff

→
Die Kathedrale ist eine Mischung aus mittelalterlicher und viktorianischer Architektur

Die **Brücke zur Synodalhalle** wurde bei der Umgestaltung der Kathedrale (19. Jh.) hinzugefügt.

Krypta

Grabmal von Richard de Clare

←
Christ Church Cathedral liegt auf einem Hügel am Ende der Fishamble Street

Schon gewusst?

Als Hochstapler enttarnt, musste Lambert Simnel in der Küche von Henry VII arbeiten.

In der **Lady Chapel** wurden die täglichen Messen abgehalten.

Treppe zur Krypta

1 *Das 25 Meter hohe Hauptschiff besticht durch seine gotischen Bogen.*

2 *In der Krypta sind eine mumifizierte Katze und eine Ratte ausgestellt, die die Spitznamen Tom und Jerry erhielten.*

3 *Der liegende Ritter ist vielleicht Teil des ursprünglichen Grabmals von Richard de Clare, der in der Kathedrale begraben ist.*

Chronik

1038
Bau der ursprünglichen Wikinger-Kathedrale

1240
△ Vollendung der Stein-Kathedrale

1487
△ Krönung des zehnjährigen Lambert Simnel zum König von England

1742
Der Chor singt bei der Uraufführung von Händels *Messias*

1871
△ Beginn der Umgestaltung der Kathedrale mit Synodalhalle und Brücke

85

SEHENSWÜRDIGKEITEN

3 ⬡ 🍴 🛍 ♿

Chester Beatty Library

📍 C5 🏠 Dublin Castle
🕐 Mo–Sa 9:45–17:30 (Mi bis 20), So 12–17:30 🕐 Nov–Feb: Mo; 1. Jan, Karfreitag, 24.–26. Dez, Feiertage
🌐 chesterbeatty.ie

← Babylonisches »Steinbuch« in der Chester Beatty Library

Die weltbekannte Sammlung mit Kunstschätzen aus Asien, dem Nahen Osten, Afrika und Europa vermachte der amerikanische Bergbaumagnat und Kunstsammler Sir Alfred Chester Beatty (1875–1968) dem Staat, weshalb er 1957 zu Irlands erstem Ehrenbürger ernannt wurde.

Beatty sammelte annähernd 300 Koran-Ausgaben vieler Meisterkalligrafen. In der Sammlung finden sich außerdem 5000 Jahre alte babylonische Steintafeln, griechische Papyrusrollen und Bibelauszüge in koptischer Sprache.

Die Schätze aus dem Fernen Osten umfassen eine Sammlung chinesischer Ja-

debücher – jedes Blatt dieser Bücher ist eine hauchdünne Jadescheibe mit eingravierten, goldgefüllten Schriftzeichen. Burmesische und siamesische Kunst ist durch Exponate aus dem 18. und 19. Jahrhundert, den *Parabaiks*, vertreten. Das sind Bücher aus Papier von Maulbeerbaumblättern, die farbenfroh illustrierte Volkssagen enthalten. Die Exponate der japanischen Sammlung reichen vom 16. bis zum 19. Jahrhundert.

Überaus interessant sind auch die westeuropäischen Manuskripte, allen voran das *Coëtivy Book of Hours*, ein illustriertes französisches Gebetbuch (15. Jh.)

4 ⬡ 🚫 🍴 ♿

City Hall

📍 C5 🏠 Cork Hill, Dame St
🕐 Mo–Sa 10–17:15
🕐 1. Jan, Karfreitag, 24.–26. Dez 🌐 dublincity.ie/dublincityhall

Der von Thomas Cooley entworfene Bau wurde von 1769 bis 1779 als Börse errichtet, von der Dublin Corporation gekauft und schließlich als Versammlungsort des Stadtrats genutzt. Hinter der säulenverzierten Fassade öffnet sich die Eingangsrotunde mit einer von Säulen gestützten Kuppel. Die Ausstellung »Dublin City Hall – The Story of the Capital« beleuchtet

↑ Die imposante Mahagonitreppe im Powerscourt Centre

Belebtes Pub in Temple Bar

Film Institute in der Eustace Street, das Programm- und Arthouse-Filme zeigt und über ein Restaurant mit Bar und einen Laden verfügt.

Beim Meeting House Square liegt einer der Schauplätze für Open-Air-Veranstaltungen. Hier befinden sich auch das National Photographic Archive und die Gallery of Photography. Samstags findet ein Lebensmittelmarkt statt.

7
Wood Quay
📍 B4

Wood Quay, benannt nach den Holzbohlen, mit denen das Land urbar gemacht wurde, war in den 1970ern Gegenstand kontroverser Ausgrabungen, bei denen die Überreste eines der frühesten Wikingerdörfer Irlands gefunden wurden *(siehe S. 89)*. Die Artefakte können in der Dublinia-Ausstellung *(siehe S. 88f)* und im Nationalmuseum *(siehe S. 68f)* besichtigt werden.

Heute sind auf dem Gelände Ämter der Stadtverwaltung, aber Teile der Ausgrabung sind zugänglich.

die Entwicklung Dublins vom Einfall der Anglonormannen im Jahr 1170 bis heute.

5
Powerscourt Centre
📍 D5 🏠 William St South
🕐 Mo – Fr 10 – 18 (Do bis 20), Sa 9 – 18, So 12 – 18
🌐 powerscourtcentre.ie

Das 1774 von Robert Mack vollendete Palais war Residenz des Vicomte Powerscourt, der auch einen Landsitz in Enniskerry besaß. Für den Bau schaffte man von seinem Landgut Granit heran. Heute beherbergt das Gebäude eines der besten Dubliner Einkaufszentren. Innen sind noch immer die Mahagonitreppe und die Stuckarbeiten von Michael Stapleton zu sehen.

1830 wurde das Gebäude von einer Textilhandlung genutzt. Nach weiteren Umbauten in den 1960er Jahren zogen Galerien, Cafés und Luxusläden in das Gebäude mit dem von einer Glaskuppel gekrönten Innenhof. Man erreicht es auch von der Grafton Street aus durch die Johnson Court Alley.

6
Temple Bar
📍 C4 📞 Infotelefon Temple Bar: +353 1 677 2255

Einige der besten Galerien und Restaurants sowie ungewöhnliche Läden säumen die engen Pflasterstraßen zwischen der Bank of Ireland und der Christ Church Cathedral *(siehe S. 84f)*. Im 18. Jahrhundert waren hier viele schräge Vögel ansässig. Die Fownes Street war für ihre Bordelle bekannt. Bis nach dem Zweiten Weltkrieg lebten und arbeiteten hier Handwerker. Mit der Industrialisierung verfiel die Gegend jedoch. In den 1970ern wurden alte Ladengeschäfte an Künstler, Platten-, Textil- und Buchhändler vermietet. So nahm das Viertel einen »alternativen« Charakter an. Zwischen Galerien und Theatern haben sich inzwischen viele Touristenläden, Fast-Food-Restaurants und Nachtclubs niedergelassen. Zu den Highlights gehören das Project Arts Centre in der East Essex Street, ein Zentrum für avantgardistische Performances, und das Irish

Bar

Vintage Cocktail Club
Hinter einer unauffälligen Tür bekommt man mit die besten Cocktails der Stadt. Man wählt aus einer umfangreichen Karte und sitzt in einem schicken 1920er-Jahre-Interieur.

📍 D4
🏠 15 Crown Alley
🌐 vintagecocktail club.com

↑ *Der Turm von St Audoen's Church wacht über einem schönen Garten*

8
St Audoen's Church
📍 B5 🏠 High St, Cornmarket 📞 +353 1 677 0088
🕐 siehe Website
🌐 heritageireland.ie

Die St Audoen's Church ist das älteste noch existierende Gotteshaus in Dublin. Der über 800 Jahre alte Turm gilt als ältester Kirchturm Irlands. Die drei Glocken wurden 1423 hinzugefügt. Auch das Kirchenschiff, das ebenfalls aus dem 15. Jahrhundert stammt, ist erhalten.

Die Kirche steht in einem Kirchhof, der weite Rasenflächen mit gepflegten Büschen aufweist. An der Rückseite führen Stufen zum St-Audoen's-Bogen hinunter, dem einzigen verbliebenen alten Stadttor. Flankiert wird es von Teilen der restaurierten Stadtmauer aus dem 13. Jahrhundert.

Unmittelbar daneben steht die römisch-katholische St Audoen's Church aus dem Jahr 1847, die von dem irischen Architekten Patrick Byrne entworfen wurde.

Restaurant

Queen of Tarts
In dieser malerischen Dubliner Institution genießt man einen großartigen Brunch, schmackhafte Gerichte und nicht zu vergessen herrliche, hausgemachte Kuchen.

📍 C4 🏠 4 Cork Hill, Dame St
🌐 queenoftarts.ie
€ € €

9
Dublinia
📍 B5 🏠 St Michael's Hill
🕐 März – Sep: tägl. 10 –18:30; Okt –Feb: 10 –17:30; letzter Einlass: 1 Std. vor Schließung
🕐 24.– 26. Dez 🌐 dublinia.ie

Die Dublinia-Ausstellung dokumentiert Dublins frühe Geschichte von der Ankunft der Anglonormannen im Jahr 1170 bis zur Auflösung der Klöster zwischen 1538 und 1541. Die Ausstellung ist in der neogotischen Synodalhalle untergebracht, in der bis 1983 die Church of Ireland residierte. Die Halle und ihre Verbindungsbrücke zur Christ Church Cathedral wurden um 1870 erbaut. Vor der Einrichtung der Dublinia 1993 war die Synodalhalle kurzzeitig ein Nachtclub.

Die Ausstellung ist durchgehend interaktiv gestaltet und ermuntert die Besucher, selbst die Vergangenheit Dublins zu erforschen.

Zu den spannendsten Bereichen zählt die Abteilung »Medieval Dublin«, in der besonders düstere Kapitel der Stadt aus dem Mittelalter scheinbar wieder zum Leben erwachen. Tod und Krankheit, Verbrechen und Bestrafung werden auf eindrucksvolle Weise dargestellt.

Wichtige Ereignisse der Dubliner Geschichte wie die Pest und der Aufstand des Silken Thomas werden hier ebenso gezeigt wie ein Modell von Dublin um das Jahr 1500. In einem weiteren Raum werden archäologische Funde aus dem nahen Wood Quay *(siehe S. 87)* gezeigt.

Tod und Krankheit, Verbrechen und Bestrafung werden auf eindrucksvolle Weise in der Dublinia-Ausstellung dargestellt.

Einen fantastischen Blick über die Stadt genießt man vom 60 Meter hohen Turm von St Michael.

Tailors' Hall

B5 ⌂ Back Lane
↻ vorübergehend
Ⓦ antaisce.org

Das Gewandhaus ist das einzige noch existierende Zunfthaus Dublins. Es versprüht inmitten eines Sanierungsgebiets altmodischen Charme. Das 1706 errichtete Gebäude steht hinter einem Kalksteinbogen in einem Hof. Es ist Irlands ältestes Zunfthaus und wurde früher von unterschiedlichen Gewerben genutzt, darunter Strumpfwarenhändler, Satt-

ler, Barbiere und Schneider. Es diente auch als politischer Treffpunkt: So sprach Wolfe Tone vor dem Aufstand von 1798 hier zu den United Irishmen. Das Gebäude wurde

Anfang der 1960er Jahre geschlossen, doch Desmond Guinness sorgte für eine vollständige Renovierung. Heute ist hier das Hauptbüro von An Taisce.

Wikinger in Dublin

Wikinger landeten bereits seit Ende des 8. Jahrhunderts in Irland und gründeten 841 Dublin. Wo sich bei der Mündung des Flusses Poddle in den Liffey ein schwarzer Tümpel *(Dubh Linn)* bildete, bauten sie am heutigen Standort von Dublin Castle ein Fort. Nach der Niederlage gegen Brian Ború in der Schlacht von Clontarf 1014 integrierten sie sich und wurden Christen. Nach der anglonormannischen Invasion im Jahr 1169 zerfiel ihr Handelsposten. Viele der Bewohner wurden in die Kolonie Oxmanstown umgesiedelt.

Wikinger-Schiff

↑ *Die rote Backsteinfassade der restaurierten Tailors' Hall*

⑪ (🔖)(🍴)(🛍)

St Patrick's Cathedral

📍 B6   🏠 St Patrick's Close
🕐 Mo – Fr 9:30 –17, Sa 9 –18
(Nov – Feb: bis 17), So 9 –
10:30, 12:30 –14:30, 16:30 –
18 (Nov – Feb: bis 14:30)
🎫 bei Messen
🌐 stpatrickscathedral.ie

Das größte irische Gotteshaus steht neben einer heiligen Quelle, an der der
hl. Patrick um 450 n. Chr.
zum Glauben Bekehrte ge-
tauft haben soll. Um 1900
wurde eine Steinplatte mit
einem keltischen Kreuz darauf ausgegraben, die die
Quelle bedeckte. Sie wird
heute am westlichen Ende
des Hauptschiffs verwahrt.
Ursprünglich war die Kathedrale eine Holzkapelle, die
1192 unter Erzbischof John
Cumin durch einen Steinbau
ersetzt wurde.

Mitte des 17. Jahrhunderts
kamen hugenottische
Flüchtlinge aus Frankreich
nach Dublin und erhielten
die Lady Chapel als Gotteshaus zugewiesen. Sie wurde
vom Rest der Kathedrale se-
pariert und bis ins späte
18. Jahrhundert von den
Hugenotten genutzt. Heute
ist die Kathedrale Hauptkir-
che der irischen Anglikaner
und Episkopalen.

Ein Großteil des heutigen
Gebäudes wurde zwischen
1254 und 1270 fertiggestellt.
Die Kathedrale wurde im
Lauf der Jahrhunderte vernachlässigt, brannte nieder
und konnte nur dank der

Großzügigkeit von Sir Ben-
jamin Guinness um 1860 restauriert werden. Das Bau-
werk ist 91 Meter lang. Am
westlichen Ende befindet
sich der 1370 unter Erzbischof Minot restaurierte
43 Meter hohe Glockenturm.
Der Turmhelm wurde im
18. Jahrhundert hinzugefügt.

Das Innere der Kathedrale
ist mit Gedenkbüsten, Mes-
singtafeln und Monumenten
übersät. Ein am Eingang er-
hältliches Faltblatt hilft bei
der Orientierung. Das größte
und kunstvollste Grabmal
ließ im 17. Jahrhundert die

Familie Boyle errichten. Die
von Richard Boyle, Earl of
Cork, dem Andenken seiner
zweiten Frau Catherine gewidmete Grabstätte ist mit
Darstellungen seiner Ange-
hörigen geschmückt. Andere
berühmte Bürger, derer in
der Kirche gedacht wird, sind
der Harfenist Turlough O'Carolan (1670 –1738) und der
erste irische Präsident Douglas Hyde (1860 –1949).

Im südlichen Querschiff ist
die »Swift-Ecke«, in der ein
Bücherschrank mit Swifts
(1667 –1745) Totenmaske
verwahrt wird. Ein Epitaph
von Swift findet man an der
Wand auf der Südwestseite.
Wenige Schritte entfernt liegen sein Grab und das seiner
Freundin Esther Johnson.

Am westlichen Ende gibt
es eine Tür mit einem Loch –
Hinweis auf eine Fehde zwischen den Lords Kildare und
Ormonde 1492. Ormonde
hatte im Stiftshaus Zuflucht
gesucht. Als Friede geschlossen wurde, schnitt Kildare
ein Loch in die Tür, um Ormonde die Hand zu reichen.

Abseits vom Rummel

Von der Christ Church Cathedral sind es nur 15 Minuten zu
Fuß ins trendige Portobello mit
vielen Bars und Restaurants.
Besuchen Sie Gaillot et Gray,
eine französische Pizzeria und
Bäckerei, oder Bastible, eines
der besten Bistros in der Gegend. Fallon's Bar ist sehr beliebt, Leonard's Corner perfekt
für ein gemütliches Pint.

↑ St Patrick's Cathedral
mit den umliegenden
Gärten

←

*Band aus der Sammlung
der Marsh's Library*

und sind mit Giebeln und eingelassenen Goldlettern geschmückt. Im rückwärtigen Teil gibt es vergitterte Alkoven, in die Leser von seltenen Büchern eingeschlossen wurden. Zur Sammlung (16., 17. und frühes 18. Jh.) gehören unersetzliche Bände, darunter auch Bischof Bedells Übersetzung des Alten Testaments ins Irische (1685).

⓬
Marsh's Library
📍 C6 🏠 St Patrick's Close
🕐 Mo, Mi – Fr 9:30 –17,
Sa 10 –17 🚫 zehn Tage an
Weihnachten, Feiertage
🌐 marshlibrary.ie

Die älteste öffentliche Bibliothek Irlands wurde 1701 für den Dubliner Erzbischof Narcissus Marsh gebaut. Sie wurde von Sir William Robinson entworfen, der auch einen Großteil von Dublin Castle *(siehe S. 82f)* und das Royal Hospital Kilmainham erbaute.

Die Bücherschränke werden von einer Mitra gekrönt

⓭ 🏛️
Whitefriar Street
Carmelite Church
📍 C6 🏠 56 Aungier St
🕐 Mo, Mi – Sa 9:45 –18,
Di 8 –19:30, So, Feiertage
9:30 –19
🌐 whitefriarstreetchurch.ie

George Papworth entwarf diese 1827 erbaute katholische Kirche. Sie steht neben der Stätte eines mittelalterlichen Karmeliterklosters, von dem es keine Überreste gibt.

Während Saint Patrick's und Christ Church, die zwei Kathedralen der Kirche von Irland, viele Touristen anziehen, trifft man in der Whitefriar Street Carmelite Church zumeist Einheimische an. Sie kommen, um für die Heiligen Kerzen zu entzünden – u. a. für den hl. Valentin, den Schutzpatron der Liebenden. Seine Überreste lagen auf dem Friedhof des hl. Hippolytus in Rom, bis Papst Gregor XVI. sie im Jahr 1836 der Kirche schenkte. Heute ruhen die Gebeine des hl. Valentin unter seiner Statue an der Nordostseite neben dem Altar.

Berühmt ist die flämische Marienstatue der Lady of Dublin (spätes 15. oder frühes 16. Jh.) aus Eiche. Sie hat früher vielleicht der St Mary's Abbey *(siehe S. 106)* gehört und soll die einzige Holzstatue ihrer Art sein, die die während der Reformation angerichteten Zerstörungen in den irischen Klöstern unbeschadet überstanden hat.

Spaziergang in Südwest-Dublin

Länge 2 km **Dauer** 25 Minuten
Luas Westmoreland

Obwohl Südwest-Dublin mit historischen Gebäuden wie dem Dublin Castle und der Christ Church Cathedral aufwartet, lässt dieser Teil der Stadt den Charme der Gegend rund um die Grafton Street vermissen. Man hat sich jedoch bemüht, das Viertel attraktiver zu gestalten. Insbesondere um Temple Bar säumen nun Kunstgalerien, Läden und Cafés die hübschen Straßen.

↑ *Christ Church Cathedral mit ihrer Brücke zu Dublinia*

Am **Wood Quay** *(siehe S. 87)* gründeten die Wikinger 841 ihre erste ständige Siedlung.

Sunlight Chambers heißt das 1900 von der Lever-Brothers-Gruppe erbaute Haus. Die hübsche Terrakotta-Fassade wirbt auch für die Waschmittel des Konzerns.

Christ Church Cathedral *(siehe S. 84f)*, Irlands älteste Kathedrale, hat eine faszinierende Krypta.

Das interaktive Museum **Dublinia** *(siehe S. 88f)* ist in der ehemaligen Synodalhalle der Church of Ireland untergebracht.

St Werburgh's Church (18. Jh.) hat ein kunstvolles Inneres.

Dublin Castle *(siehe S. 82f)*, eines der wichtigsten Gebäude der irischen Geschichte, liegt rund um einen großen Hof.

Die **City Hall** *(siehe S. 86f)*, 1779 ursprünglich als Königliche Börse erbaut, besticht durch ihren korinthischen Portikus.

0 Meter 50

N

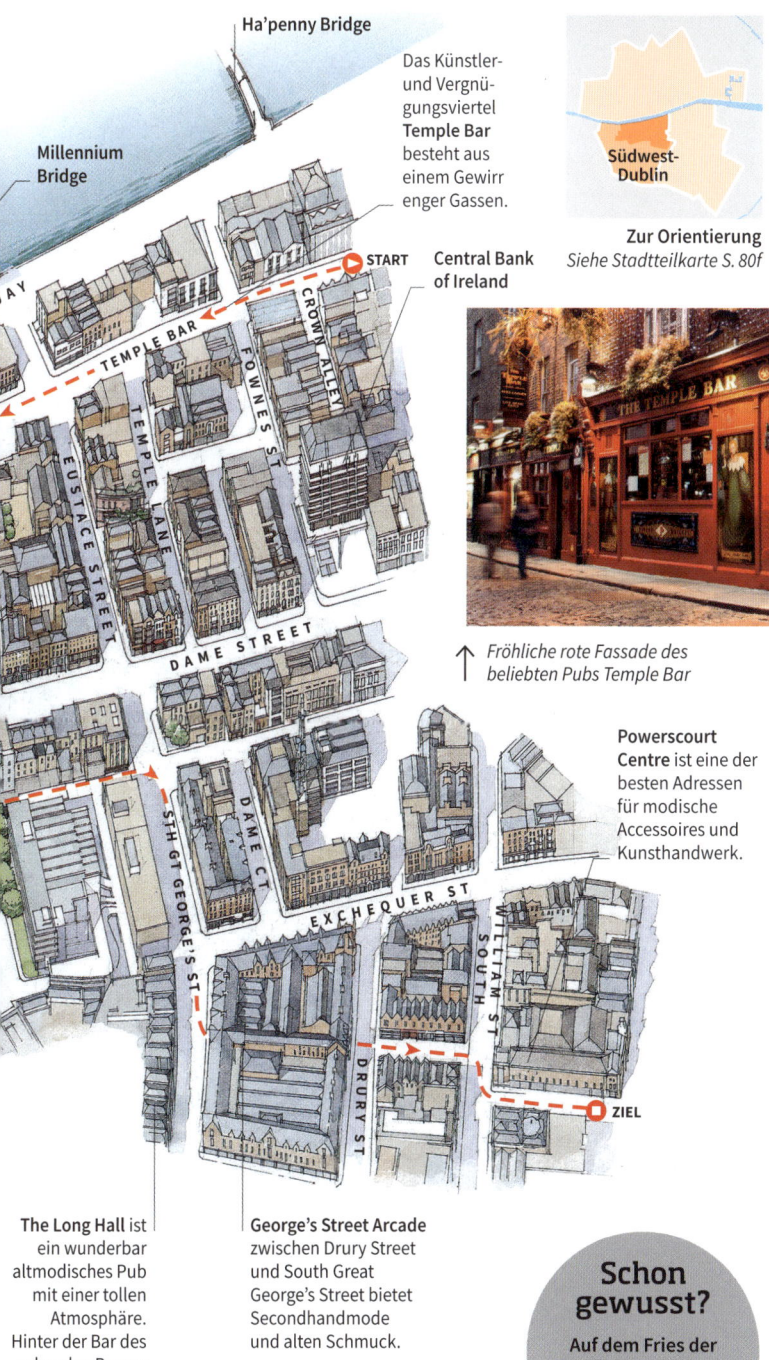

Ha'penny Bridge

Millennium Bridge

Das Künstler- und Vergnügungsviertel **Temple Bar** besteht aus einem Gewirr enger Gassen.

Südwest-Dublin

Zur Orientierung
Siehe Stadtteilkarte S. 80f

START

Central Bank of Ireland

↑ *Fröhliche rote Fassade des beliebten Pubs Temple Bar*

Powerscourt Centre ist eine der besten Adressen für modische Accessoires und Kunsthandwerk.

ZIEL

The Long Hall ist ein wunderbar altmodisches Pub mit einer tollen Atmosphäre. Hinter der Bar des schmalen Raums sind viele alte Uhren aufgereiht.

George's Street Arcade zwischen Drury Street und South Great George's Street bietet Secondhandmode und alten Schmuck.

Schon gewusst?

Auf dem Fries der Sunlight Chambers wird die Geschichte der Hygiene erzählt.

93

Nördlich des Liffey

Der Dubliner Norden entstand als letzter Teil der Stadt im 18. Jahrhundert. Die Behörden wollten hier ein weitläufiges Gebiet mit großzügigen Alleen schaffen, doch der stark zunehmende Straßenverkehr machte diesen Plan allzu bald zunichte. Dennoch ist die von schönen Statuen und Denkmälern gesäumte O'Connell Street recht eindrucksvoll.

Einige öffentliche Gebäude wie James Gandons großartiges Zollhaus, die majestätischen Four Courts und das historische Hauptpostamt verleihen dieser Gegend zusätzlichen Charme. Die beiden berühmtesten Dubliner Theater, Abbey und Gate, sind ebensolche Besuchermagneten wie das Dublin Writers Museum und das James-Joyce-Zentrum – die beiden Museen sind den Schriftstellern Dublins gewidmet.

Auch die schönsten georgianischen Straßenzüge befinden sich im Norden der Stadt. Viele waren lange Zeit arg vernachlässigt, doch einige, beispielsweise die North Great George's Street, wurden mittlerweile mit großem Aufwand restauriert.

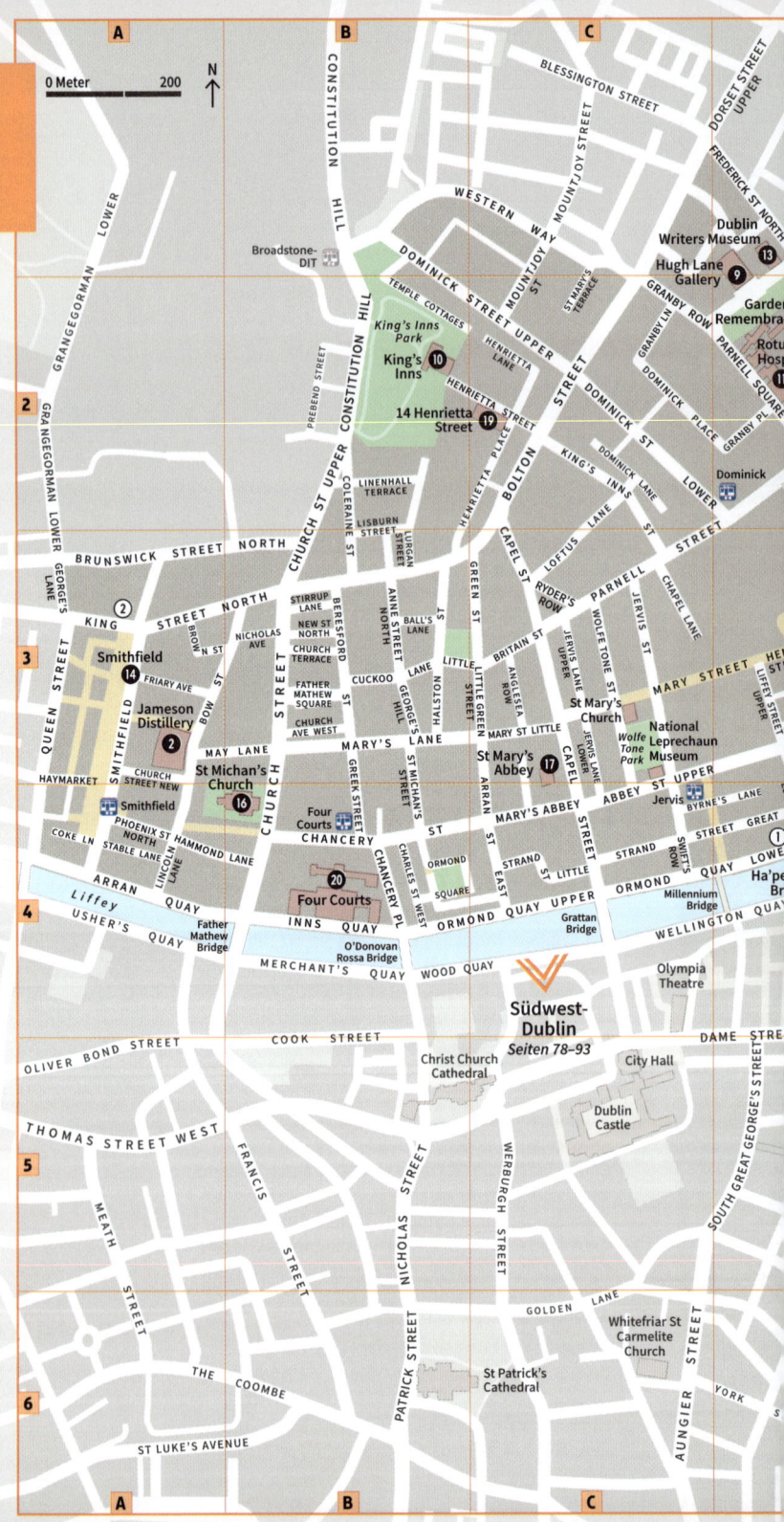

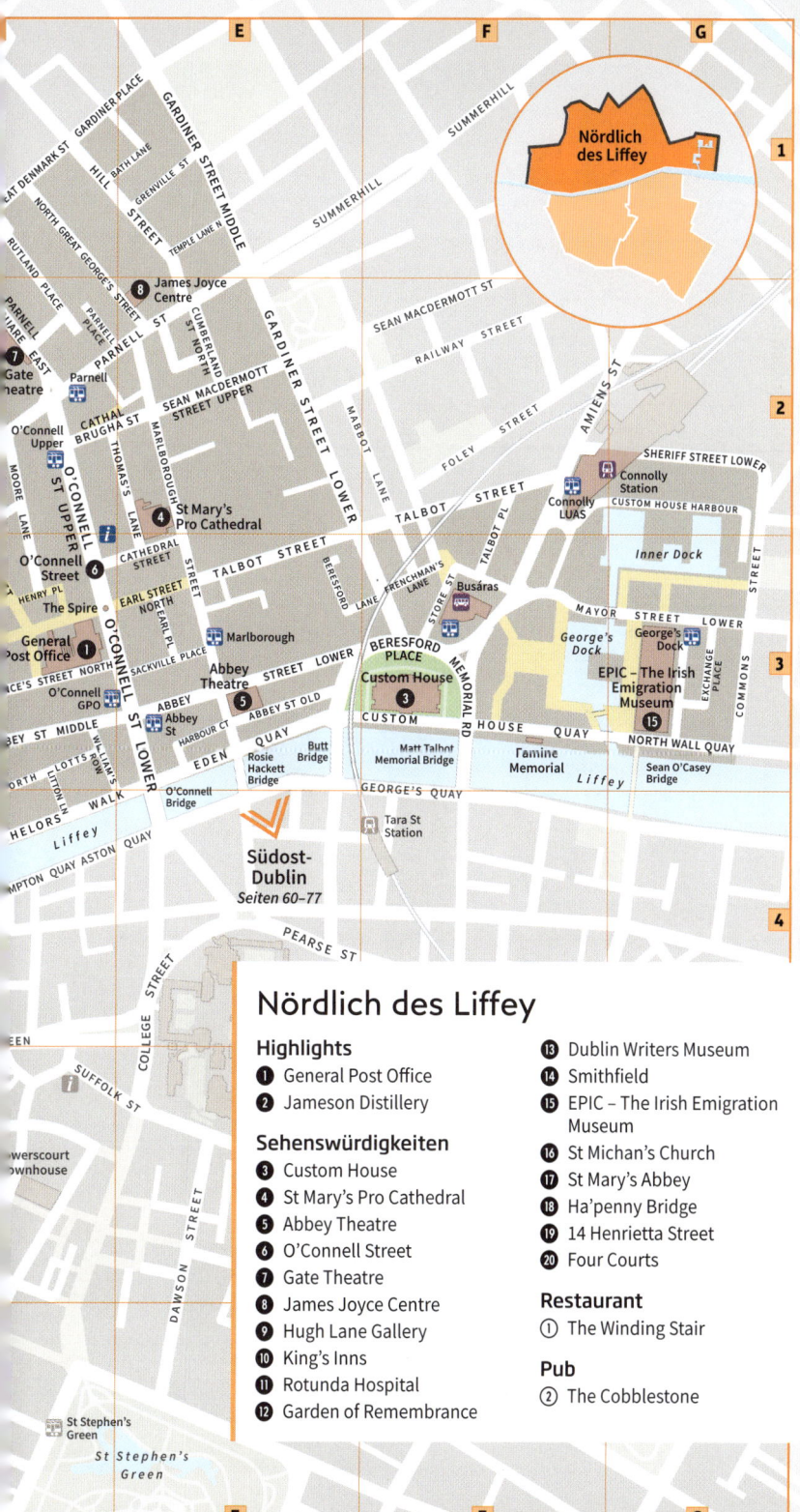

Nördlich des Liffey

Highlights
1. General Post Office
2. Jameson Distillery

Sehenswürdigkeiten
3. Custom House
4. St Mary's Pro Cathedral
5. Abbey Theatre
6. O'Connell Street
7. Gate Theatre
8. James Joyce Centre
9. Hugh Lane Gallery
10. King's Inns
11. Rotunda Hospital
12. Garden of Remembrance
13. Dublin Writers Museum
14. Smithfield
15. EPIC – The Irish Emigration Museum
16. St Michan's Church
17. St Mary's Abbey
18. Ha'penny Bridge
19. 14 Henrietta Street
20. Four Courts

Restaurant
1. The Winding Stair

Pub
2. The Cobblestone

1966

wurde Nelson's Pillar gegenüber vom General Post Office von der IRA in die Luft gesprengt.

Die Fassade des GPO, eines der imposantesten Gebäude in der O'Connell Street, im Greek-Revival-Stil ↑

General Post Office

📍 D3 🏠 O'Connell St Lower, Dublin 1 🕐 Post Office:
Mo – Sa 8:30 –18; Museum: Mo – Sa 10 –17:30, So,
Feiertage 12 –17:30 🚫 1. Jan, 17. März,
Ostersonntag, 24.– 26. Dez Ⓦ gpowitnesshistory.ie

Das General Post Office spielte in der jüngeren Geschichte
Irlands eine wichtige Rolle. Rebellen richteten hier im
Jahr 1916 während des Kampfes um die Unabhängigkeit
von Großbritannien ihr Hauptquartier ein. Seitdem ist das
GPO ein Symbol für den Osteraufstand wie kaum ein an-
deres Wahrzeichen der Stadt.

Das 1818 im Greek-Revival-Stil erbaute General Post Office (GPO) ist
auch heute noch das Hauptpostamt der irischen Post. Die imposante Fassade mit den sechs riesigen Säulen aus Wicklow-Granit
macht aus dem Gebäude eines der
bekanntesten des Landes. Während der Auseinandersetzungen
1916 wurde der Bau schwer beschädigt und erst 1929 nach umfangreichen Arbeiten wiedereröffnet. Vom ursprünglichen Bau
blieb nur die Fassade erhalten.
Aufgrund der Rolle während des
Osteraufstands klärt die interaktive
Ausstellung »GPO Witness History«
im Untergeschoss über die Rebellion und ihre Folgen anhand von
Zeitzeugenberichten auf.

↑ *In der Haupthalle ist die
Unabhängigkeitserklärung
ausgestellt*

↑ *Interaktives Exponat in
der Ausstellung »GPO
Witness History«*

Das GPO und der Osteraufstand

Mitglieder der Irish Volun-
teers und der irischen Bür-
gerarmee besetzten das Gebäude am Ostermontag.
Patrick Pearse verlas vor
dem Gebäude die Proklama-
tion der Irischen Republik.
Die Rebellen konnten das
GPO eine Woche lang halten,
doch der Beschuss durch die
Briten zwang sie zur Aufga-
be. Anfangs gingen viele Iren
auf Distanz zu den Aufständischen, das änderte sich jedoch, als in den folgenden
Wochen im Gefängnis von
Kilmainham 14 Anführer erschossen wurden.

②

Jameson Distillery

📍 A3 🏠 Bow St, Smithfield Village, Dublin 7 📞 +353 1 807 2355
🕐 siehe Website 📅 4. – 26. Dez 🌐 jamesonwhiskey.com

In dem restaurierten Gebäude, einst Teil der traditionsreichen John-Jameson-Brennerei, wurde von 1780 bis 1971 Whiskey gebrannt. Die Destillerie liegt im Herzen von Smithfield. Geboten werden Führungen und Whiskey-Proben.

Die Führung beginnt mit einem Video. Die Herstellung von Whiskey wird bei einem 40-minütigen Rundgang durch die Destillieranlagen mit ihren unterschiedlichsten Produktionsstätten erläutert. Dabei wird auch erklärt, was den Unterschied zwischen irischem Whiskey und schottischem Whisky ausmacht: Beim irischen trocknet die Gerste an der Luft, beim schottischen wird sie über Torf geräuchert. Deshalb soll die irische Variante weicher und ohne jegliches rauchiges Aroma sein – aber das kann bei einer Verkostung jeder für sich selbst entscheiden.

Jenseits der Führung gibt es noch etliche weitere Angebote, die sich rund um Whiskey drehen: etwa ein Kurs über Whiskey-Cocktails, einer darüber, wie man Whiskey mischt, oder man sieht dabei zu, wie Whiskey aus einem Fass gezogen wird.

Great Whiskey Fire of Dublin

Am 18. Juni 1875 gingen eine Mälzerei und ein Lagerhaus in Flammen auf und mit ihnen auch 5000 Fässer Whiskey, was einen der größten Brände in Dublins Geschichte auslöste. Durch die Straßen flossen Ströme des entzündeten Alkohols und verschlangen alles, was sie berührten. Als das Feuer endlich unter Kontrolle gebracht war, waren bereits 13 Menschen tot. Doch keiner von ihnen war an den Folgen des Brands gestorben, sondern an Alkoholvergiftung, die sie sich durch das Trinken des heißen Whiskeys, der durch die schmutzigen Gassen Dublins floss, zugezogen hatten.

1 *Bei einer Verkostung erfahren Besucher, wie Experten die Zutaten zusammenstellen, um eine neue Whiskey-Mischung herzustellen.*

2 *Riesige Kupferkessel in der Fabrik in Dublin. Kupfer ist das bevorzugte Material, um Whiskey ein bestimmtes Aroma zu verleihen.*

3 *Besucher können auch dabei zusehen, wie in der Destillerie Whiskey aus einem Fass gezogen wird.*

↑ *Der alte John-Jameson-Eingang an der Bow Street*

TOP 5 Destillerien in Irland

Teelings
🏠 13–17 Newmarket, Dublin
Destillerie im Herzen Dublins mit tollen Führungen und Verkostungen.

Pearse Lyons
🏠 121–122 James's St, Dublin
Eine der neuesten Destillerien Irlands in der renovierten St James' Church.

Tullamore D.E.W.
🅰 C4 🏠 Bury Quay, Co Offaly
Die legendäre Brennerei im County Offaly hat ein Restaurant und eine Bar *(siehe S. 258f)*.

Kilbeggan Distillery
🅰 C3 🏠 Lower Main St, Co Westmeath
Älteste lizenzierte Destillerie Irlands, die den Betrieb 1757 aufnahm *(siehe S. 258)*.

Dingle Whiskey
🅰 A5 🏠 Farranredmond, Dingle
Die kleine, unabhängige Destillerie an der Westküste ist ein Aushängeschild der modernen Whiskey-Produktion.

SEHENSWÜRDIGKEITEN

③
Custom House
📍 F3 🏠 Custom House Quay 📞 +353 1 880 2000 🕐 Besucherzentrum: tägl. 10–16:30

Das majestätische neoklassizistische Gebäude wurde 1791 von James Gandon entworfen. Doch nur neun Jahre später wurden durch den Act of Union die Zollangelegenheiten nach London verlagert, wodurch das Gebäude obsolet wurde. Während des Unabhängigkeitskriegs 1921 brannte es fast ganz nieder, bevor es 1991 restauriert und als Regierungsgebäude wiedereröffnet wurde. Das Besucherzentrum zeigt eine Ausstellung über die Geschichte des Baus. Die mit allegorischen Schnitzereien verzierte Fassade hat an beiden Enden Pavillons und in der Mitte einen dorischen Portikus.

④
St Mary's Pro Cathedral
📍 E2 🏠 83 Marlborough St 🕐 siehe Website 🌐 procathedral.ie

Die 1825 geweihte Kirche ist Dublins katholische Kathedrale. Ihr abgelegener Stand-

↑ Der schöne Hochaltar in St Mary's Pro Cathedral

ort war das Äußerste, was die angloirischen Stadtführer der Kirche zugestanden. Die Fassade ist dem Athener Theseus-Tempel nachempfunden. Dorische Säulen stützen einen Giebel mit Statuen des hl. Laurence O'Toole, Schutzpatron Dublins (12. Jh.), der Jungfrau Maria und des hl. Patrick.

⑤
Abbey Theatre
📍 E3 🏠 26/27 Abbey St Lower 🕐 Abendkasse: Mo – Sa 12 –19; Führungen: Mo, Mi, Fr 16, Sa 11 🌐 abbeytheatre.ie

Das von W. B. Yeats und Lady Gregory geführte Theater zeigte 1904 das erste Stück. In den ersten Jahren führte

das Nationaltheater vor allem Dramen von W. B. Yeats, J. M. Synge und Sean O'Casey auf. Es kam auch zu Skandalen, etwa als 1926 bei der Premiere von O'Caseys *The Plough and the Stars* die Fahne des Irischen Freistaats auf der Bühne in einem von Prostituierten besuchten Pub zu sehen war.

Heute fördert das Abbey junge Schriftsteller und Schauspieler. Jedes Jahr gibt es ein Programm mit innovativen irischen und internationalen Theaterproduktionen. Bei einer Führung kann man aktuelle Produktionen von Nahmen sehen.

⑥
O'Connell Street
📍 D3

Die Straße hat sich ganz anders entwickelt, als es die Pläne von Luke Gardiner vorsahen. Als der irische Adlige das Land um 1750 erwarb, schwebte ihm eine Vorzeigemeile mit eleganten Wohnhäusern und zentraler Promenade vor. Diese Vision zerplatzte jedoch schnell: Der Bau der Carlisle-Brücke (heute O'Connell Bridge) um 1790 machte die Straße zu Dublins wichtigster Nord-Süd-Achse. Der Osteraufstand von 1916 und der Irische Bürgerkrieg zogen zudem etliche Gebäude in Mitleidenschaft. Seit den 1960er Jahren wich viel alte Bausubstanz neonbeleuchteten Amüsierstätten, Fast-Food-Lokalen und Läden großer Modeketten.

Einige ehrwürdige Bauten haben die Zeiten überdauert, so das Hauptpostamt GPO (1818), das Gresham Hotel (1817) und das Gebäude des früheren Warenhauses Clery's (1822).

Am Südende steht das Denkmal (1882) für Daniel O'Connell, nach dem die

↑ Die gregorianische Fassade von Custom House sieht man am besten von der anderen Seite des Liffey

O'Connell Bridge überspannt den Liffey, im Hintergrund sind die bunt beleuchteten Läden der O'Connell Street

Straße benannt wurde. Etwas weiter nördlich, gegenüber dem Hauptpostamt, erinnert eine Statue an James Larkin, der 1913 den Dubliner Generalstreik anführte. Das Denkmal am Nordende ehrt Charles Stewart Parnell (1846–1891), Führer der Home Rule Party und bekannt als »ungekrönter König Irlands« (siehe S. 51). An der Stelle, die einst die Nelson-Säule zierte, ragt der Dublin Spire auf. Sein Durchmesser spitzt sich von drei Metern an der Basis bis auf zehn Zentimeter in 120 Meter Höhe zu, wo ein Glaskörper leuchtet.

7 Gate Theatre

📍 D2 🏠 1 Cavendish Row 🕐 Abendkasse: Mo – Sa 10 –19 🌐 gatetheatre.ie

Das 1928 von Hilton Edwards und Mícheál Mac Liammóir gegründete Theater ist vor allem für seine Aufführungen zeitgenössischer internationaler Dramen bekannt. Liammóir ist bis heute vor allem für seine Oscar Wilde gewidmete Ein-Mann-Show The Importance of Being Oscar berühmt. Ein früher Erfolg war auch Denis Johnstons The Old Lady Says No, das seinen Titel Notizen verdankt, die Lady Gregory an den Rand des Manuskripts schrieb. Obwohl als Aufführungsstätte neuer Stücke bekannt, spielt das Gate heute auch klassische irische Dramen. Zu den Talenten, die hier den Durchbruch schafften, gehören James Mason und Orson Welles.

8 James Joyce Centre

📍 E2 🏠 35 North Great George's St 🕐 siehe Website 🔒 Karfreitag; Okt – März: Mo; 21. Dez –1. Jan, Feiertage 🌐 jamesjoyce.ie

Den größten Teil seines Lebens verbrachte James Joyce außerhalb Irlands, seine Hauptwerke aber spielen in der Heimatstadt des Autors. Das Zentrum ist in einem Stadthaus des Earl of Kenmare von 1784 untergebracht. Michael Stapleton, einer der größten irischen Stuckateure seiner Zeit, hat an den Stuckarbeiten mitgewirkt, von denen v. a. die Friese bemerkenswert sind.

Die literarische Ausstellung befasst sich mit den Biografien von rund 50 Figuren aus Joyce' Ulysses, die alle reale Dubliner Bürger zum Vorbild hatten. Professor Dennis J. Maginni, eine Nebenfigur in Ulysses, betrieb in diesem Haus eine Tanzschule. Leopold und Molly Bloom, die Hauptfiguren, wohnten ein paar Schritte entfernt in der Eccles Street 7. Das Zentrum veranstaltet Dichterlesungen und Führungen durch das Dublin von James Joyce.

Das von Jesuiten geführte Belvedere College in der Great Denmark Street besuchte Joyce von 1893 bis 1898. Seine unglücklichen Schultage hat er in Jugendbildnis beschrieben. Im Inneren des College findet man einige der besten Stuckaturen (1785) Stapletons.

Im James Joyce Centre ausgestellte persönliche Gegenstände des Autors

Heller und luftiger Ausstellungsraum in der Hugh Lane Gallery

Hugh Lane Gallery

D1 Charlemont House, Parnell Sq North Di–Do 9:45–18, Fr 9:45–17, Sa 10–17, So 11–17 24.–26., 31. Dez hughlane.ie

Der Kunstsammler Hugh Lane vermachte seine wertvolle Kollektion von 39 impressionistischen Gemälden 1908 der Dublin Corporation. 31 dieser Bilder – darunter Werke von Manet, Degas, Renoir und Vuillard – sind in der Hugh Lane Gallery im Charlemont House untergebracht. Die weiteren acht hängen in der National Gallery in London, kehren aber alle paar Jahre nach Dublin zurück.

Neben der Lane-Schenkung beherbergt die Galerie auch eine umfassende Sammlung zeitgenössischer

 Entdeckertipp
The Hungry Tree

Wenn Sie durch King's Inns spazieren, halten Sie Ausschau nach einer Platane, deren Stamm in eine Parkbank gewachsen ist. Der Baum aus dem 19. Jahrhundert ist mittlerweile geschützt.

irischer und internationaler Kunst. Zu den Höhepunkten gehören Buntglasfenster irischer Künstler, darunter The Eve of St Agnes.

Eine spannende Erweiterung ist die 1998 erfolgte Schenkung von John Edwards: das Londoner Atelier von Francis Bacon. Sean Scully schenkte der Galerie 2006 einige seiner abstrakten expressionistischen Werke.

10

King's Inns

B2 Henrietta St, Constitution Hill für Besucher kingsinns.ie

Das klassisch proportionierte Gebäude wurde 1800 von James Gandon als Wohn- und Studiendomizil für Juristen errichtet. Francis Johnston fügte 1813 das Kuppeldach hinzu. 1817 war das Bauwerk fertiggestellt. Innen gibt es einen schönen Speisesaal und die Räumlichkeiten des vormaligen Nachlassgerichts. Die Westfassade hat zwei von Karyatiden flankierte Eingänge. Eine weitere Figur mit Buch und Federkiel versinnbildlicht das Gesetz.

Ein Großteil der Gegend um den Constitution Hill ist leider heute unansehnlicher als in georgianischen Zeiten. Die öffentlichen Gärten sind aber immer noch gefällig.

11

Rotunda Hospital

D2 Parnell Sq

Das mitten auf dem Parnell Square gelegene Hospital ist die älteste Entbindungsklinik Europas. Das Erscheinungsbild des 1745 von Dr. Bartholomew Mosse gegründeten Instituts erinnert an Leinster House (siehe S. 75). Beide Gebäude entwarf der Architekt Richard Cassels, ebenso wie Powerscourt House (siehe S. 132f) und Russborough House (siehe S. 144f).

Im ersten Stock befindet sich eine Kapelle mit herrlichen Buntglasfenstern sowie Rokoko-Stuckarbeiten und einem prächtigen Deckengewölbe aus dem Jahr 1755 von dem Stuckateur Bartholomew Cramillion. Das Deckengemälde zeigt symbolhaft Fruchtbarkeit sowie die Tugenden Vertrauen, Hoffnung und Nächstenliebe.

12

Garden of Remembrance

D2 Parnell Sq Apr–Sep: tägl. 8:30–18; Okt–März: tägl. 9:30–16 opw dublincommemorative.ie

Auf der Nordseite des Parnell Square liegt ein kleiner Park zu Ehren der im Kampf für die Freiheit Irlands gestorbenen Männer und Frauen. Der von Dáithí Hanly entworfene »Garten der Erinnerung« wurde 1966 anlässlich des 50. Jahrestags des Osteraufstands von Präsident Éamon de Valera *(siehe S. 52)* eröffnet. Er befindet sich an der Stelle, wo Anführer des Osteraufstands vor ihrer Überführung ins Kilmainham Gaol *(siehe S. 118)* festgehalten wurden und wo sich 1913 die Irish-Volunteers-Bewegung konstituierte.

Im Zentrum befindet sich ein kreuzförmiges Bassin. Auf dem Boden symbolisieren Mosaiken zerbrochener Schwerter, Speere und Schilde den Frieden. An einem Ende des Gartens steht eine Bronzestatue (1971) der legendären *Kinder des Lir* von Oisín Kelly. Die Statue ist eine Referenz an die irische Sage, in der drei Kinder von ihrer eifersüchtigen Stiefmutter in Schwäne verwandelt werden. Queen Elizabeth legte an dem Monument 2011 ein Gebinde ab.

⑬ 〽 🍴 🛍
Dublin Writers Museum
📍 D1 🏠 18 Parnell Sq North
📞 +353 1 872 2077 🕐 Mo – Sa 9:45 –16:45, So, Feiertage 11–17 (letzter Einlass: 45 Min. vor Schließung)
📅 25., 26. Dez
🌐 writersmuseum.com

Das Museum in einem schönen Stadthaus (18. Jh.) wurde 1991 eröffnet. Die Exponate beziehen sich auf alle Formen der irischen Literatur vom 18. Jahrhundert bis zur Gegenwart. Das Haus präsentiert Gemälde, Manuskripte, Briefe, seltene Ausgaben und andere Andenken an viele irische Autoren. Zu den Highlights gehören Originalbriefe von Thomas Moore. Es finden außerdem Wechselausstellungen statt.

Im Obergeschoss gibt es eine Schriftstellergalerie. Das Museum veranstaltet zudem Lesungen und Vorträge. Ein gut sortiertes Antiquariat rundet das Angebot ab.

⑭
Smithfield
📍 A3 🌐 smithfieldsq.com

Die Mitte des 17. Jahrhunderts als Marktplatz in einem der ältesten Wohnviertel angelegte Fläche lädt nach den verkehrsreichen Dubliner Straßen zum Ausruhen ein – umso mehr, als der in den 2000er Jahren komplett neu gestaltete Platz jetzt Fußgängern vorbehalten ist. Smithfield wird von einigen Kunstwerken umrahmt und von Gaslampen beleuchtet.

Pub

The Cobblestone
Eines der beliebtesten Pubs in Dublin – bei Besuchern wie Einheimischen gleichermaßen. Es ist ein gemütlicher Ort mit einer einladenden Bar und einem langjährigen Ruf für ausgezeichnete Live-Trad-Musik.

📍 A3 🏠 77 King St North, Smithfield
🌐 cobblestonepub.ie

←

Bildnis von George Bernard Shaw, das im Dublin Writers Museum (Detail) *hängt*

Restaurant

The Winding Stair

Das charmante Restaurant im Obergeschoss eines der ältesten Buchläden Dublins mit Blick auf die Ha'penny Bridge kredenzt bekömmliche irische Küche mit modernem Touch.

📍 D4 🏠 40 Lower Ormond Quay 🌐 winding-stair.com

€€€

⓯

EPIC – The Irish Emigration Museum

📍 G3 🏠 Custom House Quay 🕐 tägl. 10–18:45 (letzter Einlass: 17) 📅 24.–26. Dez 🌐 epicchq.com

Von der Großen Hungersnot bis zur Finanzkrise 2008 – in der Geschichte Irlands spielte Emigration immer wieder eine wichtige Rolle. In 20 thematischen Ausstellungen des interaktiven Museums in Dublins Hafenviertel wird der Frage nachgegangen, warum die Menschen fortgegangen sind, wie die Emigranten ihre neue Heimat beeinflussten und welche Verbindungen

heute noch zur alten Heimat bestehen. Zu den Highlights gehören die Reisegeschichten von 300 bedeutenden Iren sowie ihre Leistungen auf dem Gebiet der Kunst, Politik, Wissenschaft und des Sports. Im EPIC wird nicht nur die Geschichte Irlands lebendig, sondern auch der Lebensweg einzelner Menschen.

⓰

St Michan's Church

📍 B4 🏠 Church St 📞 +353 1 872 4154 🕐 Mitte März – Okt: Mo – Fr 10 –12:45, 14 –16:30, Sa 10 –12:45; Nov – Mitte März: Mo – Fr 12:30 –15:30, Sa 10 –12:45

Die Kirche aus dem Jahr 1685 erhebt sich über einem irisch-wikingischen Vorgängerbau (11. Jh.). Die Fassade wirkt unscheinbar, das Innenleben ist beeindruckend: Dank der trockenen Luft – ein Resultat der magnesiumreichen Mauern – sind die Leichname im Keller fast unverwest mit Haut und Haaren erhalten. Die Holzsärge erlauben einen Blick auf die mumifizierten Toten. Unter diesen sollen sich die hingerichteten Gebrüder Sheares befinden, zwei Anführer des Aufstands von 1798.

Auf der Orgel von 1724 soll schon Georg Friedrich Händel gespielt haben, auf dem Friedhof soll auch Robert

↑ *Menschlicher Schädel in der Gruft der St Michan's Church*

Emmet, der Anführer des gescheiterten Aufstands von 1803, der in Kilmainham Gaol gehenkt wurde, anonym begraben sein.

⓱

St Mary's Abbey

📍 C3 🏠 Meetinghouse Lane 📞 +353 1 833 1618 🔒 wegen Renovierung; siehe Website 🌐 heritageireland.ie

Der von den Benediktinern 1139 gegründete, 1147 den Zisterziensern übergebene Komplex war eines der wichtigsten Klöster im mittelalterlichen Irland. Das Kloster, das zu seiner Entstehungszeit im ländlichen Idyll lag, herrschte nicht nur über große Ländereien, sondern besorgte auch die Steuereintreibung und war Tagungsort des Rats von Irland. Bei einer solchen Versammlung kündigte »Silken Thomas« Fitzgerald Henry VIII die Gefolgschaft auf und zettelte die kurze Rebellion von 1534 an. Die Abtei wurde 1539 aufgelöst und diente im 17. Jahrhundert als Steinbruch.

Heute ist nur noch das Gewölbe des Stiftshauses übrig. Man findet dort ein Modell der Anlage, das ihr Aussehen vor 800 Jahren zeigt.

←
Besucher vor einem Exponat im Irish Emigration Museum

> Ihren Beinamen Ha'penny Bridge verdankt die 1816 eröffnete Brücke dem halben Penny Wegzoll, den ihre Benutzung bis 1919 kostete.

Familien mit teilweise 13 Mitgliedern wohnten in einem Zimmer. Das Ausmaß des Elends, der Mangelernährung und der Kindersterblichkeit ist zwar nur schwer zu begreifen, aber die Exponate geben einen guten Einblick in die armseligen Verhältnisse Dublins im 19. und 20. Jahrhundert. Das Museum kann man nur innerhalb von Führungen besuchen.

⑳
Four Courts
📍 B4 🏠 Inns Quay

Das majestätische Bauwerk wurde 1802 nach Plänen von James Gandon vollendet und 120 Jahre später im Bürgerkrieg fast ganz zerstört. Die bis ins 12. Jahrhundert zurückreichende Dokumentensammlung des Staatsarchivs zerfiel zu Asche.

Bis 1932 baute man die Hauptgebäude anhand von Gandons Plänen wieder auf. Figuren von Moses, Gerechtigkeit, Barmherzigkeit, Weisheit und Autorität krönen den von Säulen gestützten korinthischen Portikus unter einer Kuppel. In den beiden Seitenflügeln residierten die vier Gerichtshöfe oder Four Courts.

↑ *Die Ha'penny Bridge ist für viele ein inoffizielles Symbol für Dublin*

⑱
Ha'penny Bridge
📍 D4 🏠 Bachelors Walk

Die gusseiserne Fußgängerbrücke, die täglich von Tausenden von Menschen benutzt wird, verbindet das Temple-Bar-Viertel *(siehe S. 87)* mit der Liffey Street. Sie wurde von John Windsor, einem Stahlbauer aus dem englischen Shropshire, errichtet. Das Bauwerk, eines der meistfotografierten von Dublin, hieß früher Wellington Bridge, ist heute aber auch als Ha'penny Bridge bekannt. Ihren Beinamen verdankt die 1816 eröffnete Brücke dem halben Penny Wegzoll, den ihre Benutzung bis

1919 kostete. Nach einer umfassenden Restaurierung erstrahlt sie in neuem Glanz.

⑲ Ⓐ Ⓜ
14 Henrietta Street
📍 C2 🏠 14 Henrietta St
🕐 Mi – Sa 10 –16, So 12 –16
🌐 14henriettastreet.ie

Das Museum in einem umgebauten georgianischen Stadthaus, das ursprünglich für eine reiche Familie gebaut worden war, zeichnet das Leben und die Zustände in einem Miethaus in der irischen Hauptstadt nach. Die Slums in Dublin galten als die schlimmsten in ganz Europa. Allein in diesem Haus lebten über 100 Menschen,

Schon gewusst?

Die Brückengebühr der Ha'penny Bridge ging an William Walsh, der nach dem Bau der Brücke seinen Fährdienst aufgab.

Spaziergang nördlich des Liffey

Länge 3 km   **Dauer** 35 Minuten
Luas O'Connell Upper

Während der georgianischen Ära galt die O'Connell Street als vornehmste Wohngegend Dublins. Beim Osteraufstand im Jahr 1916 wurden viele der schönen Häuser zerstört, einschließlich eines Großteils des Hauptpostamts, von dem nur die Fassade erhalten blieb. Heute wird die O'Connell Street von Läden gesäumt. Weitere Attraktionen in der Nähe sind St Mary's Pro Cathedral und James Gandons Custom House.

Das **James Joyce Centre** in einem schönen georgianischen Stadthaus hat ein kleines Joyce-Museum.

Parnell-Denkmal (1911)

Das **Gate Theatre** *(siehe S. 103)* wurde 1928 gegründet.

Das **Rotunda Hospital** *(siehe S. 104)* wurde von Richard Cassels entworfen und hat schöne Buntglasfenster und kannelierte Säulen.

Der **Markt in der Moore Street** ist der lebhafteste im Umfeld der O'Connell Street.

The Spire, eine elegante Stahlskulptur, ist 120 Meter hoch.

Das **General Post Office** *(siehe S. 98f)* ist das größte Gebäude an der O'Connell Street.

← *Der glänzende The Spire ragt über die O'Connell Street auf*

0 Meter   50   N

↑ *Die reich ausgeschmückte Decke von St Mary's Pro Cathedral*

Zur Orientierung
Siehe Stadtteilkarte S. 96f

St Mary's Pro Cathedral *(siehe S. 102)* von 1825 ist das wichtigste Gotteshaus der Dubliner Katholiken.

Schon gewusst?

Die Spitze des Spire schwankt bei extremem Wind mit einem Ausschlag von bis zu 1,5 Metern.

Die **James-Joyce-Statue** (1990) von Marjorie Fitzgibbon erinnert an den berühmtesten irischen, 1882 in Dublin geborenen Romancier. In seinen Büchern *Dubliners* und *Ulysses* hat er die Menschen und Straßen Dublins dargestellt.

Custom House *(siehe S. 102)* ist mit einem Schlussstein in Kopfform von Edward Smyth versehen, der den Fluss Liffey versinnbildlicht.

Statue von James Larkin (1981)

Abbey Theatre, Irlands Nationaltheater, ist für seine Inszenierungen der Stücke irischer Dramatiker bekannt.

Butt Bridge

Am Fuß der **O'Connell Street** *(siehe S. 102f)* steht ein Denkmal des Namensgebers Daniel O'Connell von John Foley.

O'Connell Bridge

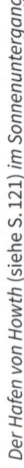
Der Hafen von Howth (siehe S. 121) im Sonnenuntergang

Highlights
1. Phoenix Park
2. Guinness Storehouse®
3. Irish Museum of Modern Art

Sehenswürdigkeiten
4. Glasnevin Cemetery
5. National Print Museum
6. Kilmainham Gaol
7. National Botanic Gardens
8. Dublin Docklands
9. National Museum of Ireland – Decorative Arts & History
10. Malahide Castle
11. Dún Laoghaire
12. Howth
13. Dalkey
14. Killiney
15. Sandymount

Abstecher

Viele Sehenswürdigkeiten liegen außerhalb des Stadtzentrums. Im Phoenix Park, Europas größtem Stadtpark, kann man einen schönen Spaziergang machen, außerdem ist hier auch der beliebte Dublin Zoo. Westlich der Stadt befindet sich das Irish Museum of Modern Art und das legendäre Guinness Storehouse®, ein Besucherzentrum an dem Platz, wo früher die originale St James's Gate Brewery lag. Einen Besuch lohnen auch etliche Küstenstädtchen mit beeindruckendem Blick auf die Dublin Bay, die man leicht mit einem der DART-Züge erreicht.

Phoenix Park

🏠 Phoenix Park, Dublin 8 🕐 Besucherzentrum: tägl. 9:30–18; Walled Garden: tägl. 10–16; Dublin Zoo: unterschiedliche Zeiten, siehe Website
🔒 Besucherzentrum: Jan, Feb: Mo, Di 🌐 phoenixpark.ie

Europas größter von einer Mauer umgebener Stadtpark entstand 1662, als der Duke of Ormonde die Gegend in einen Hirschgarten umwandelte. 1745 machte man das neu gestaltete Gelände der Öffentlichkeit zugänglich.

Der Name »Phoenix« soll vom gälischen Begriff *Fionn Uisce*, »klares Wasser«, stammen. Damit ist eine Quelle gemeint, die nahe der Phönix-Säule mit dem mythischen Vogel an der Spitze entspringt. Zu den Hauptattraktionen des Parks zählen der People's Garden an einem See, das 27 Meter hohe stählerne Papstkreuz, das jene Stelle markiert, an der

1979 Papst Johannes Paul II. vor mehr als einer Million Menschen eine Messe hielt, und natürlich der überaus beliebte Dublin Zoo. Die offizielle Residenz des irischen Präsidenten, Áras an Uachtaráin, liegt ebenfalls im Park. Jeden Samstag gibt es 525 kostenlose Tickets für eine Führung durch das Gebäude aus dem 18. Jahrhundert.

Schöner, herbstlich gefärbter Wald im Phoenix Park, in dessen Zentrum Phoenix Column steht (Detail) ↓

1 *Eingang zum Dublin Zoo. Der 1831 gegründete Tierpark ist der drittälteste der Welt und ein beliebtes Ziel für einen Familienausflug. Hier leben über 400 Tiere.*

2 *In Ashtown Castle, einem restaurierten Turmhaus (17. Jh.), ist das Besucherzentrum untergebracht.*

3 *Phoenix Park wurde 1662 als Hirschgarten gegründet. Heute leben hier noch 500 Hirsche.*

Expertentipp
Mit dem Fahrrad

Am besten erkundet man den ganzen Park mit dem Fahrrad. Ausleihen kann man sie am Eingang Park Gate an der Chesterfield Avenue. Neben normalen Rädern gibt es auch Kinderräder und Tandems.

②

Guinness Storehouse®

⌂ St James's Gate, Dublin 8 🚌 78A, 51B, 123 🕐 Sep – Juni: tägl. 9:30 –19; Juli, Aug: tägl. 9 – 21 (letzter Einlass: 2 Std. vorher) 📅 Karfreitag, 24.– 26. Dez 🌐 guinness-storehouse.com

Guinness® ist ein dunkles Bier, das für sein malziges Aroma und seine cremige Schaumkrone bekannt ist. Nach bescheidenen Anfängen vor mehr als 250 Jahren ist Guinness Storehouse® heute die größte Brauerei in Europa.

Das Guinness Storehouse® befindet sich in der komplett umgestalteten St James's Gate Brewery, in der einst die Guinness®-Brauerei untergebracht war. Über 15 000 Quadratmeter Ausstellungsfläche verteilen sich auf sieben Stockwerke. Sie gruppieren sich um einen Lichthof in Form eines Pint-Glases. Im Boden ist eine Kopie des originalen Pachtvertrags mit einer Unterschrift von Arthur Guinness.

↑ Das riesige Glasatrium zieht sich über sieben Stockwerke hoch

Führung durch die Brauerei

Zuerst geht es um die Inhaltsstoffe. Besucher lernen hier die Bierkomponenten und die ersten Schritte des Brauprozesses kennen. Danach geht es in ein georgianisch eingerichtetes Vorzimmer, in dem Besucher Arthur

Durch imposante Fabriktore geht es zum Storehouse ↓

198

Kalorien hat ein Pint Guinness® – weniger als ein Pint Orangensaft!

Guinness »begegnen« und ihn bei der Arbeit beobachten können. In der nächsten Abteilung, der Brewing Exhibition, geht es laut zu. Hier wird anschaulich der Brauprozess erklärt.

Die historische Entwicklung des Unternehmens wird mittels Videos lebendig. Modelle und Ausstellungsstücke erläutern die Geschichte des Biertransports, die weltweite Beliebtheit von Guinness® und die populären Werbekampagnen der Brauerei. Die Führung durch die Brauerei endet mit einem kostenlosen Pint Guinness®. Man kann entweder lernen, es selbst zu zapfen, oder man lässt es sich in der Arthur's Bar oder in der Gravity Bar mit Glaswänden servieren.

Arthur Guinness

Im Dezember 1759 übernahm der 34-jährige Arthur Guinness gegen eine Pacht von 45 Pfund jährlich die stillgelegte St James's Gate Brewery. Damals lag die Dubliner Brauereiwirtschaft darnieder – die Ale-Qualität wurde häufig kritisiert. Im ländlichen Irland trank man lieber Whiskey und Gin. Guinness braute zunächst Ale, kannte aber auch schon das in London unter dem Namen Porter produzierte dunkle Ale. Er entwickelte eine eigene Porter-Rezeptur, die so erfolgreich war, dass er sie 1769 erstmals exportieren konnte.

↑ *Besucher genießen am Ende der Führung in der Gravity Bar ein Bier und den Blick über Dublin*

③ 🔧 🎒 🖥 🛍 ♿

Irish Museum of Modern Art

🏠 **Royal Hospital Kilmainham, Dublin 8** 📞 **+353 1 6129 900**
🕐 **Di – Fr 11:30 – 17:30, Sa 10 – 17:30, So 12 – 17:30** 🌐 **imma.ie**

Das Irish Museum of Modern Art gilt als eines des besten Museen Dublins und liegt in den vormaligen Wohnquartieren des spektakulären Royal Hospital Kilmainham. Die Sammlung ist ein Querschnitt irischer und internationaler moderner und zeitgenössischer Kunst von den 1940er Jahren bis heute.

Das Gebäude allein ist einen Besuch wert, es gilt als Irlands schönster Bau aus dem 17. Jahrhundert und wurde 1684 von Sir William Robinson nach dem Vorbild des Pariser Invalidendoms entworfen. Es wurde bis 1927 als Heimstatt für verwundete oder ausgeschiedene Soldaten genutzt. Nach der Fertigstellung des Gebäudes war man von der klassischen Symmetrie des Baus so beeindruckt, dass manche vorschlugen, ihn zum Hauptcampus von Trinity College zu machen.

Nach einer umfassenden Umgestaltung wurden die Wohnquartiere 1991 als Irish Museum of Modern Art eröffnet. Das Museum zeigt rund 3500 Werke moderner Kunst seit den 1940er Jahren. Die Objekte wechseln regelmäßig. Retrospektiven und Sondershows zählen ebenfalls zum Programm.

←

Besucherin der Einzelausstellung »Institutional Ghost« von Jac Leirner im IMMA

Paul Henry, 1877–1958

Beliebter irischer Künstler, bekannt für seine postimpressionistischen Landschaften.

Francis Bacon, 1909–1992

▽ Einer der bedeutendsten gegenständlichen Maler des 20. Jh.

Wichtige Künstler

Jack Butler Yeats, 1871–1957

△ Der Bruder von W. B. Yeats war ein bedeutender irischer Maler und gewann 1924 Irlands erste olympische Medaille – in der Kategorie Kunst und Kultur.

Eileen Gray, 1878–1976

Die Möbeldesignerin war eine der ersten Frauen, die an Londons Slade School of Fine Art akzeptiert wurden.

Harry Clarke, 1889–1931

△ International anerkannter Glasmaler und Buchillustrator.

Schon gewusst?

Die Renovierung dauerte in den 1980ern vier Jahre. Genauso lang wie der Bau 300 Jahre früher.

Die symmetrische Fassade des Krankenhauses mit formalen Gärten ↑

Forbidden Fruit Festival

Das 2011 ins Leben gerufene Musik- und Kunstfestival Forbidden Fruit findet jedes Jahr an den Bank Holidays im Juni auf dem Gelände des Royal Hospital Kilmainham statt und hat sich zu einem Spielplatz für Fans von Elektro, House und Indie verwandelt. Zu den bisherigen Acts gehörten Bon Iver, Orbital und Elbow. Das letzte Konzert endet um 22:45 Uhr, wenn die offiziellen Afterpartys im Stadtzentrum beginnen.

SEHENSWÜRDIGKEITEN

4 🅼 🍴 🛈 🎫 ♿

Glasnevin Cemetery

🏠 Finglas Rd 🚌 13, 19, 19A, 40, 40A von Parnell St 🕐 Mo – Fr 10 –17, Sa, So 10 – 18 📅 1. Jan, 24. – 26. Dez 🌐 glasnevinmuseum.ie

Auf Irlands größtem Friedhof befinden sich mehr als eine Million Gräber. Glasnevin Cemetery, der zuerst Prospect Cemetery hieß, wurde 1828 auf Initiative von Daniel O'Connell für Katholiken und Protestanten angelegt.

Der alte Teil des Friedhofs ist von hohen Mauern und Wachttürmen umgeben. Damit wollte man im frühen 19. Jahrhundert verhindern, dass Leichen gestohlen werden. Das Gebiet jenseits der Straße wurde hinzugefügt, als man mehr Platz brauchte. Auf beiden Friedhöfen sieht man eine Vielfalt unterschiedlicher Monumente, von einfachen Grabsteinen, die bis in die 1860er Jahre vorherrschten, über kunstvolle keltische Kreuze der nationalistischen Wiederbelebung bis zu Marmormonumenten aus dem späten 20. Jahrhundert.

Ein Museum gibt Auskunft über die Geschichte des Friedhofs und die Menschen, die hier bestattet sind.

5 🖋 🅼 🖥 🎫 ♿

National Print Museum

🏠 Garrison Chapel, Beggars Bush Barracks, Haddington Rd, Dublin 4 🚉 DART nach Landsdowne oder Grand Canal Dock 🚌 4, 7 🕐 Mo – Fr 9 –17, Sa, So 14 –17 📅 Sa, So an Feiertagen, 24. Dez – 1. Jan 🌐 nationalprintmuseum.ie

Das 1996 in der früheren Kapelle der Beggars Bush Barracks eröffnete Museum dokumentiert die eindrucksvolle Geschichte des irischen Druckgewerbes. Zu den Exponaten gehören Druckmaschinen, Druckblöcke, Flugblätter, Zeitschriften und Bücher. Neben Führungen organisiert das Museum auch Workshops zu Themen wie Buchdruck, Kalligrafie oder traditioneller Buchbinderei. Das Press Café liegt im Wintergarten des Museums.

6 🖋 🅼 🖥 🎫 ♿

Kilmainham Gaol

🏠 Inchicore Rd, Kilmainham, Dublin 8 🚌 51B, 51C, 69, 73, 78A, 79 🕐 Juni – Aug: tägl. 9 –19 (Apr, Mai, Sep: bis 18); Okt – März: tägl. 9:30 – 17:30 (letzter Einlass: 1:15 Std. vor Schließung) 📅 24. – 26. Dez 🌐 kilmainhamgaolmuseum.ie

Der graue große Block von Kilmainham Gaol wurde 1796 erbaut und in den 1960er Jahren restauriert. In den 130 Jahren, die das Gebäude als Gefängnis diente, waren dort viele irische Unabhängigkeitskämpfer inhaftiert.

↑ *Hochdruckplatte im National Print Museum*

Die Führung beginnt in der Kapelle, in der Joseph Plunkett Grace Gifford heiratete – kurz bevor er wegen Beteiligung am Osteraufstand von 1916 *(siehe S. 99)* hingerichtet wurde. Sie endet im Gefängnishof, wo Plunketts verletzter Kamerad James Connolly vor seiner Erschießung auf einen Stuhl gebunden wurde. Man sieht auch die Zellen der an den Aufständen 1798, 1803, 1848 und 1867 Beteiligten sowie den Raum, in dem die Gefangenen gehenkt wurden.

7 🅼 🖥 ♿

National Botanic Gardens

🏠 Botanic Ave, Glasnevin, Dublin 9 🚌 4, 13, 19, 19A, 83 🕐 März – Okt: Mo – Fr 9 –17, Sa, So 10 –18; Nov – Feb: Mo – Fr 9 –16:30, Sa, So 10 –16:30 📅 25. Dez 🌐 botanicgardens.ie

Der Botanische Garten, Irlands berühmtestes Botanik- und Gartenbauzentrum, wurde 1795 eröffnet. Das gusseiserne Palmenhaus und die Gewächshäuser verströmen altmodischen Charme. Sie wurden 1843 – 69 von Richard Turner errichtet.

Im Botanischen Garten wachsen über 16 000 Pflan-

← *Grabmonument auf dem Glasnevin Cemetery*

zenarten. Hübsch sind die viktorianischen Beete. Weitere Höhepunkte sind der Rosengarten, die Kakteen- und Orchideensammlungen sowie ein 30 Meter hoher Redwood-Baum.

Im Besucherzentrum sind ein Café, ein Ausstellungsbereich mit Exponaten zur Geschichte und Bestimmung des Botanischen Gartens sowie ein Hörsaal, in dem regelmäßig Gespräche und Workshops stattfinden.

Das Viking House ist eine Rekonstruktion eines typisches Hauses mit Garten in Dublin vor rund 1000 Jahren.

8
Dublin Docklands
🚉 DART bis Pearse Street Station oder Grand Canal Dock ⓌW dublindocklands.ie

Vor rund 300 Jahren lagen die Docklands unter Wasser. In den 1990er und 2000er Jahren wurde das Gebiet erschlossen und zu einem schönen Viertel mit Theater, Museen, Cafés, Restaurants und Wassersportmöglichkeiten. Ein Denkmal erinnert an die Opfer der Hungersnot des 19. Jahrhunderts. Die Docklands umspannen beide Liffey-Seiten. Über die Samuel Beckett Bridge erreicht man den östlichen Teil.

9
National Museum of Ireland - Decorative Arts & History
📍 Collins Barracks, Benburb St, Dublin 7 🚌 25, 25A, 66, 67, 90 🕐 Di – Sa 10–17, Mo, So 13–17 🔒 Karfreitag, 25. Dez Ⓦ museum.ie

Das Nebengebäude des National Museum *(siehe S. 68f)* für Kunstgewerbe und Geschichte liegt in den Collins Barracks. Der Komplex wurde 1700 von König William III in Auftrag gegeben und war die größte Kaserne seines Hoheitsgebiets.

In Kontrast zum grauen Äußeren zeigt das Innere seine Exponate auf innovative Weise mit den neuesten Technologien. Im Südblock sind überwiegend Möbel, Silber-, Glas- und Keramikwaren sowie eine Sammlung von wissenschaftlichen Instrumenten ausgestellt. Der Westblock informiert über Geschichte, Arbeit und Entwicklung des National Museum of Ireland. Die »Out of Storage«-Ausstellung kombiniert verschiedene Artefakte aus aller Welt mit Hintergrundinformationen. Im Nordblock zeigt die Ausstellung »Soldaten und Offiziere« irische Militärgeschichte von 1550 bis in die 1990er Jahre.

Restaurants

Junior's Deli & Café
Hier bekommt man mit die besten Sandwiches in Dublin. Die italienisch inspirierte Abendkarte bietet riesige Portionen.

🏠 2 Bath Ave
Ⓦ juniors.ie

Paulie's Pizza
Hervorragende Pizzas – mit klassischem neapolitanischem oder amerikanisch inspiriertem Belag – aus dem Holzofen.

🏠 58 Grand Canal St
Ⓦ paulies.ie

Farmer Brown's
Herzhafte irische Gerichte. Bekannt ist das Farmer Brown's vor allem für den Brunch, die Burger und die Chicken Wings.

🏠 170 Rathmines Rd Lower
Ⓦ farmerbrowns.ie

Das große Palmenhaus im Zentrum der National Botanic Gardens ↓

⑩ 🏔 🎿 💻 🛍

Malahide Castle

🏠 Malahide, Co Dublin
🚇 DART nach Malahide
🚌 42 von Beresford Place
bei Busáras ⏰ tägl. 9:30 –
17:30 🚫 24. – 26. Dez
Ⓦ malahidecastle
andgardens.ie

Das in seinen Ausmaßen ge-
radezu majestätisch wirken-
de Schloss erhebt sich unweit der Küstenstadt Malahide. Das Gebäude stammt
im Kern aus dem 12. Jahr-
hundert. Spätere Anbauten
wie die runden Türme lassen
es wie ein Märchenschloss
erscheinen. Bis 1973 be-
wohnte es die Familie Talbot.
Die Talbots unterstützten
James II. Am Tag der Schlacht
am Boyne 1690 *(siehe S. 251)*
sollen in dem Schloss 14 Fa-
milienmitglieder gefrüh-
stückt haben, von denen kei-
nes die Schlacht überlebte.

Eine Führung präsentiert
Möbel aus dem 18. Jahrhundert, die große Halle mit ihren Eichenbalken und die

↑ *Blick auf Malahide Castle vom
umfangreichen Garten, den
Lord Milo Talbot anlegte*

Ziervertäfelung des Eichen-
zimmers. Zu besichtigen ist
auch die der National Gallery
(siehe S. 70f) entliehene Por-
trätsammlung.

Das Besucherzentrum prä-
sentiert eine Ausstellung
zum Wirken der Familie
Talbot. Im Schmetterlings-
haus leben 20 verschiedene
Arten.

⑪

Dún Laoghaire

🏠 Co Dublin 🚇 DART
Ⓦ dunlaoghairetown.ie

Irlands ehemals größter,
heute nicht mehr betriebe-
ner Personenfährhafen mit
Villen, Parks und Palmen
zeigt eine überraschende

Eis und Pub

Teddy's Ice Cream
Der Laden am Meer hat sich seit der Eröffnung in den 1950er Jahren fast nicht verändert. Trotz aller Nostalgie bekommt man hier bestes Eis, das Einheimische wie Touristen anzieht.

🏠 1A Windsor Terrace, Dún Laoghaire
🌐 teddys.ie

€€€

Johnnie Fox's
Das Pub punktet mit seiner Lage in den Dublin Mountains, traditioneller Livemusik, prämiertem Seafood und offenen Torffeuern.

🏠 Glencullen
🌐 johnniefoxs.com

€€€

Musikpavillon am Ufer in Dún Laoghaire
↓

Seite der Insel. An manchen Tagen fühlt man sich dort wie in Italien. Man kann in Dún Laoghaire (gesprochen »Danlieri«) auch am Hafen promenieren oder zum Leuchtturm spazieren. Sandycove und Dalkey erreicht man über den Fußweg »The Metals« entlang der stillgelegten Eisenbahn.

Die Mariners' Church (1837) beherbergt das **National Maritime Museum**. Zu sehen ist u. a. ein von französischen Offizieren während Wolfe Tones erfolgloser Invasion 1796 benutztes Langboot.

National Maritime Museum
 🏠 Haigh Terrace 🕐 tägl. 11–17 📅 1. Jan, 24. – 26., 31. Dez 🌐 mariner.ie

12
Howth
🏠 Co Dublin 🚉 DART
🕐 Gelände Howth Castle: tägl. 8 – Sonnenuntergang
🌐 howthcastle.com

Der Fischerort ist die nördliche Grenze der Dublin Bay. Das Felsmassiv Howth Head bietet schöne Ausblicke auf die Bucht, ein Fußweg führt an der »Nase« genannten Spitze entlang.

Westlich von Howth liegt Howth Castle aus normannischer Zeit. Auf dem Gelände befindet sich das **National Transport Museum**. Im Sommer fahren Boote zum Felsinselchen Ireland's Eye mit einer Vogelkolonie.

National Transport Museum
🕐 Sa, So, Feiertage 14 –17
🌐 nationaltransport museum.org

13
Dalkey
🏠 Co Dublin 🚉 DART
🌐 ilovedalkey.com

Früher nannte man Dalkey »Stadt der sieben Burgen«. Von diesen sind allerdings nur noch zwei erhalten. Beide stehen an der Hauptstraße des hübschen Orts, der mit seinen gewundenen Straßen und schönen Villen fast mediterran erscheint.

Ein Stück weit vor der Küste befindet sich Dalkey Island, ein Vogelschutzgebiet samt Wehrturm und mittelalterlicher Benediktinerkirche. Im Sommer kann man vom nahen Coliemore Harbour aus mit dem Schiff zur Insel gelangen.

14
Killiney
🏠 Co Dublin 🚉 DART nach Dalkey oder Killiney

Südlich von Dalkey steigt die Küstenstraße steil an, bevor sie nach Killiney hinunterführt. Die Strecke bietet einige der schönsten Ausblicke dieses Teils der Ostküste, die stellenweise an die Bucht von Neapel erinnern. Im Norden ist Howth Head sichtbar, im Süden sind es Bray Head *(siehe S. 144)* und die Ausläufer der Wicklow Mountains *(siehe S. 146)*. Einen schönen Ausblick bietet auch der Killiney Hill Park (nahe der Victoria Road), der den kurzen, steilen Aufstieg lohnt. Unterhalb liegt Killiney Beach, ein beliebter Strand.

15
Sandymount
🏠 Co Dublin 🚉 DART

Sandymount ist ein idyllischer Küstenvorort mit überraschendem literarischem Erbe. W. B. Yeats wurde hier geboren, Seamus Heaney lebte viele Jahre in Sandymount. Büsten beider Autoren stehen im Dorfpark. Im goldenen Sand von Sandymount Strand geht Stephen Dedalus in James Joyce' *Ulysses* »in die Ewigkeit«. Das Dorf nimmt deshalb auch am Bloomsday *(siehe S. 46)* teil.

IRLAND
ERLEBEN

Giant's Causeway in Nordirland

Südost-Irland

Die Nähe zu Großbritannien machte den Südosten wiederholt zum Einfallstor für Invasoren. Im 9. Jahrhundert waren es die Wikinger, die einige der ältesten Städte Irlands gründeten, darunter Waterford und Wexford. Im 12. Jahrhundert kamen die Anglonormannen und bestimmten in der folgenden Zeit die Entwicklung der Region.

Wegen seiner strategischen Bedeutung wurde der Südosten meist von der englischen Krone ergebenen Lords sorgfältig geschützt. Die Überreste ihrer Burgen bezeugen die Macht der Fitzgeralds von Kildare und der Butlers von Kilkenny. Ab dem 18. Jahrhundert zogen reiche angloirische Familien in die Region und bauten schöne Herrenhäuser wie die palladianischen Meisterwerke Russborough und Castletown. Die englische Herrschaft wurde jedoch nicht überall akzeptiert. Die Wicklow Mountains dienten Gegnern der Krone als Zuflucht.

Anders als das flache Grasland, das sich von Kildare Richtung Westen erstreckt, ist die Bergregion in Irlands Südosten noch eine richtige Wildnis. Im Osten reihen sich an der Küste zwischen Dublin und Rosslare im County Wexford die Sandstrände beinahe lückenlos aneinander.

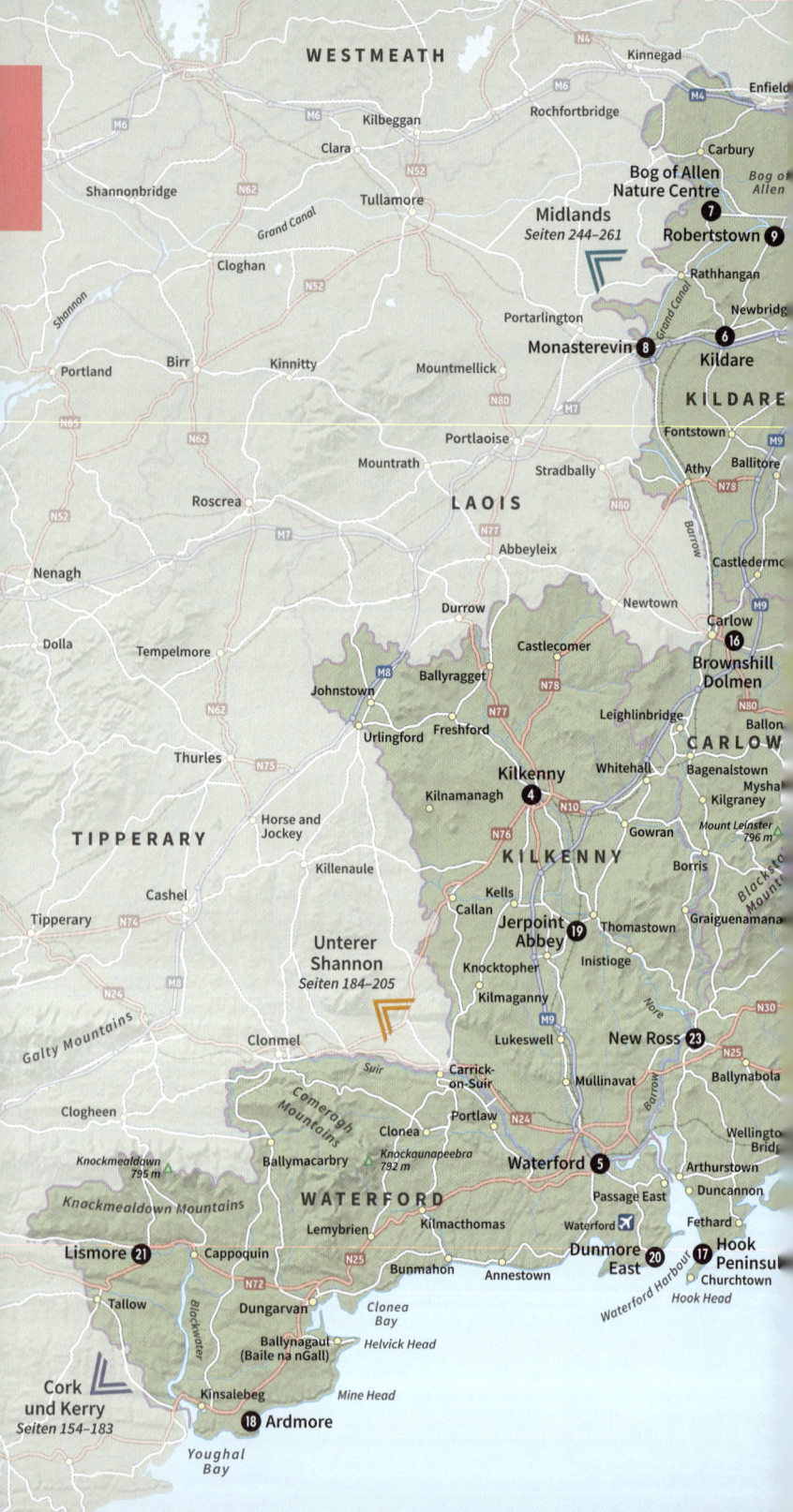

Südost-Irland

Highlight

1. Glendalough
2. Powerscourt Estate
3. Castletown House
4. Kilkenny
5. Waterford

Sehenswürdigkeiten

6. Kildare
7. Bog of Allen Nature Centre
8. Monasterevin
9. Robertstown
10. Bray
11. Killruddery House and Gardens
12. Russborough House
13. Wicklow Mountains
14. Mount Usher Gardens
15. Avondale House
16. Brownshill Dolmen
17. Hook Peninsula
18. Ardmore
19. Jerpoint Abbey
20. Dunmore East
21. Lismore
22. Enniscorthy
23. New Ross
24. Wexford
25. Saltee Islands
26. Rosslare
27. Johnstown Castle
28. Irish National Heritage Park

←

1 *Tal in Glendalough, County Wicklow*

2 *Mittelalterliche Straße in Kilkenny*

3 *Dunbrody Famine Ship*

4 *St Canice's Cathedral*

3 TAGE
im sonnigen Südosten Irlands

Tag 1
Vormittags Beginnen Sie Ihre Fahrt durch den Südosten Irlands in Waterford *(siehe S. 140f)*, der ältesten Stadt des Landes, und erkunden Sie am Morgen die alten, gewundenen Straßen. Die meiste Zeit werden Sie im Viking Triangle verbringen, dem kulturellen und historischen Viertel mit vielen alten Gebäuden und Museen. Wenn Sie Hunger bekommen, gehen Sie ins Granary Café an der Hanover Street für ein leichtes Mittagessen nahe am Fluss.

Nachmittags Fahren Sie danach 23 Kilometer nach New Ross *(siehe S. 150)* und besuchen Sie dort das Dunbrody Famine Ship. Der Nachbau eines Emigrantenschiffs aus den 1840er Jahren bietet einen profunden Einblick in die dunkelste Periode der irischen Geschichte.

Abends Fahren Sie weiter nach Wexford, wo Sie im Cistín Eile hervorragend zu Abend essen können. Der Name bedeutet zwar »eine andere Küche«, doch das ist reine Selbstironie.

Tag 2
Vormittags Fahren Sie nach einem herzhaften Frühstück im Red Kettle nördlich nach Enniscorthy *(siehe S. 150)*, der Heimat des Autors Colm Tóibín und Schauplatz vieler seiner Bücher. Die Verfilmung von *Brooklyn* wurde auch hier gedreht. Sehen Sie sich die bemerkenswerte anglonormannische Burg aus dem 12. Jahrhundert an – eine der wenigen Burgen in Irland, deren Dach man besteigen darf – und genießen Sie den Blick.

Nachmittags Essen Sie in der Bailey Café Bar zu Mittag, bevor Sie nach Kilkenny *(siehe S. 136–139)* aufbrechen. In der mittelalterlichen Stadt gibt es viel zu sehen und entdecken, Kilkenny Castle ist hierfür ein guter Startpunkt. Die Burg ist eine von Irlands berühmtesten Festungen. Auch sollte man das Design Centre in den ehemaligen Stallungen nicht vergessen.

Abends Entspannen Sie nach dem Sightseeing bei einem Pint im Left Bank auf der gegenüberliegenden Seite der Burg. Beenden Sie den Abend mit einem Essen im schicken Restaurant Zuni.

Tag 3
Vormittags Erkunden Sie den »Rest« Kilkennys, die St Canice's Cathedral und den Round Tower sowie Rothe House – ein Tudor-Kaufmannshaus mit einem kleinen Museum. Holen Sie sich bei Blaa Blaa Blaa Sandwiches ein leckeres Mittagessen aus frischen lokalen Zutaten.

Nachmittags Fahren Sie in 90 Minuten zum beeindruckenden Glendalough-Tal in der Grafschaft Wicklow *(siehe S. 130f)*. Den restlichen Nachmittag können Sie mit schönen Spaziergängen verbringen und dabei alte Klosteranlagen und andere Ruinen entdecken.

Abends Wenn Sie genug frische Luft bekommen haben, fahren Sie zum Städtchen Greystones. Genießen Sie die feine indische Küche im Chakra im Meridian Point Centre, bevor Sie sich eine luxuriöse Nacht im nahe gelegenen luxuriösen Druid's Glen Hotel and Spa gönnen.

1 ⑱

Glendalough

Ⓐ D4 🏠 Bray, Co Wicklow 🕐 Besucherzentrum: tägl. 9:30–17
(Mitte März – Mitte Okt: bis 18) 🚫 23.–29. Dez Ⓦ glendalough.ie

Die bewaldeten Hänge von Glendalough oder *Gleann dá Loch* (»Tal der
zwei Seen«) sind Kulisse für eines der am schönsten gelegenen Klöster
Irlands, das im 6. Jahrhundert vom hl. Kevin gegründet wurde.

Das Alter vieler Gebäude von Glendalough ist
ungeklärt, die meisten entstanden wohl zwischen dem 10. und dem 12. Jahrhundert. Viele
wurden um 1870 restauriert. Die Hauptruinen
liegen östlich des Lower Lake, die dem hl. Kevin zugeschriebenen Gebäude am Upper Lake.
Hier kann man die Ruhe genießen und den
Massen entkommen, die den unteren Teil des
Anwesens bevölkern. Versuchen Sie, früh dort
zu sein, vor allem in der Hauptsaison. Zutritt
gewährt der doppelte Steinbogen des Torhauses, des einzigen seiner Art in einem frühen
irischen Klosterbezirk.

Nur wenige Schritte vom Eingang entfernt
liegt der Friedhof mit seinem Rundturm. Der
30 Meter hohe Turm gehört zu den schönsten
Exemplaren in Irland. Seine Spitze wurde 1870
rekonstruiert. Die dachlose Kathedrale daneben stammt zum größten Teil aus dem 10. und
dem 13. Jahrhundert und ist die größte Ruine
des Tals. Im Zentrum des Friedhofs befindet

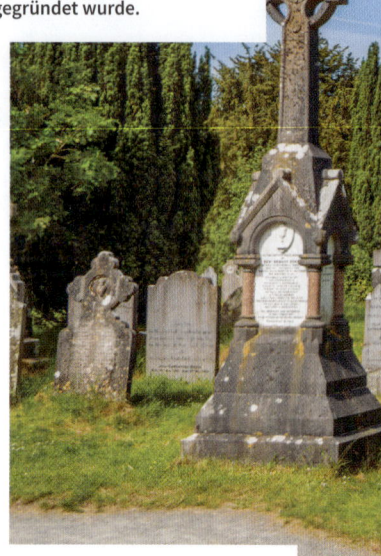

*Rundturm und Friedhof
der Klosteranlage ↑
Glendalough*

> **Auf einem Felsvorsprung liegt
> St Kevin's Cell, eine Ruine in
> Form eines Bienenkorbs, die
> dem Eremiten als Wohnstatt
> gedient haben soll.**

sich das Priesterhaus. Es heißt so, weil hier
früher der einheimische Klerus bestattet
wurde. Etwas östlich davon befindet sich
St Kevin's Cross aus dem 8. Jahrhundert.
Das Granitkreuz gehört zu den besterhaltenen
Hochkreuzen in Glendalough. Ein Stück weiter
in dem üppigen Tal steht eine winzige Kapelle
mit einem Steindach. Das im 11. Jahrhundert
oder bereits früher erbaute Gebäude ist als
St Kevin's Kitchen bekannt – wohl wegen seines später hinzugefügten Glockentürmchens,
das an einen Schornstein erinnert. Nicht weit
von hier befindet sich auf einem Felsvorsprung mit Blick auf den Upper Lake St Kevin's
Cell, eine Ruine in Form eines Bienenkorbs,
die dem Eremiten als Wohnstatt gedient haben soll.

←

*Das doppelte Steinbogentor in
Glendalough, Irlands einziger
Eingang zu einem Kloster dieser Art*

← *Die dachlose Kathedrale, eine von sieben Kirchen in Glendalough und die älteste des Tals*

Hl. Kevin in Glendalough

Kevin wurde 498 als Abkömmling des Königshauses von Leinster geboren. Er verzichtete jedoch auf seine Privilegien und lebte als Eremit in einer Höhle in Glendalough. Später gründete er hier ein Kloster und ein Studienzentrum. Die Mönche widmeten sich der Krankenpflege und der Abschrift und Illustration von Manuskripten. Kevin zog zu Lebzeiten viele Schüler nach Glendalough – als Pilgerstätte wurde das Kloster aber erst nach seinem Tod um 618 berühmt. Statt Fakten sind über Kevin vor allem Legenden bekannt, eine besagt, er sei 120 Jahre alt geworden.

Zwei Ruinenfelder auf der Südseite des Sees sind nicht erreichbar, aber vom gegenüberliegenden Ufer hat man eine gute Sicht darauf. Teampall-na-Skellig, die »Kirche auf dem Fels«, wurde am Standort der ersten vom hl. Kevin in Glendalough gegründeten Kirche errichtet. Östlich davon ist St Kevin's Bed in den Fels gegraben. Die Höhle soll der bevorzugte Rückzugsort des hl. Kevin gewesen sein.

②

Powerscourt Estate

🅰 D4 🏠 Enniskerry, Co Wicklow 🚌 185 von Bray DART Station, 44 von Enniskerry
🕐 Gärten: tägl. 9:30–17:30 (Okt–März: bis Sonnenuntergang); Ballroom und
Garden Rooms: So 9:30–13:30 (Mai–Sep auch Mo) 📅 25., 26. Dez 🌐 powerscourt.com

**Die herrliche Lage am Fuß des Great Sugar Loaf Mountain und das riesige
Anwesen mit seinen herrlichen Gärten machen Powerscourt Estate zur
meistbesuchten Attraktion im County Wicklow.**

Das palladianische Herrenhaus mit seinen
68 Zimmern ist zwar beeindruckend, aber die
Gärten – vielleicht die schönsten Irlands – sind
der eigentliche Anziehungspunkt. Richard
Wingfield, der 1. Viscount von Powerscourt,
gab das gesamte Anwesen um 1730 in Auftrag.
Weitere Ziergärten ließ der 7. Viscount 1875
anlegen. Er installierte auch Tore, Urnen und

Statuen, die er auf seinen Reisen durch ganz
Europa gesammelt hatte. Bei einem Brand
1974 wurde Powerscourt zwar schwer beschädigt. Das Erdgeschoss wurde jedoch wieder
wunderschön renoviert und beherbergt nun
ein Shopping-Center mit einem exzellenten
Café. Im nahe gelegenen Powerscourt Hotel
ist ein Restaurant.

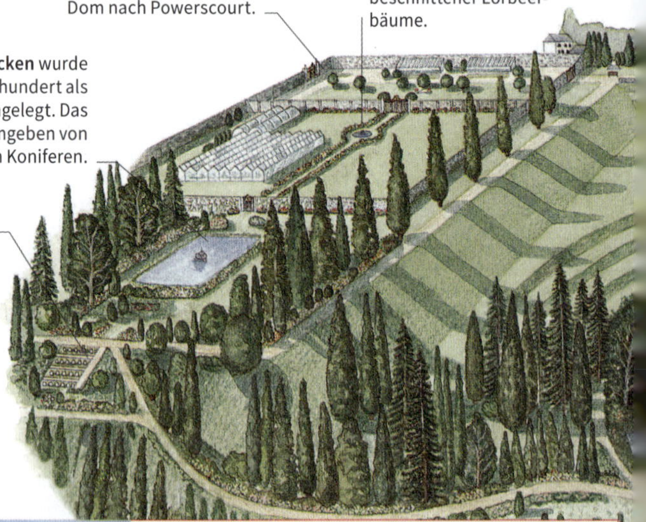

Das um 1770 in Wien gefertigte,
vergoldete schmiedeeiserne
Bamberg Gate brachte der
7. Viscount aus dem Bamberger
Dom nach Powerscourt.

Laokoon-Statue

Die **ummauerten Gärten**
umfassen ein Arrangement
beschnittener Lorbeer-
bäume.

Das **Delfinbecken** wurde
im 18. Jahrhundert als
Fischteich angelegt. Das
Gewässer ist umgeben von
exotischen Koniferen.

Auf dem
Tierfriedhof
ließen die
Wingfields ihre
Hunde und
Katzen, sogar
Pferde und
Rinder
begraben.

Das Feuer in Powerscourt House

In einer Nacht im November 1974 brach im obersten
Stockwerk von Powerscourt House ein Feuer aus. Trotz
der Bemühungen von Feuerwehr und Hausverwaltern
war das Gebäude am Morgen eine ausgebrannte, dachlose Ruine. Viele der Kunstwerke waren zerstört. Die
Familie Slazenger, die das Anwesen 1961 gekauft hatte,
arbeitet seitdem an der Restaurierung. Das Gebäude
bekam ein neues Dach und wurde 1997 wieder für
Besucher geöffnet.

Der **italienische Garten** (ca. 1730) ist auf Terrassen angelegt, die in das Hügelland gegraben wurden.

1 *Der Perron, eine italienische Freitreppe (1874) mit zwei Pegasus-Statuen, führt zum Tritonsee.*

2 *Der Tritonsee verdankt seinen Namen der Springbrunnenfigur, die einer Arbeit Berninis in Rom nachempfunden ist.*

3 *In den edwardianischen Gärten wachsen chinesische Koniferen und Bambus.*

Perron

Für das **Kieselmosaik** wurden am Strand viele Tonnen Kieselsteine gesammelt.

Der **Pepper Pot Tower** entstand im Jahr 1911.

Tritonsee

Powerscourt House ist von einer riesigen Gartenanlage umgeben

Edwardianische Gärten

Castletown House

🅐 D4 🏠 Celbridge, Co Kildare 📞 +353 1 628 8252 🚌 67, 67A von Dublin
🕐 Haus: März – Okt: tägl. 10 –18; Nov – Mitte Dez: Mi – So 10 –17:30;
Gärten: tägl. 🔲 castletown.ie

Castletown ist Irlands erstes und größtes Haus im palladianischen Stil. Gebaut wurde es von 1722 bis 1729 für William Conolly, den Präsidenten (Speaker) des irischen Parlaments, der mit dem imposanten Anwesen seinem Status als reichster und mächtigster Politiker Irlands Ausdruck verleihen wollte.

Die Fassade, eine Arbeit des Florentiner Architekten Alessandro Galilei, war das erste Beispiel des palladianischen Stils auf der Insel. Da Galilei vor Baubeginn nach Italien zurückkehrte, übernahm der bekannte irische Architekt Edward Lovett Pearce die Ausgestaltung des Inneren, der Flügel und Kolonnaden. Die herrliche Innenausstattung datiert aus der zweiten Hälfte des 18. Jahrhunderts. Sie wurde von Lady Louisa Lennox, der Frau von William Conollys Großneffen Tom, der ab 1759 hier wohnte, in Auftrag gegeben. Bis 1965 war Castletown in Familienbesitz, heute ist es in Staatsbesitz und öffentlich zugänglich.

Long Gallery

Roter Salon

Grüner Salon

Schon gewusst?

Als Edward Pakenham das Anwesen 1821 erbte, musste er seinen Namen in Conolly ändern.

Wandgemälde im Boudoir

Das **Esszimmer** mit einer prachtvollen Kassettendecke entwarf Isaac Ware.

Westflügel mit Küche und Besuchercafé

Das Haus ist im typischen palladianischen Stil gebaut mit einem Zentralblock und zwei Pavillons ↑

Die **Eingangshalle** ist ein streng klassizistisch gestalteter Raum. Herausragend sind die prächtigen Verzierungen an den Pilastern der oberen Galerie.

1 *Castletown House liegt inmitten einer schönen Gartenanlage im County Kildare.*

2 *Castletowns Treppenhaus hat eine der größten freischwebenden Treppen des Landes.*

3 *Der Rote Salon bekam seinen Namen von dem (wohl französischen) roten Damast (um 1820), der die Wände bedeckt.*

Die Wildschweinjagd von Paul de Vos (1596 –1678)

Treppenhaus

Im **Ostflügel** befinden sich die erneuerten Ställe, ein Konferenzzentrum und ein Audio-Video-Raum.

Print Room (Grafikkabinett)

Eingang

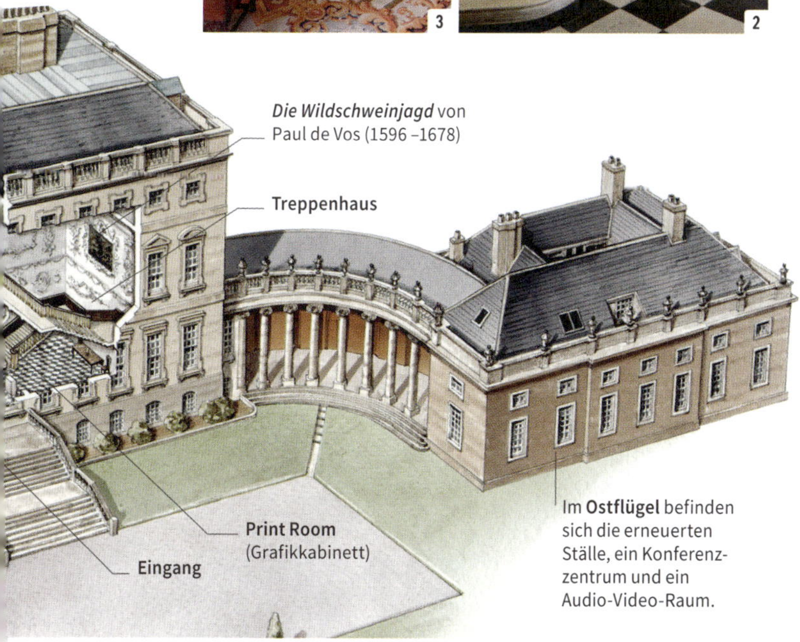

Conolly's Folly

Das Bauwerk befindet sich außerhalb des Castletown-Anwesens und liegt genau in der Fluchtlinie der Long Gallery. Conollys Witwe Katherine gab es im Jahr 1740 als Denkmal für ihren verstorbenen Mann und zur Arbeitsbeschaffung nach einem harten Winter in Auftrag. Das aus übereinandergeschichteten Bogen bestehende, von einem Obelisken gekrönte Gebilde entwarf Richard Cassels, der Architekt von Russborough House *(siehe S. 144f)*.

Kilkennys mittelalterliche Straßen mit ihren bunten Häusern ↑

② **St Canice's Cathedral** (400 m)
③ **Black Abbey** (400 m)

Grace's Castle wurde 1210 erbaut und später in ein Gefängnis umgewandelt. Seit dem 18. Jahrhundert dient es als Gerichtsgebäude.

Kleine Gassen, von den Einheimischen *slips* (Durchschlupf) genannt, gehören zum mittelalterlichen Erbe Kilkennys.

Die Gasse **Butter Slip** verdankt ihren Namen den Butterständen, die früher den kleinen Marktplatz säumten.

PARLIAMENT SQUARE

ST KIERAN'S ST

HIGH ST

St John's Bridge

Tholsel (Rathaus)

ROSE INN ST

St Mary's Hall

PATRICK ST

THE PARADE

①

Das mittelalterliche Zentrum von Kilkenny ↑

④

4

Kilkenny

🅰 C4 🏠 Co Kilkenny 🗺 26 000 🚉 Dublin Rd; +353 56 772 2024 🚌 Bus Éireann; +353 51 317 864 ℹ Shee Alms House, Rose Inn St; +353 56 775 1500 🆆 visitkilkenny.ie

Kilkenny ist zweifellos die schönste Stadt im Inneren Irlands. Sie erlangte im 13. Jahrhundert Bedeutung, als sie zur Hauptstadt des mittelalterlichen Irland wurde.

Die am Nore gelegene Stadt ist architektonisch hochinteressant. Der viel verwendete hiesige schwarze Kalkstein wird auch Kilkenny-Marmor genannt. Viele der Kostbarkeiten liegen versteckt: So verbirgt sich etwa hinter einer georgianischen Fassade ein Tudor-Kamin oder klassizistisches Interieur.

1390 gelangte die anglonormannische Familie Butler an die Macht und herrschte von da an 500 Jahre über Kilkenny. Der Name Irishtown im von der St Canice's Cathedral überragten Bereich erinnert an die frühere Teilung der Stadt. Hier, in der einstigen Englishtown, stehen bis heute repräsentative öffentliche Gebäude.

Weitere Anziehungspunkte sind das renommierteste Kunstfestival der Republik und das Cat Laughs Comedy Festival.

→

Rothe House, ein um zwei Innenhöfe errichtetes Tudor-Kaufmannshaus, besitzt die für Kilkenny einst typischen Arkaden

①

Kilkenny Castle

🏠 The Parade 🕐 tägl. (Details siehe Website) 🔒 Karfreitag, 24.–26. Dez 🌐 kilkennycastle.ie

Die um 1190 erbaute normannische Burg über dem Nore ist eine der berühmtesten des Landes und war bis 1935 durchgängig bewohnt. Ab dem 14. Jahrhundert lebte dort die mächtige Familie Butler, 1967 verkauften deren Nachkommen die Burg für 50 Pfund dem Staat. Mit Türmen und dicken Mauern hat das Bauwerk trotz erheblicher Umbauten seinen mittelalterlichen Charakter bewahrt. Am auffälligsten sind restaurierte neogotische Stilelemente aus viktorianischer Zeit.

Zwei Flügel der Burg erstrahlen wieder im Glanz des 19. Jahrhunderts. Hier befinden sich u. a. die Bibliothek, der Salon und die Long Gallery mit der restaurierten familieneigenen Kunstsammlung. Nach Abschluss der Restaurierungsarbeit beherbergt das Bauwerk auch ein modernes Konferenzzentrum, das sich in einem der Türme aus dem 12. Jahrhundert befindet.

Das Gelände wurde im Lauf der Jahrhunderte immer kleiner, doch die in der hügeligen Landschaft gelegenen klassischen Parks und Terrassen blieben erhalten.

②

St Canice's Cathedral

🏠 Irishtown 🕐 siehe Website 🌐 stcanicescathedral.ie

Der Rundturm neben der in einem frühen englisch-gotischen Stil erbauten Kathedrale (13. Jh.) bietet einen schönen Ausblick. Die Truppen Cromwells plünderten St Canice's 1650, dennoch ist sie eines der kostbarsten Baudenkmäler Irlands. Die Wände aus Kilkenny-Marmor und die Kalksteinpfeiler strahlen schlichte Größe aus. Im südlichen Querschiff beeindrucken Steinmetzarbeiten und prächtige Grabmäler (16. Jh.) mit Skulpturen von Mitgliedern der Familie Butler. Der Rundturm stammt aus der Mitte des 9. Jahrhunderts und ist das älteste noch stehende Gebäude Kilkennys. Er kann als einer von zwei Rundtürmen (der andere liegt in Kildare) in Irland bestiegen werden.

③

Black Abbey

🏠 Abbey St 🕐 tägl. 🌐 visitkilkenny.ie

Die im Jahr 1225 gegründete Dominikanerabtei westlich der Parliament Street außerhalb der damaligen Stadtmauern wurde in Teilen im

Schon gewusst?

Dame Alice Kyteler, Irlands erste verurteilte Hexe, wurde 1280 in Kilkenny geboren.

Kilkenny Castle mit seinen beeindruckenden Zinnenmauern ↑

138

Das Innere der St Canice's Cathedral mit Buntglasfenstern aus dem 14. Jahrhundert ↑

16. Jahrhundert zum Gerichtsgebäude, ist heute aber wieder ein Kloster.

Die Kirche hat schöne unterirdische Gewölbe und vielleicht etwas überrestaurierten plastischen Schmuck. Darüber hinaus gibt es einige schöne Buntglasfenster und eine Alabasterstatue der Heiligen Dreifaltigkeit aus dem 14. Jahrhundert.

Kilkenny Design Centre
🏠 Castle Yard ⏰ tägl. 9 –18
🌐 kilkennydesign.com

Das Designzentrum liegt in den früheren Stallungen von Kilkenny Castle und ist landesweit bekannt. Auf der großen Verkaufsfläche gibt

es viel irisches Kunsthandwerk – Schmuck, Strickwaren, Porzellan, Keramik- und Glaswaren. Nicht umsonst wird Kilkenny auch »Hauptstadt des Handwerks« genannt.

In dem Designzentrum sind auch die National Design and Craft Gallery, ein Restaurant sowie eine Food Hall untergebracht.

↑ *Am Suir vertäute Boote im Hafen von Waterford*

Waterford

🔺 D5 🏠 Co Waterford 🚋 49 000 🚉 Plunkett Station, The Bridge; +353 51 873 401 🚌 The Quay; +353 51 879 000 ℹ️ 120 Parade Quay; +353 51 875 823 ✈️ 10 km südl. 🎭 Waterford Spraoi (Aug) 🌐 visitwaterford.com

Irlands älteste Stadt wurde 914 von den Wikingern gegründet und später von den Anglonormannen ausgebaut. Die Überreste der Stadtmauern geben noch einen guten Überblick über das befestigte Areal. Die Stadt hatte eine strategisch günstige Lage an der Mündung des Suir und stieg rasch zum führenden Seehafen Südost-Irlands auf. Seit dem 18. Jahrhundert gründet sich ihr Wohlstand auf die bekannte Glasindustrie. Die Handelstradition ist bis heute lebendig, noch immer ist der Hafen von Waterford einer der geschäftigsten des Landes. Trotz des mittelalterlichen Grundrisses sind die schönsten Gebäude im georgianischen Stil, die besten Beispiele sieht man an der Mall und rund um den Cathedral Square.

① Reginald's Tower

🏠 The Quay 🕐 wegen Renovierung; siehe Website 🌐 waterfordtreasures.com

Der dreistöckige Turm wurde 1185 von Anglonormannen erbaut und ist damit das älteste städtische Bauwerk Irlands. Bei seinen drei Meter dicken Mauern soll das erste Mal Mörtel verwendet worden sein – eine krude Mischung aus Blut, Kalk, Fell und Schlamm.

Heute ist in dem Turm die Ausstellung »Viking Waterford« zu sehen.

② Medieval Museum

🏠 Cathedral Square 🕐 siehe Website 🕐 1. Jan, 25., 26. Dez 🌐 waterford treasures.com

Das interessante mittelalterliche Museum von Waterford beherbergt zahlreiche Schätze aus dem Mittelalter. Das Gebäude selbst zeigt innerhalb seiner Mauern auch noch Bauteile aus dem Mittelalter, darunter die Choristers' Hall aus dem 13. Jahrhundert.

→ *Der Reginald's Tower ist das größte Bauwerk der mittelalterlichen Stadtbefestigung*

Bishop's Palace
🏠 The Mall
🕐 siehe Website
🌐 waterfordtreasures.com

Das Gebäude wurde 1741 an der Stelle eines mittelalterlichen Palasts erbaut und war bis Anfang des 20. Jahrhunderts Wohnstatt der Bischöfe der Church of Ireland. Heute ist es ein Museum, das im Stil eines mondänen Stadthauses aus dem 18. Jahrhundert eingerichtet ist und eine große Sammlung von Waterford-Kristall zeigt.

House of Waterford Crystal
🏠 The Mall 🕐 siehe Website 🌐 waterford visitorcentre.com

Ein Besuch des Waterford Crystal Visitor Centre, in dem Sie den Prozess der Kristallherstellung kennenlernen und beobachten können, ist sehr zu empfehlen.

Die ursprüngliche Glasfabrik wurde 1783 von den Brüdern George und William Penrose gegründet, die Waterford wegen seines Hafens wählten. Viele Jahrzehnte genoss ihr Kristall einen unübertroffenen Ruf, aber Steuern zwangen das Unternehmen 1851 zur Schließung.

Eine neue Fabrik und ein Besucherzentrum wurden 1947 südlich der Stadt eröffnet, und Meisterbläser und Graveure wurden vom Kontinent geholt, um Lehrlinge auszubilden. Die Konkurrenz von Tipperary und Galway Crystal wirkte sich Anfang der 1990er aus, doch der Absatz erholte sich wieder. Nach der Schließung der Fabriken und des Besucherzentrums 2009 wurde eine Vereinbarung ausgehandelt, um die Zukunft des Glases in Waterford zu sichern. Während ein Großteil der Glasproduktion nun anderswo stattfindet, können Besucher die Herstellung von Prestigeobjekten in einer eigens errichteten Anlage am Standort des großen alten ESB-

Gebäudes an der Mall beobachten. Das Zentrum bietet Führungen an, die mehr als 225 Jahre Glasherstellung abdecken und die Meister bei der Arbeit zeigen. Sie können die Herstellung von Kristallobjekten mitverfolgen, darunter die Herstellung von Formen, das Schleifen, die Bildhauerei und die Gravur. In einem Laden werden feine Stücke mit der berühmten Waterford-Signatur verkauft.

Buchladen

The Book Centre
Durchstöbern Sie die Regale des einzigartigen Buchladens, der in einem Art-déco-Kino aus den 1930er Jahren liegt.

🏠 25 John Roberts Square
🌐 thebookcentre.ie

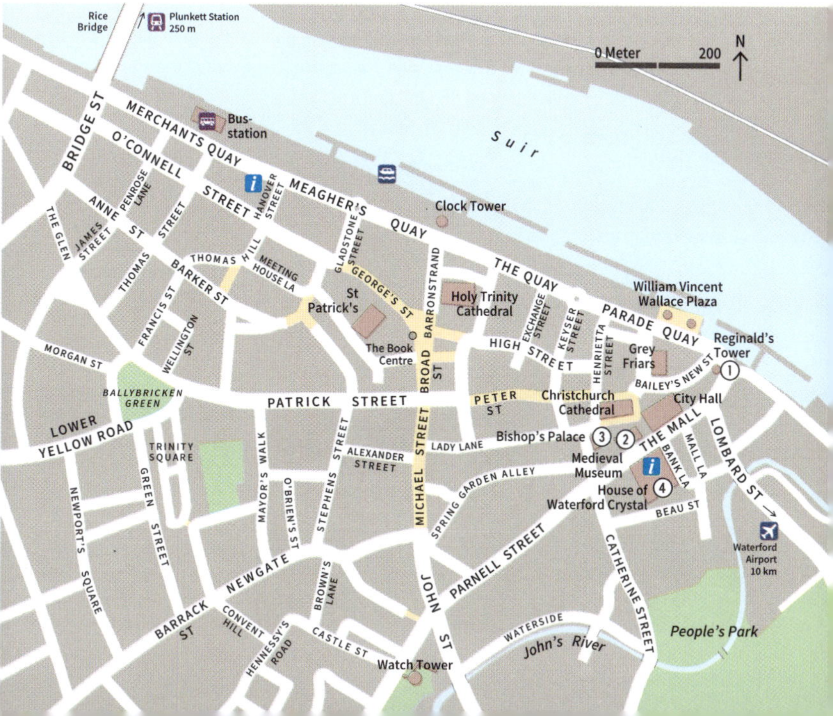

↑ *Die Bridge of Life in Kildares attraktivem Japanischem Garten*

SEHENSWÜRDIGKEITEN

6

Kildare

🅰 D4 🏠 Co Kildare 🗺 7500
🚌 🚆 ℹ Market House;
+353 45 530 672 📅 Do
🌐 kildare.ie

Kildare wird von der **St Brigid's Cathedral** überragt, deren Schutzheilige 480 an dieser Stelle eine religiöse Gemeinschaft gründete. Hier lebten Mönche und Nonnen unter einem Dach, doch das war nicht die einzige unorthodoxe Gepflogenheit. Alte Riten, etwa das Abbrennen eines »ewigen« Feuers, wurden bis ins 16. Jahrhundert kultiviert. Das Feuerloch ist ebenso erhalten wie der höchste in Irland zu besteigende Rundturm (12. Jh.). Die Kathedrale wurde in viktorianischer Zeit umgebaut – in Anlehnung an die Entwürfe des 13. Jahrhunderts.

Umgebung: Kildare liegt im Land der Pferderennen: Der Rennplatz Curragh ist in der Nähe, überall findet man Rennställe. Im nordöstlich gelegenen Kill werden Vollblüter versteigert.

Südlich von Kildare, in Tully, befindet sich das **National Stud**, ein Zuchtgestüt, das 1900 von dem anglo-irischen Oberst William Hall-Walker gegründet wurde. Er taxierte den Wert der Fohlen nach ihrem Horoskop. Dachfenster in den Stallungen sollten die Pferde in den Genuss des Sonnen- und Mondlichts bringen.

Besucher des riesigen Anwesens können beim Training der Pferde zuschauen. Das Gestüt hat eine Sattlerei, eine Schmiede sowie ein Museum, das über die Bedeutung des Pferds in der irischen Geschichte informiert. Eines der Exponate ist das Skelett des in den 1960ern berühmten Springers *Arkle*.

Das Gestüt teilt sich das Anwesen mit auf dem Höhepunkt des edwardianischen Orient-Faibles geschaffenen **Japanischen Gärten** und dem **St Fiachra's Garden**. Den Park legten der japanische Landschaftsgärtner Tassa Eida und sein Sohn Minoru 1906–10 an. Zum Baum- und Strauchbestand gehören Maulbeer-, Ahorn- und Kirschbäume, Bonsais

Pferderennen in Irland

Irland hat eine ausgeprägte Rennkultur. Weil diese Sportart nicht als elitär gilt, erfreuen sich alle daran. Die meisten Galopprennen, so auch das Irish Derby, werden auf dem Rennplatz von Curragh östlich von Kildare ausgetragen. Berühmt sind auch die Veranstaltungen in Punchestown – vor allem das Hindernisrennen im April / Mai –, in Leopardstown, wo ebenfalls Hindernisrennen stattfinden, und in Fairyhouse, Heimstätte des Irish Grand National.

und Bambusarten. Die Gärten beschreiben den Weg von der Wiege zum Grab: Am Beginn tritt das Leben aus dem Tor des Vergessens, am Ende steht das »Tor zur Ewigkeit«, ein Zen-Steingarten.

Zum St Fiachra's Garden (1,6 ha) gehören Feuchtgebiete, Wald, Seen und Inseln sowie ein Garten mit Waterford-Kristall.

St Brigid's Cathedral
⊛⟨⟩ 🅐 Market Sq 📞 +353 85 120 5920 🕐 Mai – Sep: tägl. 🆆 kildare.ie/heritage

National Stud, Japanische Gärten und St Fiachra's Garden
⊛⊛⊛⊛⊛ 🅐 Tully
🕐 tägl. 9–18
🆆 irishnationalstud.ie

⑦ ⟨⟩ ⟨⟩ ⟨⟩
Bog of Allen Nature Centre
🅐 D4 🅐 Lullymore, Co Kildare 🚍 nach Newbridge 🚌 nach Allenwood 🕐 Mo – Fr 9 –17 (Mai – Sep: manchmal Sa, So) 🆆 ipcc.ie

Wer sich für die irischen Moore interessiert, sollte das Bog of Allen Nature Centre besuchen, das auf einer Farm

Golfhotels

Drei bekannte Golfhotels im sonnigen Südosten Irlands.

Carton House
Ausgedehnte Fairways, untergebracht ist man in einem Herrenhaus.
🅐 D3 🅐 Maynooth, Co Kildare
🆆 cartonhouse.com
€€€

The K Club
Luxusresort, das schon den Ryder Cup und die Irish Open ausrichtete.
🅐 D4 🅐 Straffan Demesne, Straffan, Co Kildare 🆆 kclub.ie
€€€

Mount Juliet Estate
Georgianisches Hotel mit einem von Jack Nicklaus designten Golfplatz.
🅐 D5 🅐 Thomastown, Co Kilkenny
🆆 mountjuliet.ie
€€€

in Lullymore liegt. Peatland World ist das Herz des Bog of Allen, eines Hochmoors, das sich in den Countys Offaly, Meath, Westmeath, Laois und Kildare erstreckt. Die Ausstellung zeigt Tiere und Pflanzen sowie archäologische Funde. Vorab gebuchte Führungen machen die Besucher mit dem Ökosystem des Moors bekannt.

⑧
Monasterevin
🅐 D4 🅐 Co Kildare
🚍 3000 🚌

Die georgianische Marktstadt liegt an der Kreuzung des Grand Canal mit dem Fluss Barrow westlich von Kildare. Der Kanal machte die Stadt im 18. Jahrhundert reich. Heute werden die Schleusen nur noch selten benutzt. Sehenswert ist das Aquädukt, ein Meisterwerk des Kanalbaus. Die Moore Abbey neben der Kirche entstand im 18. Jahrhundert auf dem Gelände eines älteren Stifts. Im 19. Jahrhundert wurde das Gebäude umgestaltet. Heute dient es als Krankenhaus.

⑨
Robertstown
🅐 D4 🅐 Co Kildare 🚍 650
🚌

Robertstown ist ein typisches Dorf am Kanal mit Lagerschuppen und Häuschen aus dem 19. Jahrhundert. Bis in die 1960er fuhren hier noch Frachtkähne, heute legen nur noch Ausflugsboote an. Das 1801 erbaute Robertstown Hotel dient als Veranstaltungsort für Feste.

Nahe Sallins, rund acht Kilometer östlich von Robertstown, führt das 1783 gebaute Leinster-Aquädukt den Kanal über den Liffey.

←

Eine Barke im Kanal von Robertstown

⑩
Bray
🅰 D4 🏠 Co Wicklow
🚊 33 000 🚆 DART 🚌
ℹ Civic Offices, Main St;
+353 1 286 7128 🌐 bray.ie

Das frühere viktorianische Seebad ist heute ein Ferienort mit Nepplokalen und Fish-and-Chips-Läden an der Promenade. Im Sommer wird es in dem vor allem von Familien frequentierten Ort eng. Wer Ruhe sucht, kann auf Bray Head an der Hochküste spazieren gehen. Von Bray aus lassen sich Powerscourt, die Wicklow Mountains und die hübschen Küstendörfer gut erkunden.

⑪ 🚫🏛🍴🛍🛍♿
Killruddery House and Gardens
🅰 D4 🏠 Bray, Co Wicklow
📞 +353 1 286 3405 🕐 Haus: Führungen: Di–So 12, 13:30, 15; Gärten: Mai–Sep: Di–So 9:30–18; Apr, Okt: Di–So 9:30–17 🌐 killruddery.com

Killruddery House südlich von Bray wurde 1651 erbaut und ist seitdem die Residenz der Earls of Meath. Anfang des 19. Jahrhunderts wurde es im neoelisabethanischen

Stil umgebaut. Das Haus hat schöne Schnitz- und Stuckarbeiten. Seinen Charme verdankt es dem Garten (17. Jh.), der als schönste Anlage Irlands im französischen Stil gilt. Patrice Bonnet, der auch in Versailles tätig war, legte ihn in den 1680er Jahren an.

Die mit großer Präzision bepflanzte Anlage besticht durch viele romantische Ecken, prächtige Hecken und viele schöne Bäume und Sträucher. Das von einer Lorbeerhecke umschlossene Waldtheater ist das einzige seiner Art in Irland.

Das Zentrum des Gartens bilden die »Langen Teiche«, zwei 165 Meter lange Kanäle, in denen früher Fische gezüchtet wurden. Ein Weiher führt zu einem viktorianischen Arrangement von Wegen, die von Statuen und Hecken gesäumt werden.

⑫ 🚫🏛🍴🛍🛍♿
Russborough House
🅰 D4 🏠 Blessington, Co Wicklow 🚌 65 von Dublin
🕐 März–Dez: tägl. 10–18
🌐 russboroughhouse.ie

Das um 1740 für Joseph Leeson, Earl von Milltown, erbaute palladianische Herrenhaus ist eines der schönsten

---

Pub

The Harbour Bar
Das 1872 gegründete Pub ist bei Einheimischen sehr beliebt. Direkt am Hafen, wie der Name schon sagt, ist es der ideale Platz, um bei einem Pint die Seele baumeln zu lassen.

🅰 D4 🏠 1 Strand Rd, Bray, Co Wicklow
🌐 theharbourbar.ie

Irlands. Der Architekt Richard Cassels entwarf auch Powerscourt House *(siehe S. 132f)*. Cassels gilt als erster Vertreter des palladianischen Stils in Irland.

Anders als viele große Landsitze der Pale-Region befindet sich Russborough in tadellosem Zustand. Die Front des Hauses ist die längste in Irland. Die Fassade ist mit Wappenlöwen und »Kurven«-Kolonnaden verziert. Das Interieur ist noch eindrucksvoller: Viele Räume sind mit exzellenten Stuckarbeiten der Brüder Lafran-

Killruddery House ist im elisabethanischen Revival-Stil gebaut ↑

↑ *Dieser wunderschöne Salon mit Kamin aus italienischem Marmor ist nur eines der vielen Highlights, die man während einer Führung auf Russborough House (Detail) sieht*

chini ausgestattet, die auch in Castletown House *(siehe S. 134f)* mitwirkten. Die besten Arbeiten finden sich in Musikzimmer, Salon und Bibliothek. Diese Räume sind reich geschmückt mit Laubwerk und Cherubim. Die Stuckarbeiten neben der Haupttreppe zeigen eine Jagd mit Hunden und Blumengirlanden. Die Stuckarbeiten im Salon umgeben Meeresszenen des französischen Malers Joseph Vernet (1714–1789). Die Gemälde wurden 1926 veräußert, jedoch über 40 Jahre später wieder aufgespürt und ins Haus zurückgebracht.

Russborough hat viele weitere Schätze zu bieten, etwa die aus italienischem Marmor gearbeiteten Kamine, imposante Mahagonitüren sowie unschätzbare Silber-, Porzellan- und Gobelinsammlungen.

Abgesehen von alledem lohnt sich ein Besuch in Russborough vor allem wegen der Beit Art Collection, die für flämische, holländische und spanische Meister bekannt ist. Sir Alfred Beit, der Russborough 1952 erwarb, erbte die Bilder von seinem Onkel, einem Mitbegründer des De-Beers-Diamanten-Imperiums in Südafrika. 1974, 1986, 2001 und 2002 wurden etliche Werke gestohlen. Die meisten konnten jedoch später zurückgeholt werden. In Russborough wird nur eine Auswahl der Sammlung gezeigt. Die meisten Gemälde befinden sich als Dauerleihgaben in der National Gallery in Dublin *(siehe S. 70f)*.

Die Ausstellung im Untergeschoss zeigt 3-D-Fotografien, die Sir Alfred Beit in den 1920er und 1930er Jahren aufgenommen hat, sowie Vinylplatten und Notenblätter.

Auch jenseits des Gebäudes gibt es viel Schönes zu entdecken, darunter einige Spazierwege durch die Parklandschaft, einen ummauerten Garten, ein Labyrinth und sogar ein Greifvogelzentrum.

Umgebung: Das durch die Stauung des Liffey entstandene, bei Wassersportlern beliebte Poulaphouca Reservoir erstreckt sich südlich von Blessington. Der Blick auf die Berge ist ebenfalls schön.

Geschichte des Pale

Pale (Pfahl, Gau) bezeichnet die Grenzen des um Dublin gelegenen englischen Einflussbereichs von der Normannen- bis zur Tudor-Zeit. Der gälische Adel außerhalb der Zone konnte sein Land unter der Bedingung behalten, dass er seine Söhne innerhalb des Pale erziehen ließ. Diese Vorschrift vergrößerte die Kluft zwischen der gälischen Mehrheit und den Angloiren so weit, dass die Engländer das Land verlassen mussten. Noch lange nach Schleifung der Festungen lebte die Idee des Pale fort. »Jenseits des Pale« bedeutet bis heute asozial.

Abgelegene Moorlandschaft in den Wicklow Mountains ↑

13

Wicklow Mountains

🅰 D4 🚉 nach Rathdrum und Wicklow 🚌 nach Enniskerry, Wicklow, Glendalough, Rathdrum und Avoca ℹ Rialto House, Fitzwilliam Sq, Wicklow; +353 404 69117 🌐 wicklowmountains nationalpark.ie

In der Wildnis der Wicklow Mountains ist es nur schwer vorstellbar, dass Dublin keine Stunde Autofahrt entfernt ist. Wegen ihrer Unzugänglichkeit waren die Berge früher ein ideales Versteck für Gegner der englischen Herrschaft. Während das Gebiet des Pale *(siehe S. 145)* im Südosten der englischen Krone folgte, herrschten im Gebirge Kriegsherren wie die O'Tooles. Auch die Aufständischen von 1798 suchten hier Zuflucht. Michael Dwyer, einer ihrer Anführer, konnte in den Hügeln bis 1803 seine Freiheit behaupten.

Die ab 1800 angelegte Military Road machte die Gegend zugänglicher, doch sie ist noch immer dünn besiedelt. Nur wenig Verkehr stört die Atmosphäre tiefer Schluchten, üppiger Wälder und weiter Heidemoore. Torfstechen ist noch immer ein blühendes Kleingewerbe, wie die vielen Torfstapel an den Straßen belegen. Viele

Wanderwege durchschneiden die Landschaft, etwa der Wicklow Way, der älteste Wanderweg Irlands. Er erstreckt sich vom Marlay Park in Dublin bis Clonegal (County Carlow) über 127 Kilometer. Er ist zwar markiert, doch man kommt leicht vom Weg ab – wandern Sie also nicht ohne Karte. Obwohl die Berge nirgends höher als 915 Meter sind, können sie bei schlechtem Wetter gefährlich werden.

Ansonsten bietet die Landschaft Wanderern viele Möglichkeiten. Ein guter Startpunkt zur Erkundung des nördlichen Teils ist das Dorf Enniskerry. Im Sommer wimmelt es hier von Besuchern, die die Gärten von Powerscourt *(siehe S. 132f)* besichtigen. Von Laragh Richtung Süden kann man nach Glendalough *(siehe S. 130f)* und zum Vale of Avoca wandern, in dem im Frühjahr Kirschbäume blühen. Seine Schönheit beschrieb Thomas Moore (1779–1852): »In der weiten Welt ist kein Tal so süß wie jenes, in dessen Schoß die funkelnden Wasser zusammentreffen« – ein Verweis auf den Zusammenfluss von Avonbeg und Avonmore am Meeting of the Waters jenseits des Avondale House. Inmitten bewaldeter Hügel im Herzen des Tals liegt der Ort Avoca. Hier stel-

1606

wurde County Wicklow als letzte der 32 Grafschaften Irlands gegründet.

len die Avoca Handweavers in der ältesten irischen Weberei Irlands (seit 1723) bunte Tweed-Stoffe her.

Weiter nördlich in Meeresnähe unweit des Dorfs Ashford braust der Vartry durch die tiefen Spalten des Devil's Glen. Beim Eintritt in die Schlucht stürzt der Fluss etwa 30 Meter tief in den »Punschtopf des Teufels«. Es gibt hier schöne Spaziermöglichkeiten mit beeindruckendem Ausblick.

14 🔧 🚶 💻 🎒 ♿

Mount Usher Gardens

🅰 D4 🏠 Ashford, Co Wicklow 📞 +353 404 49 672 🚌 nach Ashford 🕐 tägl. 10–17 🌐 mountushergardens.ie

Am Fluss Vartry liegen diese reizenden Gärten. Sie wurden 1868 vom Dubliner Edward Walpole angelegt. Unter den rund 5000 Pflanzenarten gibt es seltene Sträucher und Bäume – von chinesischen Koniferen und Bambussen bis zu mexikanischen Pinien und Pampagras – sowie eine im Herbst bunte Ahornallee. Die Gärten bieten neben exotischer Vegetation immer wieder Ausblicke auf den Fluss und die auf Wehren stehenden Reiher.

15

Avondale House

🅐 D4 🅒 Co Wicklow 📞 +353 0404 46 111 🚌 🚆 nach Rathdrum 🕐 Park: tägl. 🕐 Haus: geschlossen wg. Renovierung 🌐 coillte.ie

Nahe Rathdrum liegt das georgianische Geburtshaus von Stewart Parnell (1846 – 1891, *siehe S. 51*). Das heutige Museum informiert über das Leben des Politikers und über dessen Kampf für die Unabhängigkeit Irlands. Das

Anwesen, das derzeit wegen Renovierung geschlossen ist, gehört dem Staat, der hier eine Forstschule betreibt. Auf dem Avondale Forest Park genannten Gut gibt es einen im 18. Jahrhundert angelegten Baumgarten und viele Spazierwege mit Blick auf den Fluss Avonmore.

16

Brownshill Dolmen

🅐 D4 🅒 Co Carlow 🚌 🚆 nach Carlow 🕐 tägl.

Auf einem Feld an der R726, fünf Kilometer außerhalb von Carlow, thront ein Dolmen mit dem größten Deckstein Irlands. Dieser angeblich 100 Tonnen schwere Stein ruht mit einer Seite im Erdreich, während drei wesentlich kleinere Steine das andere Ende stützen. In dem

Cafés

Avoca Handweavers
Avoca ist seit Langem die erste Adresse für irische Luxusprodukte, und dieser Laden liegt in einem wunderschönen Garten. Essen Sie im Café, bevor Sie den Lebensmittelmarkt und die Haushaltswarenabteilung durchstöbern.

🅐 D4 🅚 Kilmacanogue
 avoca.com
€€€

um 2000 v. Chr. errichteten Grab soll ein irischer Anführer begraben sein. Auf einem Pfad von der Straße gelangt man dorthin.

Military Road

Die Briten bauten die Militärstraße durch die Wicklow Mountains, als sie nach dem Aufstand von 1798 versuchten, die Zufluchtsstätten der irischen Rebellen zu finden. Die heute als R115 bekannte Straße führt über 96 Kilometer durch die abgelegensten und zerklüftetsten Landschaften des County Wicklow. Charakteristisch für die gesamte Strecke sind die schönen Landschaften. Zu den vielen Sehenswürdigkeiten am Weg zählen Glendalough, Great Sugar Loaf Mountain, Lough Tay und Powerscourt Waterfall, mit 121 Metern der höchste Irlands. Es gibt mehrere Pubs und Cafés in Enniskerry, darunter auch den altmodischen Tea Room Poppies, ebenso in Roundwood, aber die ganze Gegend ist eigentlich viel schöner für ein Picknick. Südlich von Enniskerry gibt es mehrere Picknickplätze.

17
Hook Peninsula
🅐 D5 🏠 Co Wexford
🚌 nach Duncannon
⛴ von Passage East nach Ballyhack; +353 51 382 480
ℹ️ Fethard-on-Sea; +353 51 262 995 🆆 hookpeninsula.com

↑ Normannischer Leuchtturm am Hook Head, der Spitze der Halbinsel

Die von sanften Landschaften, alten Ruinen und ruhigen Dörfern geprägte Landzunge ist ideal für eine Rundreise. Die »Ring of Hook«-Route beginnt südlich von New Ross an der **Dunbrody Abbey**, den Ruinen einer Zisterzienserkirche (12. Jh.), doch eignet sich auch Ballyhack als Ausgangspunkt. Der Ort war früher ein befestigter Zugang zum County Waterford und ist noch durch Fähren mit dem benachbarten Hafen Passage East verbunden. Das um 1450 vom Templerorden erbaute **Ballyhack Castle** beherbergt ein kleines Museum. Vier Kilometer weiter liegt das kleine Seebad Duncannon mit Sandstrand und sternförmigem Fort, das 1588 zum Schutz gegen die Spanische Armada entstand.

Nach Süden führt die Straße nach Hook Head, der Spitze der Halbinsel. Hier thront seit 1172 der wohl älteste Leuchtturm der Welt. Pfade säumen die Küste, an der es Seevögel, Robben und Versteinerungen gibt.

Nur zwei Kilometer östlich liegt das malerische Slade. Den Fischereihafen überragt Slade Castle, ein Turmhaus aus dem 15. Jahrhundert. Die Straße führt weiter an der Küste entlang, vorbei an

dem Seebad Fethard-on-Sea zu den spektakulären Ruinen von **Tintern Abbey**. William Marshall, Earl of Pembroke, gründete im 13. Jahrhundert das Zisterzienserkloster.

Dunbrody Abbey
🛇🛇🛇🛇 🏠 Campile
🕐 Mai – Sep: tägl. 11–17:30
🆆 dunbrodyabbey.com

Ballyhack Castle
🛇 🏠 Ballyhack 🕐 Mitte Mai – Aug: Sa – Mi 9:30 –17
🆆 heritageireland.ie

Tintern Abbey
🛇🛇🛇 📞 +353 51 562 650
🕐 März – Mai, Sep, Okt: tägl. 9:30 –17; Juni – Aug: tägl. 10 –17:30

18
Ardmore
🅐 C5 🏠 Co Waterford
🚌 450 🚌 ℹ️ +353 24 94444
🆆 ardmorewaterford.com

Ardmore ist ein Ferienort am Meer mit Strand, Pubs, Klippenwegen und interessanten Bauwerken. Auf einem Hügel steht ein im 5. Jahrhundert vom hl. Declan gegründetes Kloster.

Die meisten Bauten, wie die zerfallene St Declan's Cathedral – eine der ältesten kirchlichen Stätten Irlands –, stammen aus dem 12. Jahrhundert. In den Arkaden der Westmauer der Kathedrale stehen Skulpturen mit Titeln wie *Der Erzengel Michael wiegt Seelen* in der oberen Reihe und darunter *Die Anbetung der Heiligen Drei Könige* und *Salomons Urteil*. Der 30 Meter hohe Rundturm gehört zu den besterhaltenen in Irland. Eine nahe gelegene Kapelle soll angeblich über dem Grab des hl. Declan errichtet worden sein.

← Überreste der St Declan's Cathedral in Ardmore

Hotel

Cliff House Hotel
In dem Luxushotel auf den Klippen blickt man von jedem Zimmer auf die Bucht. Leihen Sie sich Gummistiefel und spazieren Sie die Landspitze entlang. Entspannung finden Sie danach im Spa.

🅐 C5 🏠 Ardmore
🆆 cliffhousehotel.ie
€€€

⑲ ⊗ ⋈ ♿

Jerpoint Abbey

🅰 D5 🏠 Thomastown,
Co Kilkenny 🚍 🚌 nach
Thomastown 🕐 März – Sep:
tägl. 9 –17:30; Okt: tägl. 9 –
17; Nov: tägl. 9:30 –16; Dez –
Feb: nur vorher gebuchte
Führungen 🚫 25. Dez
🅦 heritageireland.ie

Die Abtei am Ufer des Little
Arrigle südlich von Thomastown ist trotz der Zerstörung
etlicher Gebäude noch im-
mer eine der schönsten Zis-
terzienserruinen in Irland.
Die um 1160 gegründete Anlage konkurrierte lange Zeit
mit der nahe gelegenen
Duiske-Abtei *(siehe S. 150)*.
Jerpoint blühte bis zur Auflösung der Klöster, dann
übernahmen sie die Earls
von Ormonde.

Zinnenturm und Kreuz-
gang der Anlage stammen
aus dem 15. Jahrhundert.
Hauptattraktion ist der Säulengang mit amüsanten
Skulpturen von Rittern, ade-
ligen Damen, Bischöfen, Dra-
chen – und einem Mann mit
Bauchschmerzen. Die Kirche
aus dem 12. Jahrhundert ist
gut erhalten. Die Kapellen
des Querschiffs bergen Grab-
malskulpturen (13. –16. Jh.).
Romanische Kapitelle zieren

↑ *Ornamentiertes
Steinkreuz in den Ruinen
von Jerpoint Abbey*

die Nordseite des Schiffs.
Skulpturen früherer Bischöfe
sind auf dem gesamten Ge-
lände der Abtei zu sehen.

⑳

Dunmore East

🅰 D5 🏠 Co Waterford
🚇 1600 🚌
🅦 discoverdunmore.com

Das hübsche Fischerdorf verdankt seinen Charme den
Sandsteinklippen und dem
Hafen. Am Fuß der Klippen
führen Wege entlang, doch
die besten Ausblicke bietet
die Straße, die sich vom Lokal Azzurro am Strand zum
Haven Hotel hinaufwindet.

Ein Tor führt in einen Garten
mit Ausblick auf die Boote.
Der Weg wird durch den Blick
auf die Klippen belohnt.

㉑

Lismore

🅰 C5 🏠 Co Waterford
🚇 1500 🚌 ℹ️ Lismore
Heritage Centre, Main St;
+353 58 54975
🅦 discoverlismore.com

Das Städtchen wird vom
Lismore Castle überragt, das
sich über dem Blackwater erhebt. Die 1185 erbaute, im
19. Jahrhundert umgestalte-
te Burg ist das irische Domi-
zil des Duke of Devonshire.
Besucher können nur die
Gärten besichtigen. Das Lismore Heritage Centre erzählt
die Geschichte des hl. Car-
thagus, der hier ein Kloster
gründete (7. Jh.). Zwei Kathedralen in der Stadt sind ihm
geweiht. Die protestantische
Cathedral of St Carthage ist
die interessantere. Die Kirche
(1633) wurde später im Stil
der Neogotik umgebaut. Ein
Buntglasfenster stammt von
Sir Edward Burne-Jones.

Lismore Castle
⊗ 🕐 Mitte März – Mitte Okt:
tägl. 10:30 –17 🅦 lismore
castlegardens.com

↑ *Der geschäftige Fischereihafen im Herzen von
Dunmore East*

22 Enniscorthy

🅐 D5 🏠 Co Wexford
🗺 5000 🚌 ℹ️ 1798 Visitor Centre; +353 53 923 7596

Die Straßen am Ufer des Slaney bewahren die Erinnerung an die turbulente Vergangenheit der Stadt. 1798 kam es hier zum letzten Gefecht der Wexford-Pikeniere, als sie auf dem Vinegar Hill gegen 20 000 britische Soldaten kämpften. Das **National 1798 Visitor Centre** dokumentiert die Ereignisse. Die neogotische **St Aidan's Cathedral**, die in den 1840er Jahren von A. W. N. Pugin (1812–52) entworfen wurde, ist ebenso einen Besuch wert wie **Enniscorthy Castle** aus dem 12. Jahrhundert mit Panoramablicken vom Dach.

Getreidespeicher, Töpfereien und Mühlen überblicken den Slaney, darunter Carley's Bridge, die 1654 errichtet wurde und noch immer in Betrieb ist. Die historischen Pubs der Stadt sind ebenfalls einen Besuch wert.

National 1798 Visitor Centre
♿🅿️🅿️ 🏠 Millpark Rd
🕐 Mo – Fr 9:30–17, Sa, So, Bank Holidays 12–17
🌐 1798centre.ie

St Aidan's Cathedral
🏠 Main St 🕐 tägl. 9–18
🌐 staidanscathedral.ie

Enniscorthy Castle
🏠 Castle Hill 🕐 Mo – Fr 9:30–17, Sa, So 12–17
🌐 enniscorthycastle.ie

23 New Ross

🅐 D5 🏠 Co Wexford
🗺 6000 🚌 ℹ️ South Quay; +353 51 421 857

Die Stadt am Ufer des Barrow ist eine der ältesten des County. Ihre Bedeutung verdankt sie dem Hafen. Im Sommer fahren Boote auf dem Barrow, dem Nore und dem Suir. Am South Quay liegt das **Dunbrody Famine Ship**, die Rekonstruktion eines Frachtschiffs, das während der Hungersnot Emigranten in die USA und nach Kanada brachte. Die vom Kai steil ansteigenden Straßen sind von traditionellen Läden gesäumt. Das heutige Rathaus und frühere Zollhaus Tholsel besetzten die Briten während des Aufstands 1798. Gegenüber erinnert ein Denkmal an die Tapferkeit der irischen Rebellen.

St Mary's aus dem 13. Jahrhundert in der Nähe war einst die größte Gemeindekirche Irlands. Vom Original blieben ein Querschiff und mittelalterliche Grabsteine erhalten.

Umgebung: Ein beliebter Ausflug führt von New Ross den Barrow aufwärts 16 Kilometer weiter nördlich nach Graiguenamanagh. Hier ist die **Duiske Abbey**, die größte Zisterzienserkirche Irlands, sehenswert. Das 1207 erbaute Gotteshaus dient heute als Gemeindekirche. Interessante Details sind das Eichendach, ein romanisches Portal und Reste des mittelalterlichen Bodenbelags. Eine Statue des Ritters von Duiske gehört zu den schönsten mittelalterlichen Plastiken Irlands.

Auf einem Hügel zwölf Kilometer südlich liegt ein zum **JFK Memorial Park** gehöriges Waldgebiet. In dem 1968 nahe Dunganstown (Kennedy Homestead) gegründeten Park gibt es über 4500 Baumarten, einige Naturpfade und Reitmöglichkeiten.

Pub

Holohan's
Das traditionelle irische Pub mit freundlicher Atmosphäre bietet gute Livemusik an einem eher ungewöhnlichen Platz – das Pub steht nämlich direkt am Fuß eines alten Steinbruchs.

🅐 D5 🏠 Slaney Place, Enniscorthy
📞 +353 53 923 5743

Dunbrody Famine Ship Experience
♿🅿️🅿️🅿️ 🏠 South Quay
🕐 tägl. 9–18
🌐 dunbrody.com

Duiske Abbey
♿ 🏠 Graiguenamanagh
📞 +353 59 972 4238
🕐 Mo – Fr

JFK Memorial Park
♿🅿️🅿️♿ 🕐 Park: tägl.
🌐 heritageireland.ie

24 Wexford

🅐 D5 🏠 Co Wexford 🚌
🗺 17 000 🚌 ℹ️ Quay Front
🌐 visitwexford.ie

Wexfords Name kommt vom nordischen *Waesfjord*

↑ *Die schmale, lange South Main Street im Zentrum von Wexford zieht viele Besucher an*

(schlammige Mündung). Der Ort war einst ein blühender Hafen. Seit viktorianischer Zeit verlor er allerdings wegen Versandung an Bedeutung. Die Kais, an denen die Schiffe früher nach Bristol, Tenby und Liverpool ablegten, werden heute vornehmlich von Booten für den Muschelfang genutzt. Wexford ist eine ansprechende Stadt mit hübschen Pubs, einer bunten Kunstszene – und sprachlichen Eigentümlichkeiten. Der von den frühen Siedlern gesprochene Yola-Dialekt färbt bis heute die Aussprache.

In Wexford sind nur wenige Spuren der Vergangenheit erhalten. Die Fischgrätanlage – mit der Main Street und den davon abzweigenden Gassen – geht auf die Wikinger zurück. Keyser's Lane, die die South Main Street mit dem Paul Quay verbindet, ist eine tunnelartige Gasse, die früher zum Anlegeplatz führte. Die Normannen errichteten die Stadtmauer, zu deren Resten eines der alten Tore gehört. Dahinter liegt Selskar Abbey, die Ruine eines Augustinerklosters (12. Jh.). Henry II soll hier wegen der Ermordung von Thomas Becket Buße getan haben.

Wexford besitzt hübsche Gebäude aus späteren Perioden, etwa die Markthalle (heute ein Kunstzentrum) Cornmarket (18. Jh.) an der Main Street. Der nahe gelegene Bull-Ring-Platz ist historisch bemerkenswert, weil in normannischer Zeit hier Bullenhatzen stattfanden und Cromwells Leute 1649 ein Gemetzel unter den Einwohnern anrichteten.

Das Wexforder Opernfestival (Mitte Okt – Anf. Nov) ist eines der führenden Opernereignisse der Welt. Es findet im modernen **National Opera House** auf dem Gelände des alten Royal Theatre statt. Das abwechslungsreiche Programm umfasst Wiederaufführungen vergessener Meisterwerke, Vorträge und Liederabende.

Umgebung: Östlich der Stadt liegt das 100 Hektar große, für seine Gänse berühmte **Wexford Wildfowl Reserve**: Mehr als ein Drittel der Weltpopulation an Weißbrust-Grönlandgänsen überwintert hier (Okt – Apr).

National Opera House
☺& 🏠 High St 🅦 national operahouse.ie

Wexford Wildfowl Reserve
⊛ 🏠 Wexford 🕐 tägl. 9 –17 🅦 wexfordwildfowl reserve.ie

←

Blick vom Westufer des Barrow auf den Hafen von New Ross

㉕

Saltee Islands

🅰 D5 🏠 Co Wexford
🚌 von Wexford nach Kilmore Quay: Mi, Sa
🚢 von Kilmore Quay:
Apr – Sep (wetterabhängig);
+353 53 912 9637
🌐 salteeislands.info

Die Inseln vor der Südküste von Wexford sind ein Paradies für Seevögel. Great und Little Saltee Island bilden das größte Vogelreservat Irlands und bieten u. a. Tölpeln, Möwen, Papageitauchern und Schwarzschnabel-Sturmtauchern eine Heimat. Great Saltee ist vor allem für seine Kormorankolonie berühmt. Es gibt hier auch über 1000 Paare Dreizehenmöwen. Im Frühling und Herbst legen Zugvögel hier eine Zwischenstation ein. Die Vogelwelt der Inseln wird erforscht. Auch eine Robbenkolonie wird genau untersucht.

Die zwei unbewohnten Inseln befinden sich in Privatbesitz, doch Besucher sind auf Greater Saltee zwischen 11:30 und 16:30 willkommen. Bei schönem Wetter werden von Kilmore Quay aus Bootsfahrten angeboten. Kilmore Quay ist ein auf einem präkambrischen Gneisfelsen erbautes Fischerdorf. Strohgedeckte Häuser drängen sich am Strand und am Hafen.

㉖

Rosslare

🅰 D5 🏠 Co Wexford 🏔 2000
🚆 🚌 ℹ +353 53 912 3111

Nach dem Niedergang des Wikingerhafens in Wexford übernahm Rosslare dessen Rolle. Der Hafen ist so bekannt, dass viele Leute bei seinem Namen mehr an Fähren nach Wales und Frankreich denken als an die Stadt acht Kilometer nördlich.

Rosslare zählt zu den am meisten von der Sonne verwöhnten Orten in Irland, lockt aber nicht nur wegen des günstigen Klimas zahlreiche Besucher an. Hauptattraktion ist sicher der rund 9,5 Kilometer lange, gepflegte Strand. Darüber hinaus gibt es ein paar populäre Pubs, einen exzellenten Golfplatz sowie Wanderwege zum nördlich gelegenen Rosslare Point. Das **International Outdoor Adventure Centre** vermietet Equipment für Kajak und Windsurfing. Im Juli und August gibt es spezielle Kurse für Kinder.

International Outdoor Adventure Centre
🏠 Tagoat 🌐 ioac.ie

㉗ ♿ Ⓜ

Johnstown Castle

🅰 D5 🏠 Co Wexford ☎ +353 53 914 2888 🚆 🚌 nach Wexford 🕐 Gärten und Irish Agricultural Museum: tägl. 9 –17:30 🕐 24., 25. Dez
🌐 johnstowncastle.ie

Das herrliche neogotische Herrenhaus liegt inmitten von Gärten und Wäldern sechs Kilometer südwestlich von Wexford. Es ist seit 1945 in staatlicher Hand und kann im Rahmen von Führungen (vorab buchen) besichtigt werden. Das Irish Agricultural Museum im Wirtschaftstrakt veranschaulicht die Geschichte des traditionellen Gewerbes in den vergangenen 200 Jahren. Eine sehr gute Ausstellung beleuchtet die Hungersnot in den

Die Saltee Islands sind beliebt wegen des fantastischen Blicks und der Fauna (Detail)

→
Das atmosphärische Johnstown Castle mit Statue in der Parkanlage

Das Prachtvollste an Johnstown Castle ist die 20 Hektar große Parkanlage mit italienischen Gärten, Seen und Ziersträuchern.

1840er Jahren, erklärt, welche Rolle die Kartoffel dabei spielte und welche Veränderungen die Hungersnot nach sich zog. Eine weitere Ausstellung vergleicht alte Küchen auf dem Land mit dem Lebensstil von 1800, 1900 und 1950.

Das Prachtvollste an Johnstown Castle ist die 20 Hektar große Parkanlage mit italienischen Gärten,

Seen und Ziersträuchern. Außer Japanischen Zedern, Redwoods und Kiefern blühen Azaleen und Kamelien. An den Seen leben u. a. Höckerschwäne, Teichrallen, Zwergtaucher und Reiher. Außerdem gibt es einen 1,5 Kilometer langen Spazierweg am unteren See und einen Spielplatz für Kinder im Wald.

In den Wäldern westlich des Gebäudes verbergen sich die Ruinen des Turmhauses Rathlannon Castle, das vermutlich im 15. Jahrhundert erbaut wurde.

Restaurant

Mary Barry's Bar & Restaurant

Das traditionelle irische Pub serviert Seafood frisch vom Kilmore Quay. Im Sommer kann man Austern und Hummer aus einem Aquarium auswählen. Kinder freuen sich über den Spielplatz.

🅐 D5 🏠 Ballask, Kilmore
Ⓦ marybarrys.ie
€ € €

28
Irish National Heritage Park

🅐 D5 🏠 Ferrycarrig, Co Wexford 📞 +353 53 9120 733 🕐 Mai – Aug: 9:30 – 18:30 (Sep – Apr: bis 17:30) Ⓦ irishheritage.ie

Der Park auf einem früheren Sumpfgelände nahe Ferrycarrig nordwestlich von Wexford ist ein eindrucksvolles Freilichtmuseum. Auf Waldpfaden kommt man an Nachbauten alter Häuser und Begräbnisstätten vorbei und erhält so einen guten Eindruck von der Geschichte Irlands.

Zu den Highlights gehören die Wikingerwerft mit einem Kaperschiff und einer Wassermühle aus dem 7. Jahrhundert. Man kann auch selbst tätig werden und Gold schürfen, mit Pfeil und Bogen schießen oder in einem Fellboot rudern. Im Sommer tragen kostümierte Darsteller zur Authentizität bei. Auf dem Gelände gibt es auch einen Kunsthandwerksladen und ein Restaurant.

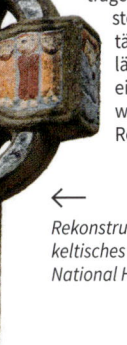

←

Rekonstruiertes bemaltes keltisches Kreuz im Irish National Heritage Park

Die westlichste Spitze von Dingle Peninsula, County Kerry

Cork und Kerry

Killarney und seine Seen ziehen Besucher ebenso an wie die hübschen Küstenstädte und -dörfer in Cork. Die Gegend ist noch sehr authentisch – insbesondere in den gälischsprachigen Nischen leben viele traditionsbewusste Menschen. Das Handwerk besitzt hier eine lange Tradition.

Dieser Teil von Irland hatte früher den engsten Kontakt zum Festland. Aus Angst vor französischen und spanischen Invasionen bauten die Engländer im 17. Jahrhundert an der Küste Corks mehrere Festungen, darunter auch das mächtige Charles Fort in Kinsale.

Im 19. Jahrhundert kamen viele Menschen während der Hungersnot nach Cork und schifften sich von Cobh aus nach Amerika ein. Die Bedeutung Corks als Hafenstadt hat seitdem zwar augenscheinlich abgenommen, doch sie ist noch immer die zweitwichtigste Stadt der Insel mit einem aufregenden Kulturleben.

Kerry wurde wegen seiner traditionellen Missachtung der Herrschaft Dublins auch »das Königreich« genannt. Die Iren erkennen die Bewohner von Kerry – über die zahlreiche Witze kursieren – an ihrer Lebenslust.

Cork und Kerry

Highlights
1. Cork
2. Skellig Islands
3. Lakes of Killarney
4. Bantry House

Sehenswürdigkeiten
5. Carrigafoyle Castle
6. Ardfert Cathedral
7. Tralee
8. Dingle
9. Gallarus Oratory
10. Valentia Island
11. Kenmare
12. Beara Peninsula
13. Garnish Island
14. Bantry Bay
15. Drombeg Stone Circle
16. Mizen Head
17. Baltimore
18. Clonakilty
19. Timoleague Abbey
20. River Lee
21. Blarney Castle
22. Jameson Distillery Midleton
23. River Blackwater
24. Cobh
25. Youghal
26. Kinsale

Bunte Häuser mit Läden und Restaurants säumen das Ufer des Lee ↑

❶

Cork

🅐 C5 🏠 Co Cork 🔢 125 000 ✈ Cork Airport 🚉 Kent Station 🚌 Parnell Place ℹ 125 St Patrick's Street; +353 21 425 5100 🎭 Cork Jazz Festival (Okt); Cork Film Festival (Okt/Nov) 🌐 purecork.ie

Cork liegt am Ufer des Lee, wo der hl. Finbarr um 650 ein Kloster gründete. Seit es im 19. Jahrhundert ein Zentrum der National-Fenian-Bewegung war, hat es den Ruf politischer Aufsässigkeit. Heute äußert sich dies in der Einstellung zur Kunst und dem Flair von Kreativität, das vor allem während des Jazzfestivals im Oktober spürbar ist.

①

St Anne's Shandon

🏠 Church St 🕐 tägl. 🕐 2 Wochen zu Weihnachten 🌐 shandonbells.ie

Corks Wahrzeichen erhebt sich auf den Hängen nördlich des Lee. Zwei Fassaden der 1722 erbauten Kirche bestehen aus Kalkstein, die beiden anderen aus rotem Sandstein. Die Wetterfahne auf der Turmspitze hat die Form eines Lachses. Die Einwohner Corks nennen die Turmuhr »viergesichtiger Lügner«, denn bis zu ihrer Reparatur 1986 zeigten alle vier Zifferblätter verschiedene Zeiten an. Man kann den Turm besteigen und gegen eine geringe Gebühr auch die berühmten Shandon-Glocken läuten.

②

Cork Butter Museum

🏠 O'Connell Square 📞 +353 21 430 0600 🕐 März – Okt: Mo – Sa 10 –17, So 11 –16 🌐 thebuttermuseum.com

Das Museum widmet sich dem wichtigsten irischen Ausfuhrprodukt. Die 1770 eröffnete Butter-Börse klassifizierte die zum Export be-stimmte Butter und belieferte die britische Kriegsmarine. 1892 lag das jährliche Exportvolumen bei 500 000 Fass Butter. 1924 schloss die Börse. Die Exponate des Museums, darunter ein 1000 Jahre altes Butterfass, erklären die Geschichte einer Kultur, in der die Zahl der Rinder den soziale Status bestimmte.

③

Crawford Art Gallery

🏠 Emmet Place 📞 +353 21 480 5042 🕐 Mo – Sa 10 –17 (Do bis 20), So 11 –16 🕐 Karfreitag, 25. Dez 🌐 crawfordartgallery.ie

Ein 1724 errichtetes Gebäude aus Kalkstein und Ziegeln beherbergt Corks größte Kunstgalerie. Es diente ursprünglich als Zollamt, 1850 richtete man darin eine Zeichenschule ein. Der Mäzen William Horatio Crawford erweiterte es 1884, damit Ateliers und Galerien mit Skulpturen und Gemälden Platz fanden.

Die Galerie zeigt Bilder irischer Maler der Jahrhundertwende, beispielsweise Werke von Jack Yeats und drei Fenster von Irlands berühmtem Glasmaler Harry Clarke *(siehe S. 116)*. Sehens-

④ ⊘ Ⓜ 🏠 ♿
St Fin Barre's Cathedral

🏠 Bishop Street ⏰ Apr – Nov: tägl.; Dez – März: Mo – Sa ⏱ 24. Dez – 2. Jan (außer bei Messen)
Ⓦ corkcathedral.webs.com

Südlich des Lee ist die St Fin Barre's Cathedral das markanteste Wahrzeichen des St Fin Barre's Quarter, eines ruhigen Stadtviertels, das Proby's Quay umgibt. Die dem Gründer und Schutzheiligen Corks geweihte Kathedrale, ein dreitürmiges neogotisches Gotteshaus aus Cork-Kalkstein und Marmor, wurde 1870 nach Plänen von William Burges vollendet.

In der Kathedrale zeigt die üppig ausgeschmückte Decke der Apsis den von Engeln umgebenen Christus. Auf den Buntglasfenstern sind Szenen aus dem Alten und Neuen Testament festgehalten. In der Kathedrale sind mehr als 1000 Skulpturen sowie eine Kanonenkugel, die während der Belagerung

wert ist außerdem die kleine internationale Sammlung mit Bildern von Joan Miró, Georges Rouault u. a.

Die Galerie ist für ihr Café bekannt, in dem Mittagsgerichte und vorzügliche Tees serviert werden. Der Raum ist mit Kunstwerken aus der Sammlung geschmückt.

Highlight

Pub

Mutton Lane Inn
Etwas versteckt in der Nähe des English Market liegt dieses kleine, traditionelle Pub. Mit der schummrigen Beleuchtung ist es der ideale Platz für ein Pint und einen kleinen Plausch.

🏠 3 Mutton Lane
☎ +353 21 427 3471

Corks 1690 benutzt worden war. Auf dem Dach befindet sich die vergoldete Statue eines Engels.

In der Nähe liegt das efeubewachsene Elizabeth Fort aus dem 16. Jahrhundert, das 1835 zum Gefängnis und später zur Polizeistation umfunktioniert wurde. Etwas östlich davon liegt Red Abbey. Die Ruine einer Augustinerabtei (13. Jh.) ist das älteste Bauwerk von Cork.

⑤

Kais

Obwohl der Fluss wirtschaftlich an Bedeutung verloren hat, spielt sich trotzdem ein großer Teil des Geschäftslebens noch um die alten Kais ab. Die über einem Arm des Lee verlaufende South Mall war bis Ende des 18. Jahrhunderts ein Wasserweg. Die Boote wurden an den Steintreppen festgemacht, die zu den Wohnhäusern der Kaufleute führten. Einige davon sind noch erhalten. Darunterliegende Gewölbe führen zu den Magazinen, in denen die Waren lagerten.

Nahe der South Mall liegt die Parliament Bridge, die 1806 zur Erinnerung an den Act of Union entstand. Die elegante einbogige Brücke errichtete William Hargrave aus Kalkstein. Sie wurde an der Stelle einer 1804 bei einer Überschwemmung zerstörten Brücke erbaut. Unweit davon, am Sullivan's Quay, trifft man sich im Quay Co-Op, einem vegetarischen Lokal. Vom Sullivan's Quay führt eine elegante, im Jahr 1985 erbaute Fußgängerbrücke über den Fluss zum Südende der Grand Parade.

⑥

Grand Parade und St Patrick's Street

Auf dem früheren Wasserweg Grand Parade erinnert das National Monument an die irischen Patrioten, die zwischen 1798 und 1867 für ihr Land starben. Im Bishop Lucey Park stehen Reste der Stadtmauer und ein Torweg vom alten Kornmarkt. Zwischen St Patrick's Street und Grand Parade liegt der Obst- und Gemüsemarkt English Market (1610). Die St Patrick's Street, Hauptschlagader der Stadt, war bis 1800 ein Wasserweg, an dessen Treppen, die zu Häusern wie Chateau Bar führten, die Boote anlegten. Am Ende der Straße erinnert die Father Mathew Statue an den Begründer der Abstinenzbewegung.

⑦

Paul Street

Die für ihre Restaurants, schicken Bars, Buchläden und Modeboutiquen bekannte Paul Street mit ihren Seitenstraßen Carey's Lane und French Church Street bildet das Zentrum des geschäftigsten Viertels von Cork. Anfang

des 18. Jahrhunderts etablierten sich hier Hugenotten als Butterexporteure, Bierbrauer und Großhändler. Dieses Viertel ist für Cork, was Temple Bar *(siehe S. 87)* für Dublin ist.

⑧

Shandon Quarter
🏠 Pope's Quay

Shandon war ursprünglich eine von 28 Ansiedlungen in und rund um das historische Cork. Geht man über die Christy Ring Bridge zum Pope's Quay, steht links die St Mary's Dominican Church mit einem Portikus aus ionischen Säulen, gekrönt von einem riesigen Giebelfeld. Die John Redmond Street führt in den nördlichen, vom Turm von St Anne's Shandon *(siehe S. 158)* dominierten Teil Corks. Das stolze Viertel Montenotte im Nordosten verkörperte einst viktorianischen Lebensstil.

←

In Blackrock Castle am Ufer des Lee ist heute ein Observatorium untergebracht

↑ *Corks historischer English Market bietet viel frisches Gemüse und Obst*

⑨

Cork City Gaol

⌂ Convent Avenue, Sunday's Well 🕐 Apr – Sep: tägl. 9:30 –17; Okt – März: tägl. 10 –16 🔒 22. – 27. Dez
W corkcitygaol.com

Ein Spaziergang westlich des Zentrums führt zum restaurierten Gefängnis, das 1923 nach dem Ende des Bürgerkriegs und der Freilassung republikanischer Führer geschlossen wurde. Heute können Besucher es mit einem Audioguide erkunden und die Zellen besichtigen, die das Leben der hier Eingesperrten dokumentieren – oft unter miserablen Bedingungen. Eine der Strafen bestand darin, dass die Gefangenen auf einer Tretmüh-

le laufen mussten, die normalerweise zum Mahlen von Getreide verwendet wurde.

Das Radio Museum ist ebenfalls in dem Bau untergebracht, da es einst der Sitz von Radio Éireann (heute RTÉ) war. Zu den Exponaten gehört Material über die Pioniere des modernen Radios sowie eine Nachbildung des alten Studios.

⑩

Blackrock Castle Observatory

⌂ Castle Road, Blackrock 🕐 Do – So 10 –17 🔒 1. Jan, 24. – 26. Dez W bco.ie

Am Ufer des Lee, 1,6 Kilometer flussabwärts vom Zentrum, steht Blackrock Castle. Die 1582 von Lord Mountjoy als Hafenbefestigung erbaute Burg wurde nach einem Brand 1829 wieder aufgebaut. Die restaurierte Burg birgt heute ein Observatorium mit zwei interaktiven Ausstellungen: »Cosmos at the Castle« und »Journeys of Exploration«. Auch bietet das Schloss das ganze Jahr ein hervorragendes Programm mit Gastausstellungen.

Schon gewusst?

Corks gälischer Name ist *Corcaigh*, Marsch, da die Stadt auf Marschland gegründet wurde.

Restaurants

Café Paradiso

Das Café Paradiso ist in Cork eine Institution und wohl Irlands bekanntestes vegetarisches Restaurant. Hier werden bereits seit 1993 originelle Gerichte serviert.

⌂ 16 Lancaster Quay
W paradiso.restaurant
€€€

The Farmgate Café

Das kleine Café, das auf einem Balkon über den geschäftigen Ständen des English Market thront, verwendet lokale, saisonale Produkte. Freuen Sie sich auf Gerichte wie Risotto mit Erbsen und Ziegenkäse sowie Pistazien-Meringues mit Erdbeeren und Schlagsahne.

⌂ The English Market, Princes St
W farmgatecork.ie
€€€

Greenes

Das charmante Restaurant liegt im atmosphärischen Victorian Quarter der Stadt. Alle Gerichte werden aus saisonalen Bioprodukten zubereitet. Viele Zutaten stammen aus der Gegend. Probieren Sie den gebratenen Seehecht mit Meeresgemüse oder das Waldpilzrisotto.

⌂ 48 MacCurtain Street
W greenes restaurant.com
€€€

Skellig Islands

A6 Co Kerry Mitte Apr – Anfang Okt: von Portmagee
skelligislands.com

Die unwirtlichen Inseln vor Irlands Südostküste sind sowohl wegen ihrer historischen Bedeutung als auch für ihre Naturschönheiten einmalig. Die größere – Skellig Michael – gehört zum UNESCO-Welterbe und ist bekannt für das herrliche frühchristliche Kloster, aber auch als Rückzugsort von Luke Skywalker in »Star Wars«.

Skellig Michael

Die Insel, auch als Great Skellig bekannt, ist einer der beeindruckendsten Plätze, die man in Irland besuchen kann. Mönche suchten hier im 6. Jahrhundert Einsamkeit. Sie bauten eine Gruppe bienenkorbartiger Stein- und zwei bootsförmige Gebetshäuser. Das Kloster thront 218 Meter hoch auf einem Felsgesims, zu dem eine über 1000 Jahre alte Treppe führt. Die Mönche lebten auf dieser Insel völlig autark. Mit vorbeifahrenden Schiffsleuten tauschten sie Eier, Federn und Robbenfleisch gegen Getreide, Werkzeuge und Häute. Aus

den Häuten fertigten sie Pergament für religiöse Schriften. Bis ins 12. Jahrhundert war das Kloster bewohnt, dann zogen die Mönche in die Augustinerpriorei von Ballinskelligs.

Little Skellig

Little Skellig liegt näher am Festland. Die Felswände des sieben Hektar großen Eilands ragen steil aus dem Meer. Neben vielen anderen Meeresvögeln findet man hier eine der weltgrößten Basstölpelkolonien – hier brüten ungefähr 22 000 Paare. Zudem kann man Riesenhaie, Delfine und Schildkröten beobachten.

> **Expertentipp**
> **Tickets**
> Absagen kommen häufiger vor, als man annehmen könnte. Wenn Sie Probleme haben, ein Ticket zu bekommen, rufen Sie doch am Abend davor oder am Morgen des Tages an, an dem Sie die Tour machen wollen.

Die bienenkorbartigen Steinhütten auf Skellig Michael mit Little Skellig im Hintergrund (auch rechts) ↑

Tiere der Skellig Islands

Heute bevölkern Skellig Michael Tausende von Seevögeln, die auf den Klippen nisten und brüten. Die Vogelkolonien sind durchs Meer und die felsige Küste vor Räubern sicher. Dazu zählen u. a. Basstölpel, Irlands größte Meeresvögel, Papageitaucher *(siehe links)*, Sturmschwalben und Eissturmvögel. In den Gewässern rund um die Skellig Islands leben Riesenhaie, Delfine, Robben und Schildkröten.

Besuch der Inseln

Will man sich die Skellig Islands von Nahem ansehen, hat man zwei Möglichkeiten: Auf Bootsfahrten (Mitte Apr – Anf. Okt) kann man die Inseln umrunden und die Tierwelt – darunter sich sonnende Robben – als auch einen fantastischen Blick genießen. Angelandet wird Skellig Michael nur zwischen Mitte Mai und September, dann kann man aber auch die Insel erkunden. Seit die Insel Kulisse der *Star Wars*-Filme war, sollte man Tickets unbedingt im Voraus buchen. Beide Touren finden natürlich nur statt, wenn es das Wetter erlaubt.

→ Gletscher schufen die wildroman-
tische Schlucht Gap of Dunloe.
Der Weg zum Pass mit herrlichen Ausblicken lockt Wanderer, Radfahrer und Reiter

③ Ⓜ Ⓨ Ⓓ Ⓐ

Lakes of Killarney

Ⓐ B5 🏠 Killarney, Co Kerry Ⓦ killarneynationalpark.ie
Ⓒ Muckross House: tägl. 9–18 (Juli, Aug: bis 19; Nov–
März: bis 17) Ⓦ muckross-house.ie

**Das wegen seiner herrlichen Landschaft berühmte
Gebiet ist eine der größten Attraktionen Irlands. Die
drei Seen im Nationalpark von Killarney – Upper,
Leane und Muckross – bedecken fast ein Viertel des
Parkgeländes.**

Obwohl die Gegend von alten Ruinen
nur so übersät ist, bilden die Seen die
Hauptanziehungspunkte: spiegelnde
Wasserflächen mit einem Wechsel-
spiel feiner Licht- und Farbschattie-
rungen. Die Landschaft bezauberte
viele Künstler, etwa William Make-
peace Thackeray, der »einen Abgrund,
bedeckt von tausend Bäumen …, und
Berge, so weit das Auge reicht«, beschrieb. Im Herbst leuchten die roten
Früchte des Erdbeerbaums.

←

*Vertäutes Boot am Upper Lake,
dem kleinsten See*

↑ *Muckross House, ein elegantes Herrenhaus aus dem
19. Jahrhundert, liegt wunderschön oberhalb der Seen
und beherbergt heute das Museum of Kerry Folklife*

*Blick vom bekannten
Aussichtspunkt
Ladies' View auf den
Killarney National Park* ↑

Killarney

Killarney wird zwar oft als zu touristisch abgetan, das hat der gemütlichen Atmosphäre jedoch keinen Abbruch getan. Im Sommer ist die Stadt überlaufen. Die Läden haben dann bis 22 Uhr geöffnet, und es gibt mehrere ausgezeichnete Restaurants und einige Hotels an den Seen. Killarney ist ein guter Ausgangspunkt für Ausflüge zu den Seen.

4

Bantry House

B6 Bantry, Co Cork +353 27 50047 Apr, Mai, Sep, Okt: Di–So 10–17; Juni–Aug: tägl. 10–17 tägl. von Cork nach Bantry
bantryhouse.com

Direkt am Wild Atlantic Way bietet dieses majestätische Herrenhaus, das seit 1946 Besuchern offensteht, spektakuläre Blicke auf die Bantry Bay.

Bantry House ist seit 1739 der Wohnsitz der Familie White, der früheren Earls of Bantry, die auch heute noch hier lebt und das Anwesen verwaltet. Das ursprüngliche Gebäude entstand um 1700, später wurde die der Bucht zugewandte Nordfassade angefügt. Die Innenräume sind mit erlesenen Kunstgegenständen und Möbeln ausgestattet, die der 2. Earl of Bantry auf Europareisen erwarb. Ein Highlight sind die Aubusson-Tapisserien für Marie-Antoinette anlässlich ihrer Hochzeit mit dem späteren Louis XVI. Bantry House bietet auch Bed and Breakfast an.

Die Außenanlagen sind ebenfalls großartig. Die Anlage des Italienischen Gartens Anfang der 1850er Jahre wurde von den Boboli-Gärten in Florenz inspiriert, die vom Haus entferntesten Stufen werden auch »Himmelstreppe« genannt.

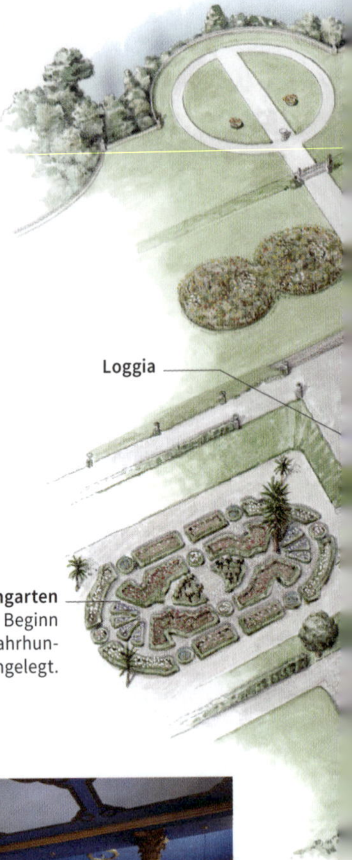

Loggia

Der **Rosengarten** wurde zu Beginn des 18. Jahrhunderts angelegt.

1 *Bantry House liegt oberhalb der Bantry Bay mit Blick auf Whiddy Island.*

2 *Die rosafarbenen Tapisserien des Salons wurden um 1770 für Marie-Antoinette gefertigt.*

3 *Das Blaue Speisezimmer dominieren Porträts von König George III und Königin Charlotte, die der Hofmaler Allan Ramsay schuf.*

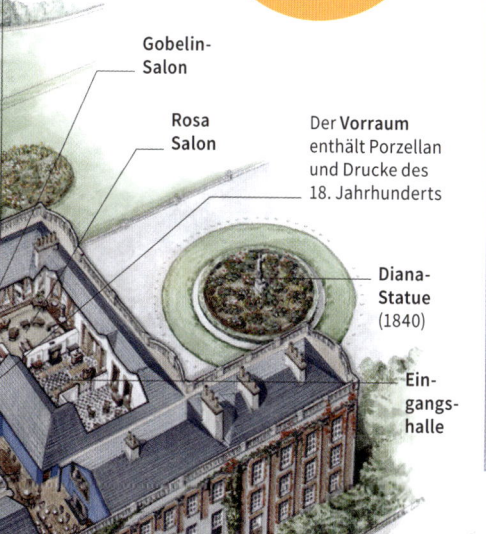

Schon gewusst?

Whiddy Island war während der letzten Monate des Zweiten Weltkriegs ein US-Marine-stützpunkt.

1. Earl of Bantry (1767 –1851)

Richard White, 1. Earl of Bantry, spielte eine führende Rolle bei der Verteidigung Irlands gegen die Invasion von Wolfe Tone und den United Irishmen. Tone setzte am 16. Dezember 1796 von Brest in der Bretagne mit 43 französischen Schiffen nach Irland über. Richard White bezog mit Freiwilligen an strategisch günstigen Punkten der Bantry Bay Position. Dies erwies sich zwar als überflüssig, da schlechtes Wetter die Flotte zur Umkehr zwang. George III verlieh White trotzdem für sein mutiges Verhalten die Peers-Würde. 1800 wurde er Viscount Bantry, 1816 Earl of Bantry.

Nordfassade

Gobelin-Salon

Rosa Salon

Der **Vorraum** enthält Porzellan und Drucke des 18. Jahrhunderts

Diana-Statue (1840)

Ein-gangs-halle

Italienischer Garten

Bibliothek

Blaues ezimmer

Das Haus wird von Gärten umgeben, die bis hinunter zur Bantry Bay reichen ↑

»Himmels-treppe«

⑤ Carrigafoyle Castle

🅰 B5 🏠 Co Kerry
🚌 nach Listowel
🕐 Mai – Sep: tägl. 10 –17

Oberhalb der Shannon-Mündung, drei Kilometer von Ballylongford entfernt, thront die Burg Carrigafoyle aus dem 15. Jahrhundert, Sitz des O'Connor-Clans, der einen Großteil des nördlichen Kerry beherrschte. Die Engländer belagerten oder plünderten sie wiederholt. Die Truppen Cromwells zerstörten sie im Jahr 1649 dann endgültig. Zu den Ruinen gehören ein Burghof und ein Turm.

⑥  Ardfert Cathedral

🅰 A5 🏠 Co Kerry
🕐 Apr – Sep: tägl. 10 –18
🌐 heritageireland.ie

Der Kirchenkomplex ist dem hl. Brendan, dem Seefahrer (siehe S. 221), geweiht, der 484 in der Nähe zur Welt kam und im 6. Jahrhundert hier ein Kloster gründete. Die zerfallene Kathedrale ist aus dem 12. Jahrhundert. Ein romanisches Portal und die Blendarkaden sind erhalten.

Im 15. Jahrhundert wurden die Zinnen hinzugefügt. Das südliche Querschiff zeigt eine Ausstellung über die Geschichte der Kathedrale. Auf dem Friedhof stehen Überreste der romanischen Kirche Teampall na Hoe und die gotische Kapelle Teampall na Griffin.

In der Nähe finden sich auch die Ruinen eines 1253 von Thomas Fitzmaurice gegründeten Franziskanerklosters. Der Kreuzgang und die südliche Kapelle stammen aus dem 15. Jahrhundert.

Umgebung: Nordwestlich liegt Banna Strand, wo der Patriot Roger Casement 1916 mit einem deutschen U-Boot Waffen für den Osteraufstand anlandete. An seine Festnahme erinnert ein Denkmal.

⑦ Tralee

🅰 B5 🏠 Co Kerry 🏙 21 000
🚌 🚉 ℹ Ashe Memorial Hall, Denny St; +353 66 712 1288 🔒 Fr 🌐 tralee.ie

Die Heimat des renommierten Rose of Tralee International Festival im August wendet große Mühe auf, ihr Kultur- und Freizeitangebot zu vermarkten. Hauptattraktion ist das **Kerry County Museum**, das einen guten Einblick in die reiche Geschichte der Region von prähistorischen Zeiten bis zum 20. Jahrhundert bietet. Zu den Höhepunkten gehören archäologische Funde und die Nachbildung einer mittelalterlichen Straße – mit authentischen Gerüchen.

Siamsa Tíre ist das National Folk Theatre of Ireland und leistet viel für die Erhaltung der irischen Kultur. Im Sommer finden hier traditionelle Gesangs- und Tanzdarbietungen statt.

Außerhalb Tralees liegt die **Blennerville Windmill** (1800), Irlands größte noch betriebene Windmühle, de-

Hotel

Ballyseede Castle
Das Hotel, das altertümliche Eleganz mit modernem Komfort verbindet, liegt in einer Burg aus dem 16. Jahrhundert und ist ein idealer Startpunkt zur Erkundung des Ring of Kerry.

🅰 B5 🏠 Ballyseede, Tralee
🌐 ballyseedecastle.com

Ruinen des Kirchenkomplexes Ardfert Cathedral ↑

←
*Fischerboote am Kai
von Dingle*

ren Spitze man besteigen
kann. Zu den Sehenswürdigkeiten gehören das Modell
der alten Schmalspurbahn,
die zwischen Tralee und
Dingle verkehrte, eine Ausstellung über die Emigration
sowie altes Handwerkszeug.

Kerry County Museum
⊛ 🅰 Ashe Memorial
Hall, Denny St 🕐 Di – Sa
9:30 –17 🗓 Weihnachten
🆆 kerrymuseum.ie

Siamsa Tíre
⊛ 🅰 Town Park, Denny St
🕐 Vorführungen Mai – Sep
🆆 siamsatire.com

Blennerville Windmill
⊛ 🅰 Windmill Lane
🕐 Apr, Mai, Sep, Okt: tägl.
9:30 –17:30; Juni – Aug: tägl.
9 –18 🆆 blennerville
windmill.ie

⑧
Dingle
🅰 A5 🅰 Co Kerry 🅰 2000
🚌 Apr – Okt 🅹 Strand St;
+353 66 915 1188 🅰 Fr
🆆 dingle-peninsula.ie

Die einst abgelegene gälischsprachige Stadt, die als ein
Handelsposten gegründet
wurde, ist heute ein blühender Fischerhafen und ein beliebtes Ferienzentrum – mit
Handwerksläden und Cafés,
oft mit leichtem Hippie-
Touch. Dingle Bay ist ein
hübscher Ort mit einem etwas heruntergekommenen
Hafen voller Fischkutter. Die
quirligen Bars am Kai bieten
Musik und frisches Seafood.
    Dingle ist Ausgangspunkt
für Hafenrundfahrten, bei
denen man die Meeresfauna
und -flora und die Schönheit
der Küste der Halbinsel bewundern kann *(siehe S. 180f)*.
Andere Meeresbewohner

kann man in der Ocean
World mit Unterwasser-
tunneln bestaunen.

⑨ Ⓜ 🖥 🏠
Gallarus Oratory
🅰 A5 🅰 Co Kerry 🚌 nach
Dingle 🅲 +353 66 915 5333
🕐 tägl.; Besucherzentrum:
Apr – Okt 🆆 gallarus
oratory.ie

Die Kirche am Hafen von
Smerwick wurde zwischen
dem 6. und 9. Jahrhundert
erbaut und ist das besterhaltene frühchristliche Gotteshaus Irlands und ein wah-
res Glanzstück der erstmals
von den jungsteinzeitlichen
Grabbauern angewandten
Kragsteintechnik: Die Steine
wurden schräg gesetzt, damit der Regen besser ab-
fließen konnte.

> **Dingle ist Ausgangs-
> punkt für Hafen-
> rundfahrten, bei
> denen man die Mee-
> resfauna und -flora
> und die Schönheit
> der Küste der Halbin-
> sel bewundern kann.**

Die wunderschöne Landschaft von Valentia Island ist ideal für Küstenwanderungen ↑

Restaurant

The Chart House
Das Restaurant nutzt lokale Zutaten für erfindungsreiche Gerichte und gehört zu den besten in Dingle.

🅰 A5 🏠 The Mall, Dingle 🆆 thechart housedingle.com

€€€

❿
Valentia Island

🅰 A5 🏠 Co Kerry 🚍 nach Caherciveen ℹ Watch House Cottage, Knightstown 🆆 valentiaisland.ie

Auf Valentia fühlt man sich wie auf dem Festland, und doch ist es eine Insel, die mit Portmagee durch eine Brücke verbunden ist. Sie bietet gute Wassersportmöglichkeiten, romantische Küsten und archäologische Stätten und ist auch wegen der Nähe zu den Skellig Islands beliebt.

Nahe der Brücke informiert das **Skellig Experience Centre** über die Geschichte des Klosters auf Skellig Michael *(siehe S. 162)* sowie über die Seevögel und Meerestiere der größten der Skellig Islands. Die Klippen von Skellig reichen 50 Meter tief. Das Zentrum organisiert auch Schiffsfahrten rund um die Inseln.

Das Dorf Knightstown bietet Unterkünfte und Pubs. Den besten Blick hat man von den **Geokaun Mountain and Fogher Cliffs**, dem mit Auto oder zu Fuß erreichbaren höchsten Punkt der Insel.

Skellig Experience Centre
🅿🍴🎫🛈♿ 🏠 Valentia Island 🕐 März–Nov: tägl. (Zeiten siehe Website) 🆆 skelligexperience.com

Geokaun Mountain and Fogher Cliffs
🅿♿ 🏠 Valentia Island 🆆 geokaun.com

⓫
Kenmare

🅰 B5 🏠 Co Kerry 🚠 1700 🚍 ℹ The Square; Apr–Okt 🕐 Mi 🆆 kenmare.ie

Cromwells Generalinspektor Sir William Petty gründete diesen Ort 1670 an der Mündung des Sheen. Sein Nachfahre, der Marquess of Lansdowne, baute Kenmare 1775 in ein Modellstädtchen für Grundbesitzer um, geprägt durch Steinfassaden mit schönen Stuckarbeiten.

Kenmare ist heute für seine Spitze bekannt. Während der Hungersnot führten Nonnen hier das Spitzenklöppeln ein, um für Mädchen und Frauen einen Broterwerb zu schaffen. Der Ort ist ideal als Ausgangspunkt für Fahrten über die Beara Peninsula und den Ring of Kerry.

Die Market Street führt zum Fluss und dem Druid's Circle, einem prähistorischen Ring aus 15 Steinen.

⓬
Beara Peninsula

🅰 A6 🏠 Co Cork & Co Kerry 🚍 nach Glengarriff (tägl.) und Castletownbere (Mo, Mi, Fr, So) ℹ Kenmare 🆆 destinationbeara.ie

Moorland mit verstreut liegenden Fischerdörfern ist typisch für die Halbinsel. Früher war sie Anlaufstelle von Schmugglern. Die Iren machten beim Tausch von Sardinen gegen Cognac damals wohl das bessere Geschäft.

Die schöne Landschaft lädt zu Wanderungen ein. Der nicht ganz leichte Weg über den Healy Pass durch die Caha Mountains bietet herrliche Blicke auf die Bantry Bay und die raue Landschaft von West Cork. Westlich ragt der Hungry Hill empor, der bei Bergsteigern beliebte höchste Berg der Caha Mountains.

Zwischen Caha und den Slieve Miskish Mountains liegt Castletownbere, der Hauptort der Halbinsel. Früher nutzten Schmuggler den Naturhafen. Heute drängen sich hier Trawler. In McCarthy's Bar am Town Square steht noch der Tisch, an dem früher Familien Heiratsverträge aushandelten.

Westlich von Castletownbere liegt die Ruine von Puxley Mansion, dem Stammhaus der Puxleys, denen die Bergwerke in Allihies gehörten. Allihies, bis in die 1930er Jahre ein Zentrum des Kupferbergbaus, ist ein interessanter Ort mit ockerfarbenen Abraumhalden und dem

→

Der Italienische Garten mit Seerosenteich und Pavillon auf Garnish Island

Allihies Copper Mine Museum, das die Geschichte dieser lokalen Industrie beleuchtet.

Eine Seilbahn fährt von der Spitze der Halbinsel nach Dursey Island mit Schlossruine und Seevögelkolonien. Von der für je sechs Fahrgäste oder ein großes Tier zugelassenen Kabine blickt man auf die Inseln Bull, Cow und Calf.

Auf der R757 kommt man nach Kenmare zurück. Zwei Dörfer lohnen einen Halt: Eyeries wegen seiner Handwerksarbeiten und bunten Hausfassaden und Ardgroom als Ausgangspunkt für Wanderungen durchs eiszeitliche Tal um den Glenbeg Lough.

Allihies Copper Mine Museum
✆✉⊕☕ 🏠 Allihies ☎ +353 27 73218 🕐 Ostern – Okt: tägl. 10:30 – 17 🌐 acmm.ie

13 ⊕ 🖥

Garnish Island
🅰 B6 🏠 Co Cork ⛴ von Glengarriff; +353 27 63116 🕐 Apr – Okt: tägl. 🌐 garnishisland.com

Harold Peto gestaltete die kleine, auch Ilnacullin genannte Insel 1910 für den Belfaster Geschäftsmann Annan Bryce in einen exotischen Garten um. Der Park, der auf die Bantry Bay blickt, hat neoklassizistische Zierbauten und ist dank des Mikroklimas und des Moorbodens von üppiger subtropischer Flora bedeckt.

Besonders prächtig ist das exotische Strauchwerk im Sommer. Im Mai und Juni blühen Kamelien, Azaleen und Rhododendren. Es gibt eine Pflanzung mit neuseeländischen Farnen, einen japanischen Steingarten und eine schöne Sammlung von Bonsaibäumen. Es wird angenommen, dass der die Insel krönende Martello-Turm der erste ist, der jemals gebaut wurde. Das britische Empire baute diese Türme während der Napoleonischen Kriege.

Herzstück des Parks ist ein mit Säulen ausgestatteter Garten im italienischen Stil mit neoklassizistischer Statue und Zierbecken. Seinen Reiz verdankt er dem Kontrast zwischen der gepflegtüppigen Vegetation und dem Blick auf das Meer und die Gebirgslandschaft. Wer Glück hat, kann auf der Überfahrt zu diesem Golfstrom-Paradies in der Bantry Bay sogar Seehunde sehen.

↑ *Pastellfarbene Laden-fronten am Hafen von Bantry Bay*

⑭
Bantry Bay
Ⓐ B6 🏠 Co Cork 🚌 nach Bantry und Glengarriff ℹ The Square, Bantry (Apr – Okt) 🌐 visitbantry.ie

Die interessantesten Orte der Bantry Bay sind Bantry und Glengarriff, Ausgangspunkte für Ausflüge nach Mizen Head und auf die Beara Peninsula. Bantry liegt an den Hügeln, die sich zur Bucht erstrecken. Das vorgelagerte Whiddy Island war Sitz der Familie White, die im 18. Jahrhundert ins Bantry House *(siehe S. 166f)* zog. Bere Island im Westen war bis zum Zweiten Weltkrieg britischer Stützpunkt.

Glengarriff verströmt viktorianisches Flair. Im Eccles Hotel an der Küste stieg Königin Victoria gern ab. George Bernard Shaw schrieb hier wohl *Die heilige Johanna*. Im exotischen **Bamboo Park** wachsen rund 30 Bambusarten, Palmen und andere Tropenpflanzen.

Bamboo Park
♿📷📶 🏠 Glengarriff 🕐 tägl. 9 –19 🌐 bamboo-park.com

⑮
Dromberg Stone Circle
Ⓐ B6 🏠 Co Cork 🚌 nach Skibbereen oder Clonakilty

Der Steinkreis an der Straße nach Glandore (R597) ist der schönste des County Cork. Er wird auf etwa 150 v. Chr. datiert. Die 17 Monolithen bilden einen Kreis von 9,50 Meter Durchmesser. Zur Wintersonnenwende fallen die Strahlen der Sonne auf den Altarstein gegenüber dem durch zwei aufrechte Steine markierten Eingang. In der Nähe gibt es eine steinzeitli-che Kochmulde *(fulacht fiadh)*. Das Wasser wurde mit im Feuer erhitzten Steinen zum Sieden gebracht, in der Mulde garte man so Fleisch.

⑯
Mizen Head
Ⓐ A6 🏠 Co Cork 🚌 nach Goleen ℹ Town Hall, North St, Skibbereen; +353 28 21489

Mizen Head, die raue Südwestspitze Irlands, besticht durch ihre sturmgepeitsch-

→ *Von den Klippen am Mizen Head führt eine Brücke (Detail) zum Leuchtturm*

Restaurant

Rolf's
Das Restaurant mit Blick auf die Roaringwater Bay serviert frische lokale Produkte sowie hausgemachte Brote, Desserts und Gebäck.

🅐 B6 🏠 The Hill, Baltimore 🅦 rolfs countryhouse.com

€€€

---

ten Klippen. Eine Hängebrücke führt zum Leuchtturm und zum **Mizen Head Visitor Centre**. Der Weg lohnt sich schon wegen des Blicks. Unweit davon zieht der Strand von Barley Cove Badegäste und Spaziergänger an. Etwas weiter östlich lockt Crookhaven, ein von bunten Häusern gesäumter Jachthafen.

Nach Mizen Head gelangt man von Bantry über Durrus oder von Skibbereen über Ballydehob (R592) und das Dorf Schull, im Sommer Ausgangspunkt für Schiffsausflüge nach Cape Clear Island.

Mizen Head Visitor Centre
⊗⊜⊕♿ 🏠 Mizen Head 🕒 Mitte März – Okt: tägl.; Nov – Mitte März: Sa, So 🅦 mizenhead.ie

---

17
Baltimore
🅐 B6 🏠 Co Cork 🗺 300 🚌 🚢 nach Sherkin Island (+353 87 911 7377); nach Cape Clear Island (+353 28 39159) 🅦 baltimore.ie

Baltimores eigenartigster Auftritt in der Geschichte geht auf das Jahr 1631 zurück, als algerische Piraten das Dorf überfielen und über 100 Einwohner in die Sklaverei verschleppten. Heute zieht das Fischerdorf Segler und »Island Hoppers« an.

Oberhalb des Hafens erhebt sich die Ruine eines Schlosses (15. Jh.), die einstige Bastion des O'Driscoll-Clans. Lohnend sind die Fischlokale und die stimmungsvolle Bushe's Bar. Hinter dem Dorf führen Klippenwege zum Leuchtturm von Baltimore mit Blick auf Carbery's Hundred Isles – nur ein kleiner Fleck in der Roaringwater Bay.

Mit der Fähre erreicht man Sherkin Island mit Sandstränden, den Ruinen einer Abtei (15. Jh.), einer Meeresstation und Pubs. Die Überfahrt nach Cape Clear Island, einer abgelegenen, irisch-

---

sprachigen Insel, ist aufregender, da sie durch Felsen führt. Die Insel ist durch die Vogelwarte im North Harbour bekannt.

18
Clonakilty
🅐 B6 🏠 Co Cork 🗺 4000 🚌 ℹ 25 Ashe Street; +353 23 883 3226 🅦 clonakilty.ie

Der sehenswerte Ort wurde 1588 gegründet. Das **West Cork Regional Museum** informiert über die Geschichte der lokalen Industrie. Einige restaurierte Gebäude am Kai zeugen von der industriellen Vergangenheit des Orts. Sehenswert ist der georgianische Emmet Square.

Bis ins 19. Jahrhundert war Clonakilty für Leinen bekannt. Heute verdankt es seinen Ruf dem Black Pudding (Blutwurst), handgemalten Ladenschildern und Musik-Pubs. Nahe dem Zentrum zeigt eine Ausstellung das Clonakilty der 1940er Jahre.

West Cork Regional Museum
⊗ 🏠 Western Rd 📞 +353 23 883 3115 🕒 Mai – Okt; Zeiten tel. erfragen

Pub

De Barra's Folk Club
Das Pub ist eines der bekanntesten in West Cork mit Instrumenten an den Wänden und einem traditionellen Folk-Club. Obwohl hier auch prominente Bands auftreten, bleibt das De Barra's doch seinen Wurzeln treu.

B6 55 Pearse St, Clonakilty
debarra.ie

19 Timoleague Abbey
B6 Co Cork nach Clonakilty oder Courtmacsherry tägl.
timoleague.ie

Franziskaner gründeten die Abtei an der Mündung des Argideen in die Courtmacsherry Bay Ende des 13. Jahrhunderts. Die heutige Ruine wurde mehrmals vergrößert. Der älteste Teil ist der Chor der gotischen Kirche. Der Bischof von Ross fügte die jüngste Erweiterung, den Turm, im 16. Jahrhundert hinzu. Obwohl Engländer 1642 die Abtei plünderten, sind Teile erhalten: Kirche, Krankenhaus, Spitzbogenfenster, das Refektorium und ein ummauerter Hof. Ebenso Teile von Säulengängen und Weinkeller.

Dem Stil der Franziskaner entsprechend, ist die Anlage schmucklos – man darf sich aber nicht täuschen lassen. Die Mönche waren irdischen Genüssen keineswegs abgeneigt. Das Kloster verdiente am Handel mit geschmuggelten spanischen Weinen, die man aufgrund seiner

Lage am damals noch schiffbaren Wasserlauf leicht an Land schaffen konnte.

20 River Lee
B6 Co Cork nach Cork Cork; +353 21 425 5100

Der Lee beginnt seinen Weg durch Wälder und Ackerland nach Cork *(siehe S. 158–161)* im See des Gougane Barra Park. Ein Damm führt vom Seeufer zu Holy Island, wo der hl. Finbarr, Corks Schutzpatron, ein Kloster gründete. Höhepunkt der Festlichkeiten zu Ehren des hl. Finbarr am 25. September ist die am folgenden Sonntag stattfindende Wallfahrt auf die Insel.

Der Lee fließt durch mehrere irischsprachige Marktorte und Dörfer. Einige davon, etwa Ballingeary, bieten schöne Ausblicke auf den See und gute Angelmöglichkeiten. Der Ort ist wegen der irischen Sprachschule bekannt. Weiter im Osten, nahe Inchigeelagh, stehen die Ruinen von Carrignacurra Castle. Flussabwärts liegt Gearagh, ein unter Naturschutz stehendes, mit Auwäldern bewachsenes Sumpfgebiet.

Der Fluss durchquert danach das Sullane-Tal mit dem lebendigen Marktort Macroom. Hier steht am Hauptplatz die Ruine einer mittelalterlichen Burg, deren Portal restauriert wurde. 1654 überließ Oliver Cromwell die Burg Sir William Penn. Auch dessen Sohn, der später die englische Kolonie Pennsylvania gründen sollte, lebte zeitweise auf der Burg.

Zwischen Macroom und Cork wird der Lee für Wasserkraftwerke genutzt, die von Stauseen, Auen und Uferwäldern umgeben sind.

Kurz vor Cork, am Südufer des Flusses, liegt das charmante Städtchen Ballincollig, in dem man sich in einem Park die früheren Royal Gunpowder Mills (Schießpulvermühlen) ansehen kann.

Schon gewusst?
Der in die Ostmauer der Burg gebaute Blarney Stone liegt 26 Meter über dem Grund.

Bergfried und Turmruinen von Blarney Castle

㉑ 🚏 🖥 🏧 ♿

Blarney Castle

🅐 B5 🏠 Blarney, Co Cork
📞 +353 21 438 5252 🚌 nach
Cork 🕐 siehe Website
🚫 24., 25. Dez
🌐 blarneycastle.ie

Besucher aus der ganzen
Welt strömen zu dieser Burgruine und zum legendären
Blarney Stone. Ihn zu küs-
sen, soll Eloquenz verleihen.
Er ist unterhalb der Zinnen
eingemauert, und man er-
reicht ihn über eine steile
Wendeltreppe. Der Aufstieg
lohnt sich wegen des herrlichen Ausblicks.

Von der Burg ist nur der
1446 von Dermot McCarthy
errichtete Bergfried erhalten,
ein für diese Zeit typisches
Turmhaus. Das erste Stockwerk mit Gewölben war der
Große Saal. Um die Zinnen
zu erreichen, muss man den
Bergfried mit über 127 Stufen erklimmen.

Der wunderschöne
Schlosspark mit Farngarten
und Arboretum, Grotten aus
dem 18. Jahrhundert, ste-
henden Steinen, einem
Hain aus uralten Eiben,
Kalksteinfelsen in
Rock Close
und

einem See lädt zu herrlichen
Spaziergängen ein.

Blarney House, ein Her-
renhaus schottischer Barone
neben dem Schloss, bewoh-
nen seit dem 18. Jahrhundert
die Colthursts. Es ist nur von
Juni bis August zugänglich.

Blarney liegt nur einen
Spaziergang von der Burg
entfernt und hat einen hübschen Dorfanger mit Pubs
und Kunsthandwerksläden.
Bei Blarney Woollen Mills –
der zweitgrößten Attrak-
tion – kann man hoch-
wertige Stoffe und
Souvenirs
kaufen.

↑ *Kupferkessel vor der
Jameson Distillery
Midleton*

㉒ 🚏 🎫 🍴 🏧 ♿

Jameson Distillery Midleton

🅐 C5 🏠 Distillery Walk,
Midleton, Co Cork 🚌 nach
Midleton 🕐 nur Führungen:
tägl. 10 –18 (letzte: 16:15)
🚫 Karfreitag, 24. – 26. Dez
🌐 jamesonwhiskey.com

Die restaurierte Whiskey-
Brennerei (18. Jh.) gehört zu
den Irish Distillers in Midleton. Bushmills *(siehe S. 285)*
ist zwar die älteste irische
Whiskey-Brennerei, Midleton
jedoch die größte. Sie umfasst mehrere Brennereien,
die alle eigene Whiskey-Sor-
ten herstellen, u. a. Jameson.

Audiovisuelle Vorführun-
gen, Modelle und authentische Geräte vermitteln die
Geschichte des irischen
Whiskeys. Der Rundgang
führt durch Mälzereien, Darren, Destillieranlagen, Korn-
speicher und Lagerhäuser.
Man kann bei Kostproben
versuchen, zwischen irischen
Marken und schottischem
Whisky zu unterscheiden. Sehenswert sind die weltweit
größte Brennblase mit mehr
als 1362 Hektoliter Fassungs-
vermögen und das funktio-
nierende Wasserrad.

Irische Emigration

Zwischen 1848 und 1950 emigrierten aus Irland mehr als sechs Millionen Menschen – zweieinhalb Millionen davon über Cobh. Die Hungerjahre von 1845 bis 1848 *(siehe S. 222)* veranlassten Massen, den Weg über den Atlantik anzutreten, zusammengepfercht und unter untragbaren hygienischen Bedingungen. Die meisten wollten in die USA und nach Kanada, einige wenige wagten auch die Reise nach Australien. Bis Anfang des 20. Jahrhunderts waren auf Einschiffung wartende Auswanderer in Cobh ein gewohnter Anblick. In den 1930er Jahren ließen jedoch die weltweite Rezession und Einwanderungsbeschränkungen die Zahl der irischen Auswanderer zurückgehen.

Nach dem Besuch Königin Victorias 1849 wurde Cobh in Queenstown umbenannt, nahm aber 1922 wieder seinen alten Namen an.

㉓ River Blackwater

🅐 B5 🏠 Co Cork 🚌 nach Mallow 🚌 nach Fermoy, Mallow oder Kanturk

Der Blackwater, nach dem Shannon *(siehe S. 196f)* Irlands zweitlängster Fluss, entspringt im Hochland von Kerry. Er fließt ostwärts durch das County Cork nach Cappoquin im County Waterford, dann nach Süden und durch Sandsteinschluchten bei Youghal ins Meer. Große Teile des Tals sind bewaldet.

Der Fluss fließt an herrlichen Landhäusern vorbei. Berühmt ist die Gegend wegen ihrer Angelmöglichkeiten – die Nebenflüsse des Blackwater sind voller Lachsforellen. Der Blackwater Valley Drive von Youghal nach Mallow bietet die besten Ausblicke ins Tal. An der Strecke liegt die Stadt Fermoy, die der schottische Kaufmann John Anderson 1789 gründete, ein Anglerparadies mit Rotaugen, Flussbarschen und Hechten. Mallow, westlich davon, ist ebenfalls für Angelgründe,

aber auch für seine Golfplätze und Pferderennen bekannt. Die Stadt ist ein guter Ausgangspunkt für Ausflüge. Einen Abstecher lohnt Kanturk, eine nette Marktstadt.

㉔ Cobh

🅐 C6 🏠 Co Cork 🚶 13 000 🚇 🛈 Market House, Casement Sq 🌐 visitcobh.com

Cobh (gesprochen »Couv«) liegt auf Great Island, einer der drei Inseln im Cork Harbour, die durch einen Damm miteinander verbunden sind. Die imposante neogotische St Colman's Cathedral überragt die terrassenförmig angeordneten viktorianischen Häuserreihen am Hafen.

Cobh liegt an einem der größten Naturhäfen der Welt und war im 18. Jahrhundert ein wichtiger Marinestützpunkt. Hier schifften sich viele Auswanderer nach Amerika ein.

Cobh war auch Anlaufstelle für Luxusdampfer. 1838 startete die *Sirius* von hier aus als erstes Dampfschiff über den Atlantik. 1912 war Cobh die letzte Station der *Titanic* auf ihrer Unglücksreise. Drei Jahre später versenkte ein deutsches U-Boot vor Kinsale die *Lusitania*. Das Mahnmal auf der Promenade gedenkt der Opfer.

Umgebung: Nördlich liegt Fota Island mit einem schönen Regency-Herrenhaus und einem Wildpark.

㉕
Youghal
C5 Co Cork 7500 Market Sq; +353 2492 44 / youghal.ie

Das von Mauern umgebene Youghal (gesprochen »Yohl«) mit seinem pittoresken Fi-

→

Das Red House ist charakteristisch für Youghals North Main Street

schereihafen erhielt Sir Walter Raleigh von Elizabeth I. Später wurde die Stadt an den Earl of Cork verkauft.

Der malerische, vierstöckige Uhrturm war einst Stadttor, später Gefängnis. Neben dem Turm führt eine steile Treppe auf einen gut erhaltenen Teil der mittelalterlichen Stadtmauer mit schönem Blick auf die Mündung des Blackwater. Das Tor leitet zum Red House (1710) in der dunklen North Main Street. Gleich nebenan findet man elisabethanische Armenhäuser und gegenüber den Turm Tynte's Castle aus dem 15. Jahrhundert.

Bergan geht es zur gotischen Church of St Mary mit Grabskulpturen.

㉖
Kinsale
B6 Co Cork 4000 von Cork City Pier Rd; +353 21 477 2234 kinsale.ie

Kinsale ist mit Jachthafen und engen, mittelalterlichen Straßen eine der schönsten Städte an der Südwestküste. Eine der besten Sehenswürdigkeiten ist **Desmond Castle**, das von Maurice Bacach Fitzgerald, dem 9. Earl of Desmond, um 1500 errichtet wurde und als perfektes Beispiel für eine städtische Turmanlage gilt. Die Burg diente schon als Munitionsdepot, Zollhaus, Fabrik und Gefängnis.

Das International Museum of Wine in der Burg dokumentiert die Verbindung von Kinsale zum irischen Wein-

←

Cobh Harbour mit der Kathedrale, die sich über der Stadt erhebt

handel und zeichnet auch die Reisen von Iren nach, die nach Frankreich, Spanien und Kalifornien auswanderten, um Winzer zu werden.

Östlich der Stadt liegt das sternförmige, eindrucksvolle Charles Fort aus dem Jahr 1677, eines der besten Beispiele solcher Festungen in Europa.

Desmond Castle
Cork Street, Kinsale wegen Renovierung heritageireland.ie

Hotel

Fota Island Resort
Das Resorthotel ist die beste Ausgangsbasis für eine genauere Erkundung von Fota Island. Zur Entspannung gibt es Naturwanderwege, Tennisplätze und einen Golfplatz mit 27 Löchern.

C6 Fota Island fotaisland.ie
€€€

Spaziergang in Kinsale

Länge 1 km **Dauer** 15 Minuten
Station Kinsale Bus und Coach Station

Für viele Irland-Besucher steht Kinsale *(siehe S. 177)* auf der Liste der Sehenswürdigkeiten ganz oben – schließlich ist es eine der schönsten Kleinstädte Irlands mit Spuren einer wechselvollen Geschichte. Die Niederlage der irischen Truppen und ihrer spanischen Verbündeten in der Schlacht von Kinsale 1601 beendete die alte gälische Ordnung. Im 17. und 18. Jahrhundert war Kinsale wichtiger Flottenstützpunkt, heute ist es beliebter Jachthafen. Auch für seine Küche ist es bekannt: Das alljährliche Gourmet Festival im Oktober lockt Feinschmecker von nah und fern an. Neben vorzüglichen Restaurants bietet die Stadt Pubs und Bars für jeden Geschmack.

Desmond Castle
entstand um 1500 und wird allgemein »French Prison« genannt.

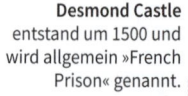

Das Museum in dem alten Gerichtsgebäude **Old Market House** zeigt auch eine Liste der Kommunalsteuern von 1788.

St Multose Church, eine stark umgebaute, nach einem Heiligen aus dem 6. Jahrhundert benannte normannische Kirche, markiert das Zentrum der mittelalterlichen Stadt.

Markt-platz

0 Meter 50 N↑

← *Alte Grabsteine auf dem Friedhof der St Multose Church*

↑ Das einladende Café Mother Hubbards

↑ Cottages an der Einfahrt von Kinsale Harbour

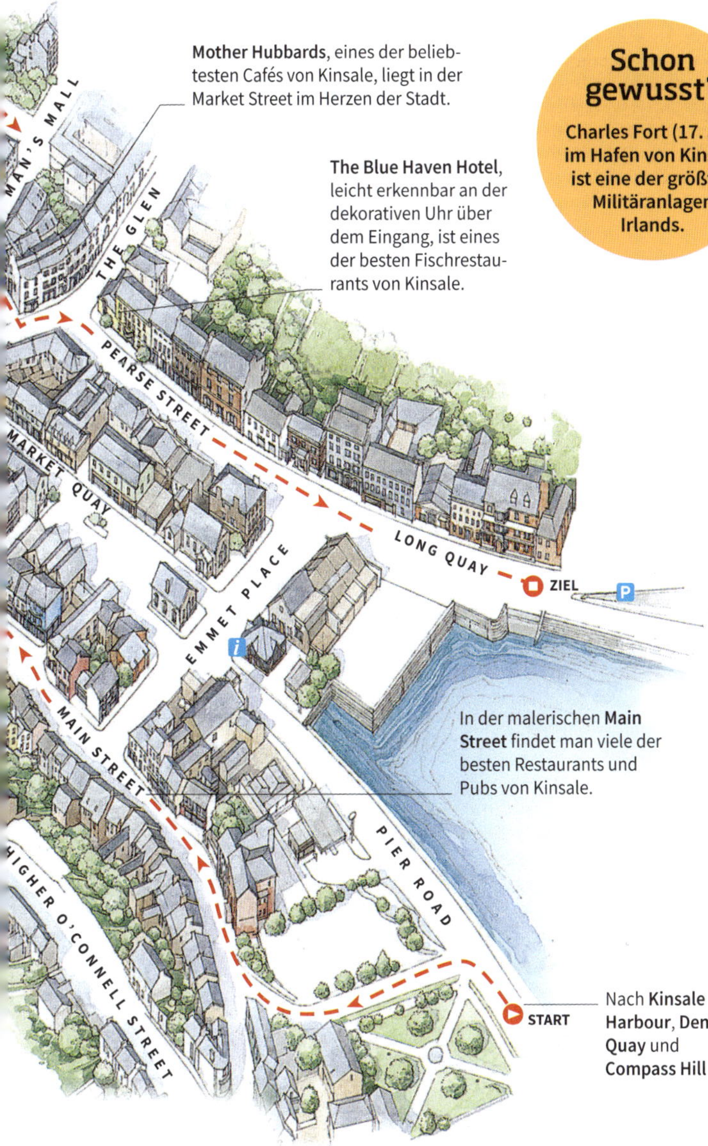

Mother Hubbards, eines der beliebtesten Cafés von Kinsale, liegt in der Market Street im Herzen der Stadt.

The Blue Haven Hotel, leicht erkennbar an der dekorativen Uhr über dem Eingang, ist eines der besten Fischrestaurants von Kinsale.

Schon gewusst?

Charles Fort (17. Jh.) im Hafen von Kinsale ist eine der größten Militäranlagen Irlands.

ZIEL

In der malerischen **Main Street** findet man viele der besten Restaurants und Pubs von Kinsale.

START — Nach **Kinsale Harbour, Denis Quay** und **Compass Hill**

MAN'S MALL

THE GLEN

PEARSE STREET

MARKET QUAY

EMMET PLACE

LONG QUAY

MAIN STREET

HIGHER O'CONNELL STREET

PIER ROAD

Fahrt über die Halbinsel Dingle

Länge 40 km **Rasten** Slea Head, Dunquin, Ballyferriter
Terrain Einige windige Küstenstraßen

Die Halbinsel Dingle bietet einige der schönsten Landschaften Irlands. Im Norden erhebt sich der hoch aufragende Brandon Mountain, während die Westküste spektakuläre Meereslandschaften zu bieten hat. Bei einer Fahrt durch das Gebiet, für die man mindestens einen halben Tag braucht, kann man faszinierende Altertümer entdecken, von Steinfestungen aus der Eisenzeit bis hin zu beschrifteten Steinen, frühchristlichen Oratorien und Bienenkorbhütten. Diese befinden sich manchmal auf privatem Grund und Boden, sodass der jeweilige Besitzer möglicherweise eine kleine Gebühr für die Besichtigung verlangt. In einigen Teilen der Halbinsel – vor allem in den entlegeneren Gebieten – wird immer noch Gälisch gesprochen, auch viele Straßenschilder sind nur gälisch beschriftet.

Das kleine Dorf **Ballyferriter (Baile an Fheirtéaraigh)** ist bekannt für seine pastellfarbenen Häuser, die Töpferei von Louis Mulcahy und das Museum für lokales Kulturerbe.

Das **Blasket Centre (Ionad an Bhlascaoid)** erklärt Literatur, Sprache und Lebensweise der Bewohner der Blasket-Inseln. Die Bewohner zogen 1953 aufs Festland.

Dunmore Head (Ceann an Dúin Mhóir), der westlichste Punkt des irischen Festlands, bietet einen dramatischen Blick auf die Blasket Islands.

Bei der Umrundung von **Slea Head (Ceann Sléibe)** kommen die Blasket Islands in Sicht.

Smerwick

Sybil Head

Ballyoughteragh

Sybil Point

Ballyferriter

Clogher Head

Teeravane

Croaghmarhin 457 m

R559

Inishooskert

Blasket Island Centre

Dunquin

Mount Eagle 516 m

Coumeenoole

Blasket Sound

Dunmore Head

Coumeenoole Bay

Fahan

Slea Head

Great Blasket Island

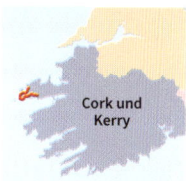

Zur Orientierung
Siehe Karte S. 156f

Die ausgegrabene Kloster-
siedlung von **Riasc (An Riasc)** mit Überresten eines
Oratoriums stammt aus
dem 6. Jahrhundert.

↑ *Der geschwungene Sandstrand der Ventry Bay
wird von sanften grünen Hügeln umrahmt*

Kilmalkedar (Cill Maolchéadair) war
einst ein heidnisches Kultzentrum und
beherbergt eine Ruine der irisch-
romanischen Kirche mit Steinmetzarbeiten. Auf dem Friedhof befinden
sich noch heidnische Urgesteine, ein
Kreuz und eine Sonnenuhr.

Die winzige Trockensteinkirche
**Gallarus Oratory (Sáipéilín
Ghallarais)** ist ein Relikt des frühen
irischen Christentums *(siehe S. 169)*.

Starten Sie in
der geschäftigen
Küstenstadt **Dingle
(An Daingean)**
(siehe S. 169).

Der atemberaubende Halbmond
der **Ventry Bay** aus feinem Sand
wird von einer Reihe niedriger
Dünen gesäumt.

Das aus der Eisenzeit stammende
Dunbeg Fort (An Dún Beag) ist eine
der am besten erhaltenen Vorgebirgs-
festungen Irlands. Gleich dahinter
befinden sich die Fahan-Bienenkorb-
hütten, frühchristliche Hütten, die
vermutlich für Pilger gebaut wurden.

0 Kilometer 2

N ↑

Fahrt auf dem Ring of Kerry

Länge 180 km **Rasten** Killorglin, Caherciveen, Kenmare
Terrain Enge, windige Küstenstraßen

Diese traditionsreiche Route um die Halbinsel Iveragh, die in beide Richtungen befahren werden kann, wird als Ring of Kerry bezeichnet. Nehmen Sie sich einen Tag Zeit, um die bezaubernde Berg- und Küstenlandschaft mit ihren schiefergedeckten Fischerdörfern zu erkunden. Machen Sie sich früh auf den Weg, um den Massen an Bustouren zu entgehen, die sich in den Städten zum Mittagessen und Tee treffen. Es gibt interessante Abstecher über das Rückgrat der Halbinsel.

Derrynane House auf dem Gelände des Derrynane National Historic Park

Caherciveen, der wichtigste Ort auf der Halbinsel, hat ein einzigartiges Kulturerbezentrum.

In **Derrynane House**, dem ehemalige Haus des Politikers Daniel O'Connell *(siehe S. 51)*, ist heute ein Museum mit seinen Erinnerungsstücken.

Das auf einem Hügel gelegene **Staigue Fort** ist das am besten erhaltene Trockenmauerfort *(caher)* aus der Eisenzeit in Irland.

0 Kilometer 7 N ↑

Machen Sie einen Zwischenstopp in Glenbeigh, um das **Kerry Bog Village** zu besichtigen, eine Ansammlung rekonstruierter Cottages aus den 1800er Jahren.

Das hübsche Dorf **Killorglin** ist ein beliebter Ausgangspunkt für die Erkundung der atemberaubenden Landschaft des nahe gelegenen Reeks District.

Cork und Kerry

Zur Orientierung
Siehe Karte S. 156f

Fahrten auf dem Ring of Kerry beginnen und enden oft in **Killarney**. Die Route führt an den Lakes of Killarney *(siehe S. 164f)* vorbei.

Moll's Gap führt durch Moorlandschaften und hochalpines Gelände und bietet atemberaubende Ausblicke auf die umliegende Landschaft.

Bunt gestrichene Häuschen säumen die Straßen des charmanten Städtchens **Sneem**, das auch über einen malerischen Dorfanger verfügt.

↑ *Bunte Häuschen säumen die Hauptstraße in Sneem*

Blick entlang der spektakulären Cliffs of Moher (siehe S. 190f)

Unterer Shannon

Am Shannon gab es schon in frühester Zeit Siedlungen. Man fand mehrere Steinzeitstätten, u. a. eine große Siedlung am Lough Gur im heutigen County Limerick. Seit dem 5. Jahrhundert lag das Gebiet im Herzen von Munster, einer der vier großen keltischen Provinzen. Der Rock of Cashel *(Carraig Phadraig)*, eine imposante befestigte Abtei im County Tipperary, war rund 700 Jahre lang Sitz der Könige von Munster.

Im 10. Jahrhundert drangen die Wikinger in das Shannon-Gebiet vor, zum Missfallen der gälischen Clans. Diese bauten in normannischer Zeit Festungen wie Bunratty Castle in der Nähe von Shannon Town im County Clare. Die Bauten standen den Burgen der anglorischen Dynastien in nichts nach. Limerick war im Mittelalter oft Mittelpunkt der Ereignisse am unteren Shannon. 1691 belagerte das Heer Wilhelms von Oranien die Stadt, was zum Vertrag von Limerick führte und die Flucht des katholischen Adels auf den Kontinent auslöste, die sogenannte »Flight of the Wild Geese«.

Typisch für die Region ist üppiges Grasland, das sie zum führenden Gebiet der Milchwirtschaft macht. Malerische Berglandschaften bieten z. B. die Galty Mountains im südlichen Tipperary.

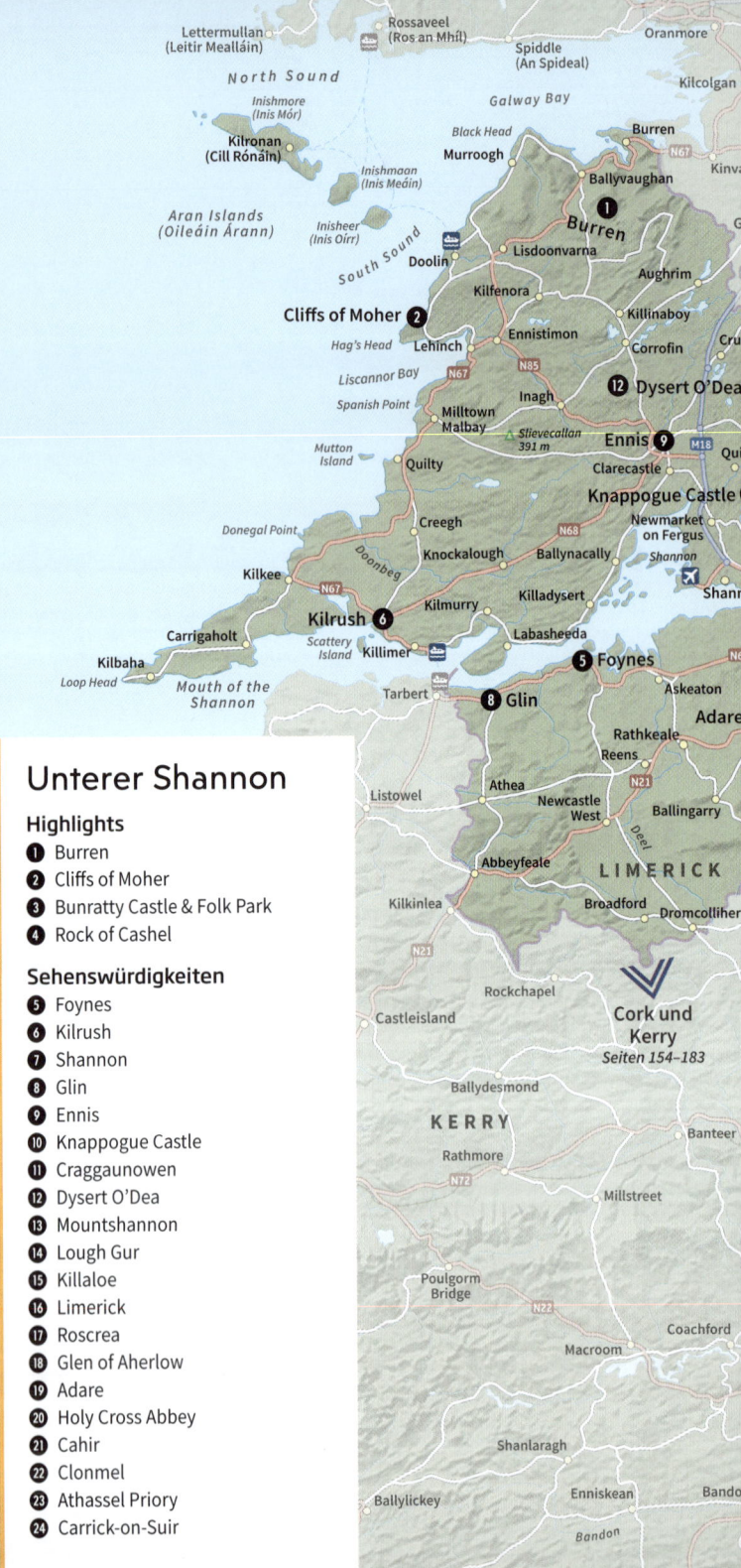

Unterer Shannon

Highlights
1. Burren
2. Cliffs of Moher
3. Bunratty Castle & Folk Park
4. Rock of Cashel

Sehenswürdigkeiten
5. Foynes
6. Kilrush
7. Shannon
8. Glin
9. Ennis
10. Knappogue Castle
11. Craggaunowen
12. Dysert O'Dea
13. Mountshannon
14. Lough Gur
15. Killaloe
16. Limerick
17. Roscrea
18. Glen of Aherlow
19. Adare
20. Holy Cross Abbey
21. Cahir
22. Clonmel
23. Athassel Priory
24. Carrick-on-Suir

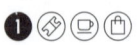

Burren

B4 Co Clare The Burren Centre, Kilfenora (März–Mai, Sep, Okt: tägl. 10–17; Juni–Aug: tägl. 9:30–17:30) theburrencentre.ie

Der Name des ausgedehnten Kalksteinplateaus im Nordwesten Clares geht auf das gälische *boireann* für »Felsland« zurück.

1640 beschrieb es Cromwells Verwalter als »wildes Land, das weder genug Wasser hat, um einen Mann zu ertränken, noch einen Baum, um ihn zu hängen, noch genug Erde, um ihn zu begraben«. Tatsächlich wachsen hier nur wenige Bäume, dafür aber andere Pflanzen. Der Burren ist eine botanische Fundgrube mit Pflanzen, die sonst in Irland rar sind.

Im Sommer zaubern die Blüten Farbtupfer in die Landschaft. Üppig gedeihen die Blumen an Seen und Weideplätzen, sie wurzeln aber auch in den Spalten der Klippen. Im südlichen Burren weicht der Kalkstein Sandstein und schwarzem Schiefer, aus denen auch die Cliffs of Moher *(siehe S. 190f)* bestehen.

Restaurant

The Burren Perfumery Tea Rooms

Die familiengeführten Burren Perfumery Tea Rooms bieten eine köstliche Auswahl an Pies, Suppen und süßem Gebäck. Außerdem gibt es hier Bio-Parfüms und -Kosmetik, die das Unternehmen selbst herstellt.

Fahee North, Carron, Co Clare
burrenperfumery.com

€€€

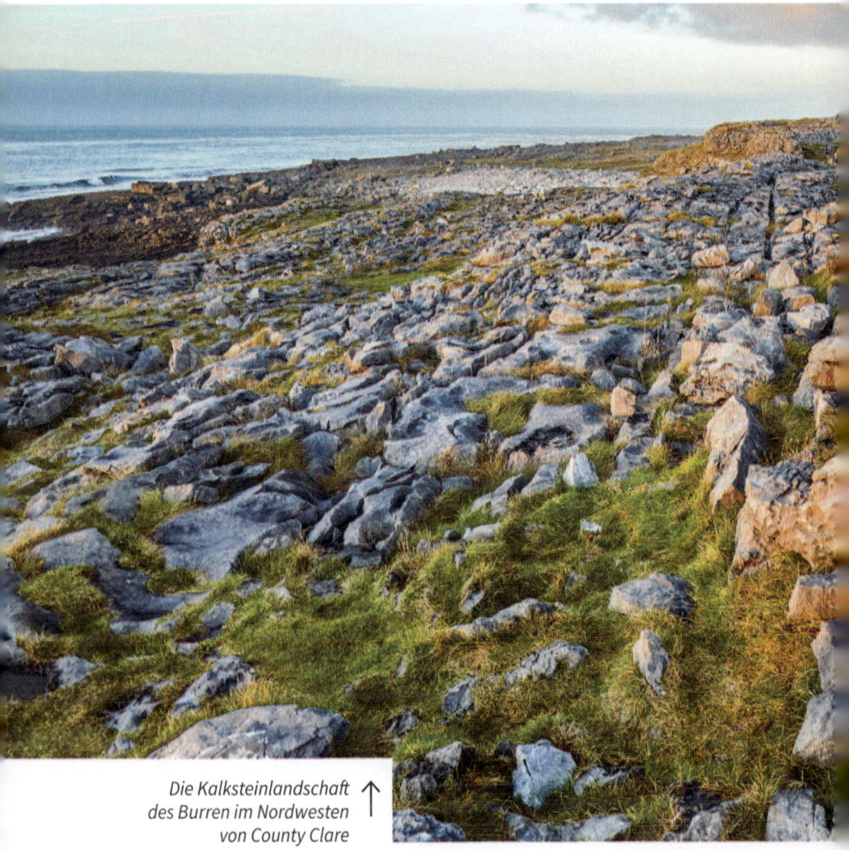

Die Kalksteinlandschaft des Burren im Nordwesten von County Clare ↑

1 *Eine Eigenart des lokalen Klimas ist, dass es im Winter auf den Hügeln wärmer ist als in den Tälern – deshalb grasen die Kühe in der kalten Saison auf höher gelegenem Gelände.*

2 *Die Erosionswirkung von Eis, Wind und Wasser bildete Kalksteinplatten mit tiefen Spalten, grykes genannt.*

3 *In dem Gebiet gibt es etliche Festungsruinen und prähistorische Stätten. Im Herzen des Kalksteinplateaus liegt der berühmte Poulnabrone Dolmen, ein Grab von 2500 bis 2000 v. Chr.*

Fauna des Burren

28 Arten machen den Burren zu einer der schmetterlingsreichsten Gegenden Irlands. Auch die Vogelwelt ist gut vertreten. Auf den Bergen und den Wiesen sind Lerche und Kuckuck heimisch, an der Küste nisten u. a. Tordalken, Trottellummen und Papageitaucher. Säugetiere sind seltener zu sehen. Hier leben zwar Dachse, Füchse und Wiesel, viel häufiger wird man aber Wildziegen und irische Hasen sehen. Im Burren Centre in Kilfenora gibt es eine hervorragende Ausstellung über die Fauna und die Geologie dieser Gegend, die auch die Folgen menschlichen Eingreifens thematisiert.

Cliffs of Moher

A B4 Lislorkan North, Co Clare Jan, Feb, Nov, Dez: tägl. 9–17; März, Apr, Sep, Okt: tägl. 8–19; Mai–Aug: tägl. 8–21 24.–26. Dez **W** cliffsofmoher.ie

Irlands meistbesuchtes Naturwunder sind die majestätischen Cliffs of Moher. Die Steilklippen ziehen sich an der Südwestküste vom County Clare entlang und ragen direkt in den windgepeitschten Atlantik.

Die Cliffs of Moher, die auf acht Kilometer Länge bis zu 214 Meter hoch aus dem Meer ragen, sind selbst, wenn sie in Nebel gehüllt sind, ein atemberaubender Anblick. In den Felswänden mit ihren Schichten aus Sandstein und Schiefer nisten Trottellummen, Dreizehenmöwen

Das umweltfreundlich gebaute Besucherzentrum fügt sich in die Landschaft ein

Schon gewusst?

Filmfans kennen die Klippen als Horkrux-Höhle aus *Harry Potter und der Halbblutprinz.*

O'Brien's Tower

Der 1835 errichtete O'Brien's Tower war die Idee von Cornelius O'Brien, einem lokalen Grundbesitzer mit einer Vision. Der Turm wurde als Aussichtsplattform für die Klippen gebaut, die schon im 19. Jahrhundert zahlreiche Besucher anlockten. Der Turm war ein großer Erfolg und ermutigte den innovativen O'Brien, weitere Projekte in Angriff zu nehmen – was die Einheimischen zu dem Scherz veranlasste, er habe alles in der Gegend gebaut außer den Klippen.

und andere Seevögel. Das unterirdische Besucherzentrum ist so gebaut, dass es so gut wie nicht auffällt und sich in die Landschaft einfügt. Zu seiner interaktiven Ausstellung gehört auch ein audiovisuelles Theater. Draußen führen Pfade die Klippen entlang. Von hier kann man südlich in einer Stunde zum Hag's Head wandern, einer Felsformation, die aussieht wie eine Frau, die aufs Meer blickt. Im Norden geht man drei Stunden vom O'Brien's Tower bis zum charmanten Dorf Doolin.

→

Wanderer am Hag's Head, dem südlichsten Punkt der Klippen

←
Die Cliffs of Moher am Rand vom County Clare erstrecken sich in den Atlantik

191

③ 🗡️ 🍴 🖥️ 🛍️ ♿

Bunratty Castle & Folk Park

🅰️ B4 🏠 Bunratty, Co Clare 📞 +353 61 360 788 🕐 tägl. 9–17 (letzter Einlass: 16)
🚫 24.–26. Dez 🚌 von Ennis, Limerick und Shannon 🌐 bunrattycastle.ie

Die wunderschöne Burg wurde im 15. Jahrhundert von den MacNamaras erbaut. Ihre berühmtesten Herren waren die O'Briens, Earls of Thomond, die hier vom frühen 16. Jahrhundert bis 1640 lebten.

Im 19. Jahrhundert war sie herrenlos, 1950 wurde sie von Lord Gort erworben und sorgfältig im ursprünglichen Stil restauriert. Im Inneren präsentiert sich die Burg so, wie sie zu Zeiten des »Great Earl« aussah, der 1624 starb. Jenseits der normalen Öffnungszeiten kann man auch Tickets für ein viergängiges mittelalterliches Bankett buchen. Im angrenzenden Folk Park wird das ländliche Dorfleben im Irland des 19. Jahrhunderts reflektiert.

1 *Bunratty Castle ist Irlands am besten erhaltene mittelalterliche Festung.*

2 *Die Burg weist ungewöhnlich hohe Torbogen auf. Eingänge auf Höhe des ersten Stocks, die Angreifer abschrecken sollten, waren damals typisch.*

3 *Die South Solar (oberes Gemach) war für Gäste bestimmt und hat eine sehr schöne Fächerdecke aus Holz.*

Eingang

Vom **Murder Hole** aus wurde heißes Wasser oder Pech auf Angreifer gegossen.

Bunratty Folk Park

Die Anlage bietet eine sehr genaue Rekonstruktion des irischen Landlebens am Ausgang des 19. Jahrhunderts. Sie enthält u. a. ein altes Bauernhaus, das vor der Zerstörung durch den Bau des nahe gelegenen Flughafens Shannon gerettet werden konnte. Heute befindet sich hier ein vollständig neu errichtetes Dorf mit Läden und im traditionellen Stil erbauten Häusern, darunter ein typisches Arbeiterhaus, ein Haus im georgianischen Stil, ein Bauernhaus vom Burren *(siehe S. 188f)* und eine Kornmühle. Im Sommer führen Angestellte in Tracht altes Handwerk wie Weben oder Buttern vor. Im Park gibt es auch einen Geschenkeladen und ein Café.

Der **Kamin** diente als Abzug für den Feuerplatz in der Great Hall.

Great Hall

South Solar

←

Der restaurierte Wohnturm der Festung

Eine **Wendeltreppe** führt in jedem der vier Türme nach oben.

Im **Robing Room** legten die Earls vor der Audienz in der Great Hall ihre Roben an.

Die **Main Guard** war früher Wohn-, Schlaf- und Essraum der Soldaten.

Das **Untergeschoss** mit seinen drei Meter dicken Mauern diente wahrscheinlich als Lager oder Stall.

Nordfassade

Pub

Durty Nelly's

Im Schatten von Bunratty Castle liegt das bei Einheimischen wie Touristen beliebte Durty Nelly's. Das Gewirr an Räumen, die offenen Kamine und die historischen Porträts verleihen dem Pub eine authentische Atmosphäre wie im 17. Jahrhundert.

🏠 Bunratty, Co Clare
🌐 durtynellys.ie

④ 〰 〽 ♿

Rock of Cashel

🅰 C5 🏠 Cashel, Co Tipperary 🚃 nach Thurles 🚌 nach Cashel
🕐 tägl., siehe Website 🎫 24.–26. Dez 🆆 cashel.ie

Die Festung, die sich majestätisch aus der Ebene von Tipperary erhebt, war für mehr als 1000 Jahre ein Symbol der königlichen und kirchlichen Macht. Heute gehört sie zu den spektakulärsten historischen Stätten des Landes.

Seit dem 4. oder 5. Jahrhundert war Cashel der Sitz des Königs von Munster, dessen Reich sich über ganz Südirland erstreckte. Im Jahr 1101 wurde die Festung an die Kirche übergeben und florierte als religiöses Zentrum bis zur Belagerung von Cromwells Truppen 1647, die in einem Massaker mündete, bei dem alle 3000 Bewohner der Burg starben. Die Kathedrale, die derzeit renoviert wird, wurde Ende des 18. Jahrhunderts aufgegeben. Ein großer Anteil des mittelalterlichen Komplexes steht aber noch, Cormac's Chapel gehört zu einem der herausragendsten Beispiele romanischer Architektur in Irland.

←

Zu dem Gebäude gehört auch ein 28 Meter hoher Rundturm

Cormac's Chapel

St Patrick's Cross

Halle des Vicars' Choral

Eingang

Museum

Schlafsäle

→

Die meisten Gebäude des Komplexes stammen aus dem 12. oder 13. Jahrhundert

Kalksteinfels

Äußere Mauer

↑ *Wunderbare romanische Schnitzereien schmücken Cormac's Chapel, das Highlight von Cashel*

Cashel

Auch wenn die herausragende Attraktion des Orts der Rock of Cashel ist, gibt es doch auch in Cashel selbst viel zu sehen. Am Fuß der Festung befindet sich die aus Sandstein erbaute Dominican Friary (13. Jh.) mit schönem Westportal und einem Turm aus dem 15. Jahrhundert. Außerhalb von Cashel trifft man auf die Ruinen von Hore Abbey, einem ehemaligen Zisterzienserkloster (13. Jh.). Einblick in die traditionelle irische Kultur erhält man im Brú Ború Cultural Centre, benannt nach Brian Ború, im 11. Jahrhundert König von Irland. Das Zentrum bietet traditionelle irische Musik, Theateraufführungen und hat einen Laden.

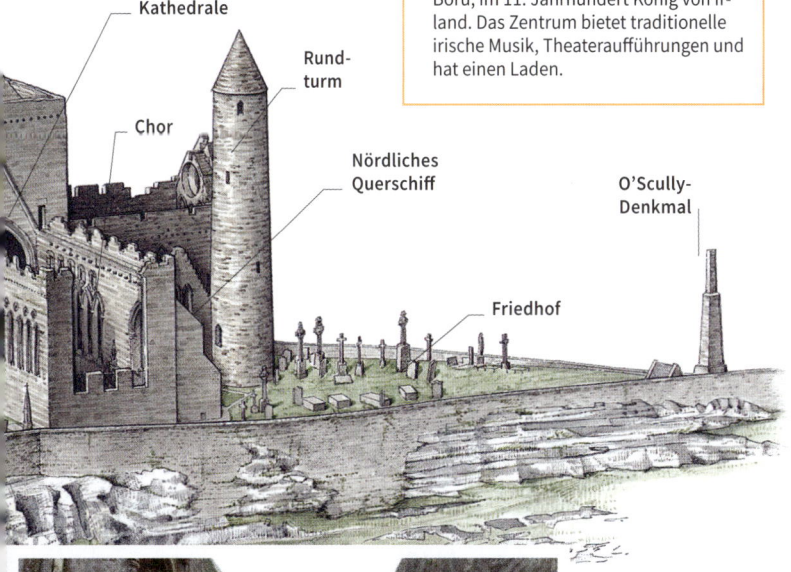

Kathedrale

Rundturm

Chor

Nördliches Querschiff

O'Scully-Denkmal

Friedhof

←

Die dachlose gotische Kathedrale, deren dicke Wände mit verborgenen Gängen gespickt sind

SEHENSWÜRDIGKEITEN

5
Foynes
🅰 B5 🏠 Co Limerick
🚗 650 🚌 von Limerick

Foynes war in den 1930er
und 1940er Jahren als östlicher Endpunkt der ersten
Passagierflugroute über
den Atlantik bekannt. Das
**Foynes Flying Boat and
Maritime Museum** erläutert
die Geschichte der Wasser-
flugzeuglinie. Die originalen
Räume für Funk- und Wetter-
dienst sind mit Sendern,
Empfängern und Morseappa-
raten eingerichtet. Es gibt
auch einen Teesalon im Stil
der 1940er Jahre und einen
Nachbau eines B314-Flug-
boots in Originalgröße.

Umgebung: Elf Kilometer
südöstlich von Foynes stehen in Askeaton eine Burg
und ein interessantes Franziskanerkloster. Die beeindruckende **Askeaton Friary**
liegt am Fluss Deel und verfügt über einen Kreuzgang
aus schwarzem Marmor aus
dem 15. Jahrhundert.

**Foynes Flying Boat and
Maritime Museum**
◎◎◎⑤ 🏠 Aras Ide,
Foynes 🕐 Mitte März – Mitte
Nov: 9:30 –17 (Juni – Sep:
tägl. bis 18) 🕸 flyingboat
museum.com

Askeaton Friary
🏠 1 – 5 The Quay
📞 +353 86 0174 🕐 tägl.

6
Kilrush
🅰 B4 🏠 Co Clare 🚗 2800
🚌 🕸 clare.ie

Der Jachthafen und die För-
derung als historischer Ort
ließen das Städtchen aus
dem 18. Jahrhundert auf-
blühen. Folgen Sie dem gut
ausgeschilderten Weg ab

↑ *Ein liegen gebliebenes Boot im Trockendock von Kilrush
erinnert an die blühende maritime Vergangenheit der Stadt*

dem Market Square, der zu
den historischen Sehens-
würdigkeiten von Kilrush
führt.

Umgebung: Boote fahren
vom Hafen in Kilrush hinaus
zu Delfinbeobachtungen
oder zur unbewohnten Scat-
tery Island mit mittelalterli-
chem Kloster. Zu den Ruinen
gehören fünf Kirchen und
einer der höchsten Rund-
türme Irlands.
  Der 27 Kilometer lange
Loop Head Drive beginnt
beim Resort Kilkee, westlich
von Kilrush, und windet sich
nach Süden durch wildro-
mantische Küstenlandschaf-
ten bis zum Loop Head.

7
Shannon
🅰 B4 🚉 nach Limerick oder
Athlone 🚌 nach Carrick-on-
Shannon, Athlone oder
Limerick ℹ 20 O'Connell St,
Limerick 🕸 limerick.ie

Der Shannon, Irlands längs-
ter Fluss, entspringt in der
Grafschaft Cavan und schlängelt sich durch das Herz der
Insel nach Süden zum Atlantik. Er war schon immer die
Grenze zwischen den Provinzen Leinster und Connaught.
Im Mittelalter wachten Bur-

💬 Expertentipp
**Irish Coffee
Lounge**

Foynes ist auch noch
aus einem anderen
Grund bekannt: dem
Irish Coffee. Die Irish
Coffee Lounge im Mu-
seum erzählt die Ge-
schichte, und natürlich
kann man hier das Ge-
tränk auch probieren.

gen an den Furten von Limerick bis Portumna. An den
Ufern entstanden viele Klöster, darunter auch das be-
rühmte Clonmacnoise *(siehe
S. 261)*.
  Schon um 1750 begann
man, den Shannon in ein
Wasserstraßensystem einzu-
binden, was aber durch das
Aufkommen der Eisenbah-
nen überflüssig wurde.
  Dem Fluss entlang verän-
dert sich der Charakter der
Landschaft nach und nach.
Südlich des Lough Allen zie-
hen sich die lang gestreck-
ten, für die Midlands typi-
schen Moränenhügel hin.
Zum Lough Ree hin übersäen
Inseln den Fluss und bilden
ein Gebiet, in dem Otter,
Schwäne, Graureiher und
Gänse leben. Südlich von
Athlone *(siehe S. 258)* fließt er

durch Sumpfland zum Lough Derg, dem größten der Shannon-Seen. Die Landschaft wird hier interessanter. Das Südende des Sees säumen bergige Waldgebiete. Hier und in den Wäldern von Lough Key *(siehe S. 223)* gibt es schöne Wanderwege.

Ab Killaloe *(siehe S. 200)* fließt der Fluss schneller in Richtung Limerick *(siehe S. 201)* und Meer. Die schlammigen Zonen an der Mündung ziehen etliche Vogelarten an. Der Hafen Carrick-on-Shannon *(siehe S. 241)* ist Basis für größere Schiffe, es gibt aber Häfen in allen Flussabschnitten. Wasserbusse verbinden die meisten Häfen südlich von Athlone.

Glin
🅐 B5 🏰 Co Limerick
🚇 600 🚌 von Limerick

Das Dorf am Shannon ist Sitz der Knights of Glin, eines Zweigs der Fitzgeralds. Ihre mittelalterliche Burg ist eine Ruine, doch westlich des Dorfs liegt Glin Castle, ihr

zweiter Sitz. Die 1780 erbaute Burg erhielt in den 1820er Jahren Zinnen und kitschige Anbauten. Heute leben hier die Nachfahren der Knights of Glin, man kann aber auch in der Burg übernachten oder sie für private Veranstaltungen mieten.

Ennis
🅐 B4 🏰 Co Clare 🚇 25 000
🚌 ℹ Arthur's Row; +353 65
682 8366 🆆 visitennis.com

Typisch für den Hauptort des County Clare sind die engen Gassen, die an den mittelalterlichen Ursprung der Stadt am Fluss Fergus erinnern. Ennis ist für die bunt bemalten Ladenfronten und die Folkmusik-Festivals (gälisch *fleadh*) bekannt. Im Ort gibt es viele Singing Pubs und traditionelle Musik-Shops.

Die O'Briens, die Könige von Thomond, die im Mittelalter diese Gegend regierten, gründeten um 1240 ein Franziskanerkloster. Die großteils aus dem 14. und 15. Jahrhundert stammende **Ennis**

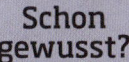
Schon gewusst?
2009 erhielt Muhammad Ali als erster Mann seit 600 Jahren den Freedom of Ennis Award.

Friary ist für ihre Skulpturen und reliefverzierten Gräber im Chor bekannt. Alabasterreliefs des MacMahon-Grabmals (15. Jh.) wurden für das Creagh-Grab verwendet.

Neben dem Kloster befindet sich in einem Haus aus dem 17. Jahrhundert Cruise's Restaurant. An der Ecke der Francis Street liegt das in James Joyce' *Ulysses* erwähnte Queen's Hotel. Am südlich liegenden O'Connell Square erinnert ein Denkmal an Daniel O'Connell, der 1828 als Vertreter Clares ins Parlament gewählt wurde. Nach ihm ist die Hauptstraße von Ennis benannt, die auch einen mittelalterlichen Turm, einen Schornsteinkasten aus der Zeit von James I und einen bemerkenswerten Bogen (18. Jh.) besitzt.

Umgebung: Die Gegend ist reich an Klosterruinen. Die Augustinerabtei Clare Abbey (3 km südlich von Ennis) gründeten die O'Briens 1189. Vieles der Anlage stammt aus dem 15. Jahrhundert. Quin Franciscan Friary, 13 Kilometer südöstlich, datiert aus dem 15. Jahrhundert und enthält die Ruinen einer normannischen Burg. Der Kreuzgang ist einer der schönsten in ganz Irland.

Ennis Friary
♿☺ 🏰 Abbey St
🕐 Apr – Sep: tägl. 10 –18 (Okt: bis 17)
🆆 heritageireland.ie

←

Glin Castle am Ufer des Shannon

↑ *Knappogue Castle, ein Torhaus aus dem 15. Jahrhundert*

Knappogue Castle

🅰 B4 🏠 Quin, Co Clare
🕐 außer Hausgäste und bei Banketten; siehe Website
🌐 knappoguecastle.ie

Der Clan der MacNamaras ließ die Burg 1467 erbauen. Abgesehen von einer zehnjährigen Unterbrechung zur Cromwell-Zeit, blieb sie bis 1815 in ihrem Besitz. Im Unabhängigkeitskrieg nutzte sie die Revolutionsarmee.

Knappogue Castle ist eine der schönsten Burgen Irlands. Das Turmhaus ist original, die übrigen Teile sind neogotisch. Obwohl die Burg für Besucher geschlossen ist, kann man hier übernachten oder zwischen April und Ok-

tober an einem mittelalterlichen Bankett teilnehmen, eine Zeitreise in die Vergangenheit unternehmen und an einem Abend mit Geschichten und Gesang teilnehmen.

Craggaunowen

🅰 B4 🏠 Kilmurry, Co Clare
🕐 Ostern – Anfang Sep: tägl. 10 –17 🌐 craggaunowen.ie

Das Museumsprojekt *Craggaunowen: the Living Past* ist der Bronzezeit und der keltischen Kultur gewidmet. Es entstand in den 1960er Jahren in der Umgebung von Craggaunowen Castle auf Anregung des Archäologen John Hunt. Inspiriert wurde das Projekt nicht zuletzt von

seinen Ausgrabungen bei Lough Gur *(siehe S. 200)*. Die Ausstellung »Living Past« behandelt die Ankunft der Kelten in Irland sowie deren Anbau- und Jagdmethoden.

Im Sommer führen manchmal Personen in Trachten alte Handwerksformen wie Spinnen und Töpfern vor. Es wird auch beschrieben, wie die Menschen in einem typischen frühchristlichen Ringfort lebten. Demonstriert wird auch, wie *fulacht fiadh*, Kochgruben, in denen damals das Fleisch gegart wurde, funktionieren.

Auf dem Areal befinden sich zudem Originalteile einer *togher*, einer Holzstraße aus der Eisenzeit, die in Longford entdeckt wurde. Besonders beeindruckend ist ein *crannog*, eine künstliche Insel, auf der Lehmhäuser stehen – bis ins frühe 17. Jahrhundert eine Möglichkeit zur Verteidigung.

Interessant ist auch ein Boot mit Lederverkleidung, das der Entdecker Tim Severin in den 1970er Jahren konstruierte. Er nutzte es, um die Atlantikroute zu befahren, die der hl. Brendan der Überlieferung nach im 6. Jahrhundert in einem ähnlichen Fahrzeug genommen haben soll.

↑ *Nachbau eines Flechtwerkhauses in Craggaunowen*

12 (symbols)

Dysert O'Dea

🅰 B4 🏠 Corrofin, Co Clare 🚌 von Ennis 📞 +353 65 683 7401 🕐 Mai – Sep: tägl. 10–16 🆆 dysertcastle.com

Dysert O'Dea Castle steht auf einem Felsen neun Kilometer nördlich von Ennis. Das Turmhaus aus dem 15. Jahrhundert birgt das Archäologiezentrum mit Museum. Das Zentrum ist Ausgangspunkt eines Rundwegs zu historischen Stätten. Hier erhält man auch eine Karte für Wanderer und Radfahrer.

Ein Feld trennt die Burg von der Klosteranlage, die der hl. Tola im 8. Jahrhundert gegründet haben soll. Die Ruinen sind schlecht erhalten und überwuchert, aber über einem Eingang ist noch ein romanisches Relief zu sehen. Die Ostseite eines eindrucksvollen Hochkreuzes aus dem 12. Jahrhundert stellt einen Bischof dar.

Weiter südlich führt der Weg an Resten zweier Stein-forts, einer Burgruine und dem Schauplatz einer Schlacht im 14. Jahrhundert vorbei.

13

Mountshannon

🅰 C4 🏠 Co Clare 🚠 240 ℹ East Clare Heritage 🆆 mountshannon.ie

Das Dorf an den Ufern des Lough Derg lockt vor allem Angler an. Am Hafen von Mountshannon befinden sich zahlreiche Wohnhäuser, ein Gotteshaus aus dem 18. Jahrhundert sowie einige einladende Pubs.

Mountshannon ist ein guter Ausgangspunkt zur Erkundung des Westufers, mit vielen schönen Rad- und Wanderwegen. Hier kann man auch Boote für Angeltouren mieten oder im Sommer mit dem Schiff nach Holy Island fahren. Dort befindet sich ein Kloster aus dem 7. Jahrhundert. Vier Kapellen und ein mittelalterlicher Friedhof sind noch erhalten.

Restaurants

Town Hall Bistro

Das zum Old Ground Hotel gehörende Bistro bietet köstlichen Nachmittagstee und kreative Gerichte zum Mittag- und Abendessen, die mit regionalen Zutaten zubereitet werden.

🅰 B4 🏠 Ennis 🆆 oldgroundhotel ennis.com

€€€

The Wild Geese

In dem Cottage mit mehreren kleinen, geschmackvoll eingerichteten Räumen, das von einem Ehepaar geführt wird, werden gute Gerichte serviert.

🅰 B5 🏠 Rose Cottage, Adare 🆆 thewild-geese.com

€€€

↑ *Mountshannon erstreckt sich an den Ufern des Lough Derg*

⑭ 🚣 🎣 ♿
Lough Gur
🅰 B5 🏠 Co Limerick
ℹ Heritage Centre: März – Okt: tägl. 10–18; Nov–Feb: tägl. 10–16
🅦 loughgur.com

Lough Gur, 21 Kilometer südlich von Limerick, war schon in der Steinzeit, etwa 3000 v. Chr., besiedelt. Ein archäologischer Park zeigt Steinmonumente und Begräbnisstätten aus der Megalithzeit. Eine der größten Sehenswürdigkeiten ist der etwa 4200 Jahre alte Grange Stone Circle vor dem Park an der Straße von Limerick nach Kilmallock. Ausgrabungen in der Umgebung legten in den 1970er Jahren Überreste von rechteckigen, runden und ovalen Häusern aus der Steinzeit frei.

Das Interpretationszentrum, das in nachgebauten Steinzeithütten an der Stelle der ursprünglichen Siedlung untergebracht ist, zeigt eine Reihe von audiovisuellen Vorführungen, Modelle von Steinkreisen, Grabkammern sowie Werkzeuge und Waffen aus der Steinzeit.

Auf der Knockadoon Peninsula gibt es ebenfalls prähistorische Stätten. Zudem bietet die Halbinsel zwei Burgruinen: Bourchier's Castle (auch als Castle Doon bekannt) aus dem 15. Jahrhundert und Black Castle aus dem 13. Jahrhundert – letztere Burg war einst Sitz der Earls of Desmond.

Sonnenaufgang am Lough Gur mit einer steinzeitlichen Siedlung ↑

---

⑮
Killaloe
🅰 C4 🏠 Co Clare 🚌 950
🚆 🅦 clare.ie

Der Geburtsort von Brian Ború (940–1014), Oberkönig von Irland, liegt am Austritt des Shannon aus dem Lough Derg. Er verfügt über den wichtigsten Freizeithafen am See. Eine Steinbrücke (17. Jh.) verbindet Killaloe mit Ballina auf der anderen Seite des Sees. Zwar hat Ballina bessere Pubs, etwa das Goosers an der Uferpromenade, wo auch die **Killaloe River Cruises** abfahren, aber Killaloe ist historisch interessanter.

Killaloes prächtigstes Gebäude ist die St Flannan's Cathedral (um 1182), eine der ältesten noch erhaltenen Kirchen Irlands, die im romanischen Stil errichtet wurde.

Ungewöhnlich ist, dass die Inschrift des Ogham-Steins in der Kirche zweisprachig verfasst ist – in Altnordisch und in Ogham, der frühesten irischen Schrift. Zur Kirche gehört auch das St Flannan's Oratory, das etwa zur selben Zeit wie die Kathedrale erbaut wurde.

Killaloe River Cruises
🚣 🚆 ♿ 🏠 Lakeside Drive Ballina, Killaloe 🕐 März – Okt: tägl. einstündige Fahrten auf Shannon und Lough Derg 🅦 killaloerivercruises.com

---

> 🔍 **Entdeckertipp**
> **Feenweg**
> Lough Gur ist angeblich Heimstatt von Fer Fí, König der Feen. Sein Thron befindet sich neben dem Heritage Centre, und ein Weg aus 110 Steinstufen führt Kinder zu einem Feendorf mit toller Aussicht auf den See.

→ *Blick vom Shannon auf Limerick mit King John's Castle im Hintergrund*

Hotel

No. 1 Pery Square
Das Hotel liegt in einem eleganten georgianischen Stadthaus und bietet großzügige Schlafzimmer. Im Spa im Gewölbe kann man fantastisch entspannen.

🅰 B4 🏠 1 Pery Sq, Limerick
🆆 oneperysquare.com
€€€

⓰
Limerick

🅰 B4 🏠 Co Limerick
🗺 90 000 ✈ Shannon 🚉
🚌 ℹ 20 O'Connell St 🅿 Sa
🆆 limerick.ie

Limerick wurde von den Wikingern gegründet und später von den Normannen erobert, unter deren Herrschaft es einen Aufschwung erfuhr. Nach der Schlacht am Boyne (siehe S. 251) zog sich der Rest der Armee James' II hierher zurück und verteidigte die Stadt gegen die englischen Belagerer. Ein Jahr später fiel sie – 1691 besiegelt durch den Vertrag von Limerick, den England jedoch mehrfach verletzte. Diese Erfahrung prägt noch heute die Stadt, in der Katholizismus und Nationalismus deutlich spürbar sind. Das historische Zentrum bildet der Bezirk King's Island. Zuerst siedelten hier die Wikinger. Später wurde er als Englishtown mittelalterliches Herzstück der Stadt. Hier befinden sich die zwei wichtigsten Sehenswürdigkeiten Limericks, **King John's Castle** und **St Mary's Cathedral**. Wahrscheinlich wurde die Burg von König John um 1200, kurz nachdem die Normannen ins Land gekommen waren, erbaut. Sie hat fünf Rundtürme und starke Befestigungsmauern. Eine Ausstellung zur Stadthistorie zeigt u. a. Töpferwaren und Schmuck. Zudem sind alte Wikingerhäuser und Befestigungsanlagen aus späterer Zeit zu sehen.

Die 1172 erbaute St Mary's Cathedral ist das älteste Gebäude der Stadt. Außer dem romanischen Portal und dem Kirchenschiff ist jedoch nur wenig von der ursprünglichen Kirche erhalten. Der Stolz ist das Chorgestühl aus dem 15. Jahrhundert mit schönen Engels- und allegorischen Figuren.

Nahe der Kirche bietet der George's Quay Restaurants und Straßencafés am Fluss.

Typisch für den Bezirk Irishtown südlich des Abbey sind die düsteren Häuser und Läden. Es finden sich hier aber auch historische Gebäude und georgianische Eleganz, etwa am St John's Square, in dessen Nähe die St John's Cathedral liegt. Ihr 85 Meter hoher Turm ist der höchste seiner Art im Land.

Auf der anderen Seite der Brücke zeigt das **Hunt Museum** im Old Customs House eine der bedeutendsten Sammlungen antiker Funde in ganz Irland, die der Archäologe John Hunt zusammengetragen hat, darunter Goldschmuck, Waffen und ein Schild aus der Bronzezeit.

Interessant ist auch das **Limerick Museum**, das die Geschichte Limericks erläutert und regionales Kunsthandwerk zeigt.

Der schönste Teil Limericks ist Newtown Pery, ein Netz schöner Straßen im georgianischen Stil, die in die O'Connell Street münden.

King John's Castle
🅰🖳🅮 🏠 Nicholas St
🕐 tägl. 9:30 –17 (Apr – Sep: bis 18) 🔒 23.– 26. Dez
🆆 kingjohnscastle.com

St Mary's Cathedral
🅰 🏠 Bridge St 🕐 Mo – Do 9 –17, Fr, Sa 9 –16, So 13:30 – 16 🔒 1. Jan, 26., 27. Dez
🆆 saintmaryscathedral.ie

Hunt Museum
🅰🅿🅣🅘🅮 🏠 Rutland St
🕐 Mo – Sa 10 –17, So, Feiertage 11 –17 🔒 1. Jan, Karfreitag, 25., 26. Dez
🆆 huntmuseum.com

Limerick Museum
🅮 🏠 Old Franciscan Friary, Henry St 📞 +353 61 557 740
🕐 Mo – Fr 10 –17
🔒 Feiertage, Weihnachten

Schon gewusst?

Die Sean Ross Abbey in Roscrea kommt in dem Bestseller und der Verfilmung von *Philomena* vor.

⑰ Roscrea

🄰 C4 🏠 Co Tipperary
🄼 4600 🏦 🚌 ℹ️ Heritage Centre, Castle St; +353 505 21850 🅆 heritageireland.ie

Die Klosterstadt Roscrea am Ufer des Bunnow besitzt ein interessantes historisches Zentrum. **Roscrea Castle** aus dem 13. Jahrhundert beeindruckt durch einen mächtigen Torturm, zwei Türme und gut erhaltene Wallanlagen. In einem der Burghöfe befindet sich Damer House im Queen-Anne-Stil mit einer herrlichen Treppe und einem georgianischen Garten.

Jenseits des Flusses liegt St Cronan's Monastery (12. Jh.) mit einem interessanten Rundturm. In der Abbey Street sind noch Überreste der Franciscan Friary (15. Jh.) erhalten. Roscrea Pillar und das Hochkreuz St Cronan's befinden sich in den renovierten Blackmills.

Roscrea Castle

🌀🌀👶 🏠 Castle Street
📞 +353 505 21850
🕐 Apr–Sep: tägl. 10–18
🅆 heritageireland.ie

⑱ Glen of Aherlow

🄰 C5 🏠 Co Tipperary
🚌 nach Bansha oder Tipperary ℹ️ Coach Rd, an R663, 8 km östl. von Galbally
🅆 aherlow.com

Das Tal des Aherlow zwängt sich zwischen die Galty Mountains und die Hügel von Slievenamuck. Die von Galbally und Bansha begrenzte Ebene war historisch gesehen eine wichtige Verbindung zwischen Limerick und Tipperary und ein Rückzugsgebiet für Gesetzesflüchtige.

Heute bietet die Region vielfältige Freizeitmöglichkeiten, etwa Reiten, Radfahren und Angeln. Spazierwege den Fluss entlang durchziehen die Ebene. Es gibt hier viele markierte Wanderwege, ambitioniertere Wanderer wird es aber in die schrofferen Galty Mountains ziehen. Hier geht man am Fuß der Berge durch Waldstücke und passiert später Bergflüsse und kleine Seen.

Der Glen of Aherlow führt nach Kilfinane im Herzen der Galty und Ballyhoura Mountains. Hauptattraktion ist der Kilfinane Moat, ein alter abgeflachter Erdhügel mit drei Befestigungsmauern.

⑲ Adare

🄰 B5 🏠 Co Limerick
🄼 2000 ℹ️ Heritage Centre, Main St; +353 61 396 666; tägl. 9–18
🅆 adareheritagecentre.ie

Adare gilt als hübschestes Dorf Irlands. Zyniker nennen es das hübscheste »englische« Dorf, da es so herausgeputzt ist wie kaum ein anderes in Irland. Das einstige Lehnsgut der Fitzgeralds, Earls of Kildare, verdankt sein heutiges Aussehen den Earls of Dunraven, die es von 1820 bis 1830 wieder instand setzten. Der Ort bietet ein malerisches Gesamtbild.

Im Heritage Centre befinden sich das Fremdenverkehrsbüro und eine schöne Ausstellung zur Klostergeschichte von Adare. Die Trinitarian Priory nebenan wurde 1230 von den Fitzgeralds gegründet und vom 1. Earl of Dunraven renoviert. Kirche und Konvent gehören der Katholischen Kirche Irlands. Gegenüber, nahe der Steinbrücke, befindet sich der Washing Pool, das restaurierte Waschhaus des Dorfs.

1316 gründeten die Fitzgeralds die Augustinian Priory in der Limerick Road, direkt an der 14-bogigen Hauptbrücke. Das auch als Black Abbey bekannte Gebäude hat einen Zentralturm und wunderschöne Kreuzgänge. Auf der anderen Seite der Brücke

Eines der schönen Reetdach-Cottages in Adare ↑

Hotel

Adare Manor

Das Herrenhaus ist opulent dekoriert und liegt inmitten eines herrlichen Parks. Zu den Annehmlichkeiten des Fünf-Sterne-Hauses gehören ein Spa, ein Kino und ein Golfplatz, auf dem 2026 der Ryder Cup stattfinden wird.

Ⓐ B5 🏠 Adare
Ⓦ adaremanor.com
€€€

thront an den Ufern des Maigue Desmond Castle (13. Jh.). Tickets gibt es im Heritage Centre (Juni – Ende Sep).

Von hier ist es nicht weit bis zum Luxushotel Adare Manor mit Golfplatz. In dem zum Anwesen gehörenden 900 Hektar großen Park befinden sich die Ruinen der Kirchen St Nicholas Church und Chantry Chapel (beide

←

Roscrea Castle ist von einem ummauerten Garten umgeben

12. Jh.). Inmitten des Golfplatzes befindet sich die altehrwürdige Franciscan Abbey (15. Jh.), die man aber vom Weg aus sehen kann.

Im Herzen von Adare wartet das luxuriöse Hotel Dunraven Arms mit dem exzellenten Maigue Restaurant. In einigen der Cottages in der Nachbarschaft, die der Earl of Dunraven 1828 für seine Arbeiter erbaut hatte, befinden sich heute schöne Cafés und Restaurants.

⑳ 🚲 Ⓜ ♿
Holy Cross Abbey

Ⓐ C4 🏠 Thurles, Co Tipperary 📞 +353 86 1665 869
🚌 🚆 nach Thurles 🕐 siehe Website Ⓦ holycross abbey.ie

In einer Gegend, in der viele Klosterruinen liegen, bildet die Holy Cross Abbey, die noch betrieben wird, eine wohltuende Überraschung. Ihren Namen erhielt die 1169 von den Benediktinern gegründete Abtei, weil sie einen Splitter vom Heiligen Kreuz besitzen soll. Zisterzienser, die die Abtei 1180 übernahmen, errichteten im 15. Jahrhundert den heutigen Bau. Die Kirche ist in Form eines Kreuzes angelegt

und eines der herausragenden Beispiele spätgotischer Baukunst in Irland. Zudem ist sie ein Wallfahrtsort. Sehr schön sind die skulptierten Pfeiler, die längs unterteilten Fenster und die Kanzel sowie an der Südseite des Längsschiffs das *tomb of the Good Woman's son*, das »Grab des Sohns der Guten Frau«. Zur Klosteranlage gehören auch einige schöne Kreuzgänge mit begrünten Innenhöfen.

Farney Castle in der Nähe ist der einzige bewohnte Rundturm in Irland. Er wurde 1495 erbaut und dient dem international bekannten Designer Cyril Cullen als Studio und Verkaufsstelle.

→

Hochkreuz an der Holy Cross Abbey

21
Cahir

🅰 C5 🏠 Co Tipperary
👥 2100 🚗 🚌 ℹ️ Castle St;
+353 52 744 1453; Apr – Sep
Ⓦ discoverireland.ie

Das einstige Garnisons- und Mühlenstädtchen ist heute ein lebhafter Marktort. Von der mit Pubs gesäumten Castle Street gelangt man zum Suir. Am Ortsrand liegt

---

Bäckerei

Hickey's Bakery and Café
Hickey's ist eine lokale Institution und backt seit über vier Generationen Brot und köstliche Kuchen. Dank der zentralen Lage ein idealer Stopp für ein Mittagessen.

🅰 C5 🏠 West Gate, Clomel
Ⓦ hickeysbakery.com
€ € €

---

die Ruine des Augustinerklosters Cahir Abbey (13. Jh.) mit schönen Fenstern.

Auf einer Felsinsel im Suir liegt **Cahir Castle**, eine der schönsten Burgen Irlands. Die gut erhaltene Festungsanlage aus dem 13. Jahrhundert gehörte bis 1964 den Butlers, einer einst mächtigen irischen Familie, die seit den Tagen der anglonormannischen Invasion als Lehnsherren der englischen Krone die Geschicke des County Cahir lenkte. Unter ihrer Herrschaft wurde die Burg im 15. und 16. Jahrhundert erweitert.

Die Burganlage besteht aus einem äußeren, mittleren und inneren Teil. Der innere Teil steht an der Stelle einer normannischen Burg. Wallanlagen und Burgfried stammen aus dem 13. Jahrhundert. Die schön restaurierte Great Hall in der Burg wurde 1840 weitgehend erneuert, jedoch stammen Mauern und Fenster noch

→

Die Ruinen der Athassel Priory am Ufer des Suir

---

aus dem 15. Jahrhundert. Von den Wallanlagen aus hat man einen herrlichen Blick über den Fluss.

Cahir Castle
♿ 🏠 Castle St 🕐 siehe Website 🗓 24.–31. Dez
Ⓦ heritageireland.ie

22
Clonmel

🅰 C5 🏠 Co Tipperary
👥 17 000 🚌 🚌 ℹ️ The Main Guard Ⓦ clonmel.ie

Der am Suir gelegene Hauptort der Tipperary-Region gehörte einst zu den Besitzun-

Cahir Castle ist eine beliebte Filmkulisse

gen der Desmonds und wohl auch der Butlers. Der Wohlstand von Clonmel basierte auf den Erträgen der Mühlen und Brauereien der Gegend. Heute ist Clonmel eine lebendige Stadt mit interessanter Architektur und quirligem Nachtleben.

Die Franciscan Friary am Flussufer wurde in viktorianischer Zeit weitgehend umgebaut, doch gibt es immer noch einen Turm aus dem 15. Jahrhundert und ein Grabmal der Butlers (16. Jh.). Die nahe gelegene O'Connell Street, Clonmels Haupteinkaufsstraße, führt zum 1831 errichteten West Gate. Gäste des Hearns Hotel in der Parnell Street können Andenken an Charles Bianconi (1786 – 1875) bewundern, darunter auch Bilder von den Pferdekutschen, die einst in seinem Auftrag zwischen Clonmel und Cahir verkehrten.

23 Athassel Priory
 C5 🚗 8 km südwestl. von Cashel, Co Tipperary 🚌 nach Tipperary 🕐 tägl. 🌐 cashel.ie

Die Ruine des ehemaligen Augustinerklosters liegt am Westufer des Suir. In der Kirche befindet sich das Grab von William de Burgh, der

das Kloster 1192 gründete. Es heißt, Athassel sei das größte mittelalterliche Kloster Irlands gewesen. 1447 brannte die Anlage nieder. Ihre Ruinen – ein Torhaus, die Kirche und Überreste eines Kreuzgangs und des Kapitelsaals – strahlen noch heute Ruhe und Frieden aus. Bemerkenswert sind das Westportal der Kirche und der Zentralturm aus dem 15. Jahrhundert.

24 Carrick-on-Suir
 C5 🚗 Co Tipperary 👥 5500 🚌 ℹ️ Heritage Centre, Main St; +353 51 640 200

Die kleine Marktstadt Carrick-on-Suir hat eine ganz eigene Atmosphäre. Im 15. Jahrhundert hatte der zwischen Clonmel und Waterford gelegene Ort eine wichtige strategische Funktion, doch seit den Tudors sank seine Bedeutung zunehmend. Außer **Ormond Castle** gibt es nicht viel zu sehen, allerdings können Sie am Ufer entlangspazieren oder bei Blarney Woollen Mills einkaufen.

Obwohl einst eine Festung, ist Ormond Castle heute Irlands schönstes Landhaus im Tudor-Stil. Es wurde für die mächtige Familie der Butlers, Earls of Ormonde, erbaut, die ihren Adelstitel 1328 von der englischen Krone erhielten. Der Wehrturm an der Südseite des

Entdeckertipp
Fethard Horse Country Experience

Nördlich von Clonmel liegt das hervorragende Museum, das der Verbindung zwischen den Menschen der Region, dem Land und den Pferden nachgeht (www.fhcexperience.ie).

ursprünglich mittelalterlichen Bauwerks ist mit architektonischen Elementen aus späterer Zeit verziert.

Die Repräsentationsräume verfügen über einige der schönsten Stuckdecken von ganz Irland. Die Long Gallery mit zwei Kaminen misst 30 Meter. Den elisabethanischen Anbau verdankt das Haus Black Tom Butler, dem 10. Earl of Ormonde. Als er starb, zog die Familie nach Kilkenny *(siehe S. 136 –139)*.

Umgebung: In Kilkieran, fünf Kilometer nördlich von Carrick, findet man drei sehenswerte Hochkreuze aus dem 9. Jahrhundert: das Plain Cross, das West Cross und das Long Shaft Cross – jedes auf seine Art einzigartig und mit außergewöhnlichen Mustern verziert.

Ormond Castle
♿🅿️♿ 🚗 Castle Park 🕐 Apr – Okt: tägl. Führungen, siehe Website 🌐 heritageireland.ie

Die prachtvolle Kylemore Abbey (siehe S. 218f) in Connemara

Westirland

Die zerklüftete Westküste Irlands ist seit über 5000 Jahren besiedelt. Sie ist reich an prähistorischen Sehenswürdigkeiten wie den Céide Fields oder den Steinwällen der Aran Islands. Zeugnisse einer ausgeprägten klösterlichen Kultur gibt es in Kilmacduagh und Clonfert.

Im Lauf des 17. und 18. Jahrhunderts ließen Landlords prunkvolle Landhäuser errichten, etwa bei Clonalis, Strokestown Park und Westport. Während der Großen Hungersnot zwischen 1845 und 1852 verließen viele Bewohner den Westen Irlands, betroffen war vor allem die Gegend um Mayo. Gleichwohl haben alte gälische Traditionen im County Galway bis heute überlebt. Hier befindet sich die größte Gaeltacht *(siehe S. 234)* des Landes, in der die Hälfte der Bevölkerung Gälisch noch als Muttersprache spricht.

Westirland

Westirland

Highlights
1. Galway
2. Aran Islands

Sehenswürdigkeiten
3. Achill Island
4. National Museum of Ireland – Country Life
5. Westport
6. Foxford
7. Céide Fields
8. Knock
9. Croagh Patrick
10. Clare Island
11. Clifden
12. Inishbofin
13. Lough Corrib
14. Kylemore Abbey
15. Connemara National Park
16. Cong
17. Kilmacduagh
18. Thoor Ballylee
19. Portumna
20. Kinvara
21. Clonfert Cathedral
22. Turoe Stone
23. Roscommon
24. Strokestown Park
25. Clonalis House
26. Boyle

Portlurin (Port Durlainn)
Erris Head
Broad Haven
Annagh Head
Glenamoy (Gleann na Muaidhe)
Belmullet (Béal an Mhuirthead)
Barnatra (Barr na Trá)
Carrowmore Lake
Inishkea North
Bangor Erris
N59
Inishkea South
Bellacorick
Fallmore (An Fál Mór)
Doohooma (Dumha Thuana)
Slieve Ca 720 m
Blacksod Bay
Ballycroy
Nephin Beg Range
Achill Head
Doogort
Dooagh
Bunacurry (Bun an Churraigh)
Keel
3 Achill Island
Polranny (Poll Raithní)
Cushcamcarragh 714 m
N59
Mulrany
Cloghmore (An Chloich Mhóir)
Newport
Rosscahill
Clew Bay
10
Clare Island
Westport
Louisburgh
9 Croagh Patrick
Liscarn
N59
Inishturk
Cregganbaun
Tawnyard Pass
Inishbofin
12
Kylemore Abbey
Delphi
Aasleagh
Inishark
Ardnagreevagh
14
Leenaun
Portr Mount
Cleggan
Letterfrack
Moyard
15
Maum (An Ma
Omey Island
N59
Connemara National Park
Maamturk Mountains
11
Clifden
Recess (Sraith Sáileach)
Ballyconneely
Toombeola
Slyne Head
Roundstone (Cloch na Rón)
Cashel (An Caiseal)
Gortmore (An Gort M
Bertraghboy Bay
Carna (Carna)
Lettermore (Leitir Móir)
Lettermullan (Leitir Mealláin)
Rossavee (Ros an Mh
North Sound
Inve (Indreabh
Kilmurvy (Cill Mhuirbhigh)
Inishmore (Inis Mór)
Killeany (Cill Éinne)
Inishm (Inis M
Aran Islands 2
Inisheer (Inis Oírr)
South So
Liscanno
Milltown Malb
0 Kilometer 15
N
Quilty

↑ *In Galways quirligem Stadtzentrum treten auch oft Straßenkünstler auf*

❶ Galway

🅰 B4 🏠 Co Galway 🧮 80 000 🚉 Ceannt Station; +353 91 537 581 🚌 Ceannt Station; +353 91 562 000 ℹ The Fairgreen, Foster St 🎭 Galway Arts Festival (Mitte Juli); Galway Races (Ende Juli, Aug) 🛒 Sa, So 🌐 galwaytourism.ie

Galway am Ufer des Corrib ist das Zentrum der Irisch sprechenden Region im Westen sowie Universitätsstadt. Nach der Schlacht am Boyne *(siehe S. 251)* verfiel der blühende Handelsposten zusehends. Durch die Entwicklung zu einem Hightech-Zentrum ist Galway zu neuem Leben erwacht.

① Eyre Square

Der Platz umfasst eine Plaza mit Park, umgeben von Häusern aus dem 19. Jahrhundert. An der Nordwestseite befindet sich der Browne Doorway, ein Hauszugang aus dem 17. Jahrhundert, der ursprünglich von einem Landhaus in der Lower Abbeygate Street stammt. Daneben steht ein Brunnen mit einem Galway Hooker. Beim Bau des Einkaufszentrums

Eyre Square Centre hat man Teile der alten Stadtmauer integriert. Wege verbinden den Penrice Tower mit dem Shoemakers Tower. Beide gehören zur Befestigung aus dem 17. Jahrhundert.

② Latin Quarter

Vom Eyre Square führen William Street und Shop Street ins »Latin Quarter«. Lynch's Castle (16. Jh.) an der Ecke Upper Abbeygate Street und

Shop Street ist die größte Stadtresidenz. Sie gehörte der Lynch-Familie, einer der 14 »tribes« von Galway.

Eine Seitenstraße führt zur Collegiate Church of St Nicholas (1320), dem schönsten mittelalterlichen Gebäude der Stadt. Die Kirche wurde von Cromwells Armee zerstört. Das Westportal ist aus dem 15. Jahrhundert.

Pizzeria

The Dough Bros
Die Pizzeria verkaufte ihre Pizzas 2013 zunächst aus einem Foodtruck, hat aber hier ein festes Zuhause gefunden und ist ein fester Bestandteil der Restaurantszene in Galway.

🏠 1 Cathedral Building, Middle St
🌐 thedoughbros.ie
€€€

③

The Old Quays

Der Spanish Arch, einst Anlegeplatz der spanischen
Kaufleute, wurde 1584 zum
Schutz des Hafens errichtet.
Das Galway City Museum
hinter dem Bogen erläutert
die Stadtgeschichte.

④

The Claddagh

Claddagh liegt jenseits des
Spanish Arch. Der Name
stammt von An Cladach
(»flache, steinige Küste«).
Seit dem Mittelalter wurde
die unabhängige Gemeinde
der Fischer von einem »König« regiert. Der letzte starb
1972. Die einzige Erinnerung
an jene Zeit sind die Pubs
und die Claddagh-Ringe, Ver-
lobungsringe, die von Müt-
tern an ihre Töchter weiter-
gegeben werden.

Galway Hookers

Galways traditionelle Segelboote, die auch im Wappen
der Stadt verankert sind, sind als *pucans* oder *gleotogs*
bekannt (englisch *hookers*). Sie haben einen schwarzen
Rumpf und einen dicken Mast mit Haupt- und zwei
Vorsegeln. Sie stammen wohl aus dem Claddagh-
Distrikt. Man benutzte sie auch, um an der Küste Torf,
Vieh oder Bier zu transportieren. Die Boote sind beim
Festival Cruinniú na mBád in Kinvara *(siehe S. 221)*
zu sehen.

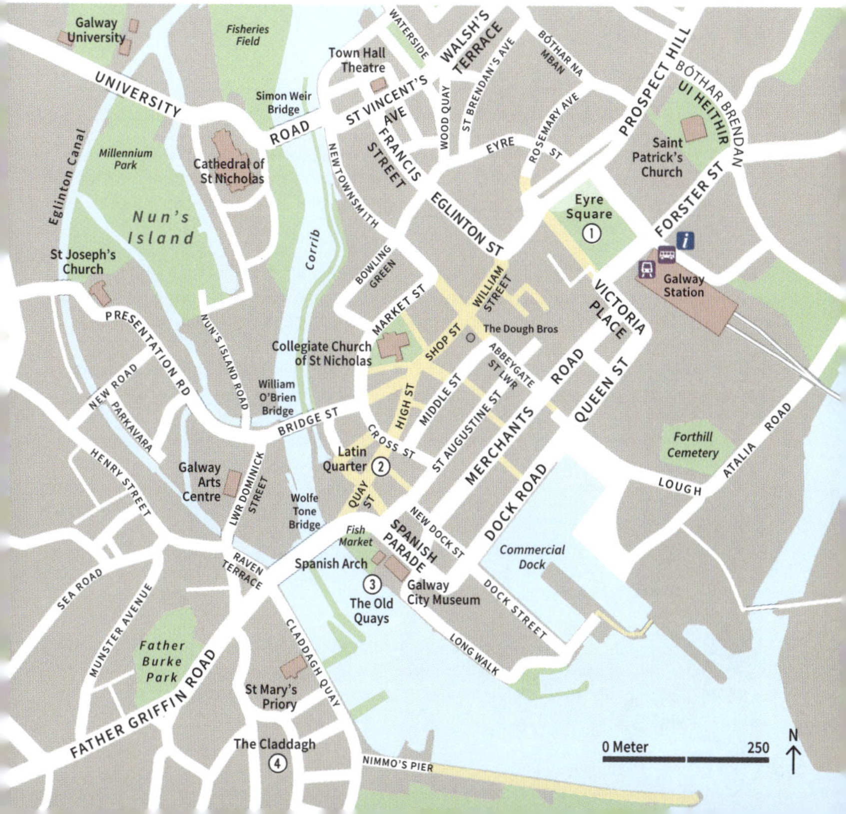

0 Meter   250

Schon gewusst?

Inselbewohner, die sich Halloween verkleiden, sagen den ganzen Tag kein Wort, um sich nicht zu verraten.

2

Aran Islands

🅰 A4 🏠 Co Galway 🗻 1200 ✈ Connemara Airport ⛴ von Rossaveal: Island Ferries, www.aranislandferries.com; von Doolin: Doolin Ferry Company, www.doolinferries.com; Autos können nicht auf die Inseln mitgenommen werden ℹ Kilronan, Inishmore; +353 99 61263 🌐 aranislands.ie

Die Aran Islands, die für ihre raue Schönheit und Wollpullis bekannt sind, umfassen drei Inseln an der Mündung der Galway Bay. Sie bestehen aus demselben Kalkstein wie der Burren im County Clare, die wenigen Bewohner sprechen überwiegend Irisch.

Die drei Aran Islands Inishmore (Inis Mór), Inishmaan (Inis Meáin) und Inisheer (Inis Oírr) sind kahle Kalksteininseln. Inishmore ist mit 13 Kilometer Länge und drei Kilometer Breite die größte. Der Reiz der Inseln liegt in der kar-gen, von Steinwällen und prähistorischen Zeugnissen geprägten Landschaft.

Als der hl. Enda im 5. Jahrhundert das Christentum hierherbrachte, begann eine lange klösterliche Tradition. Die Inseln, seit Jahrhunderten durch ihre isolierte Lage geschützt, sind Bastionen alter irischer Kultur. Landwirtschaft, Fischerei und Fremdenverkehr sind wichtige Einnahmequellen der Bewohner.

←

Fischerboote im Hafen von Kilronan, dem Haupthafen der Insel Inishmore

↑ *Die Felsklippen von Inishmore, der größten Insel der Aran Islands*

↑ *Dún Aonghasa, Inishmores Eisenzeit-Fort, ist von vier konzentrischen Steinwällen umgeben*

Traditionen der Aran Islands

Die Inseln sind bekannt für Strickwaren und Trachten, die bis vor Kurzem noch von älteren Bewohnern getragen wurden: Frauen trugen einen roten Flanellrock und ein Häkeltuch, Männer eine ärmellose Tweed-Jacke mit buntem Wollgürtel. Das seit Jahrhunderten wichtigste Verkehrsmittel der Inseln ist das flache Boot *currach*. Landgewinnung – das bedeutet, dass die kahlen Felsen in einem mühsamen Prozess mit Sand und Seetang bedeckt werden – wird hier seit vielen Hundert Jahren betrieben.

↑ *Die Ruinen von Na Seacht Teampaill oder »Sieben Kirchen«, einem Klosterkomplex auf Inishmore*

SEHENSWÜRDIGKEITEN

3

Achill Island

A3 | Co Mayo | 3000
von Westport
achilltourism.com

Achill Island, Irlands größte Insel, ist 22 Kilometer lang und 19 Kilometer breit. Man erreicht sie vom Festland der Halbinsel Currane über die Michael Davitt Bridge, die hochgezogen werden kann, wenn Schiffe passieren wollen. Achill bietet Moore, Berge, Felsklippen und Strände und ist bei Anglern und Wassersportlern ausgesprochen beliebt. Es gibt Hinweise, dass die Insel schon vor mehr als 5000 Jahren bewohnt war.

Autofahrern bietet sich der Atlantic Coast Drive an, ein eindrucksvoller Rundkurs ab Achill Sound. Die Straße führt zur Südspitze und dann an der Nordküste entlang wieder zurück. Zwischen Dooega und Keel im Südwesten erheben sich die Minaun Cliffs und Cathedral Rocks. Im Norden überragt ein Berg Slievemore, das seit der Großen Hungersnot *(siehe S. 222)* verlassen ist.

4

National Museum of Ireland - Country Life

B3 | Turlough Park, Turlough, bei N5, 8 km östl. von Castlebar, Co Mayo
Di – Sa 10 –17, Mo, So 13 –17 | Karfreitag, 25. Dez
museum.ie

Das preisgekrönte Museum in Turlough Park widmet sich dem irischen Landleben. Die Sammlung umspannt vor allem den Zeitraum von 1850 bis 1950, als Farmer nicht mehr nur Pächter, sondern Eigentümer des Landes, das sie bestellten, sein wollten und dafür kämpften.

Das Museum erklärt den historischen Kontext und den traditionellen Hintergrund der ausgestellten Exponate. Auf vier Stockwerken sind u. a. Korbwaren, Spinnräder und von Hand betriebene Maschinen zu sehen.

Das National Museum of Ireland – Country Life in Turlough Park – innen (Detail) und außen

5

Westport

B3 | Co Mayo | 6000
| | Bridge St | Do
westporttourism.com

Westport ist ein hübscher Ort. Ende des 18. Jahrhunderts ließ James Wyatt die breiten, baumgesäumten Straßen anlegen sowie die North und die South Mall an beiden Ufern des Carrowbeg. Zur Zeit der Industrialisierung und der Großen Hungersnot herrschte auch hier große Armut. Das änderte sich erst in den 1950er Jahren, als neue Industrien angesiedelt wurden und auch Urlauber hierherkamen. In der Bridge Street gibt es eine Reihe Cafés und Pubs.

Westlich des Orts liegt Clew Bay. Hier befindet sich **Westport House**, Sitz der Earls of Altamont, Nachfahren der Familie Browne, die einst Untertanen der Tudors

waren. Fertiggestellt wurde die Anlage 1778 von James Wyatt, nachdem Westport House bereits 1732 nach Plänen von Richard Cassels errichtet worden war. Das Haus ist im Privatbesitz der Familie Browne, Nachfahren der Piratin Grace O'Malley.

Westport House
🎨🎭🖥📷 🏠 Westport
🕐 März – Okt: tägl.; Feb, Nov, Dez: Sa, So
🌐 westporthouse.ie

6
Foxford
🅰 B3 🏠 Co Mayo 📏 1000
🚌 von Galway 🛈 Westport; +353 94 925 6104

Der ruhige Marktort ist für seine Angelplätze am Lough Conn und für die Herstellung von Stoffen bekannt. Die **Foxford Woollen Mills** wurden 1892 von der irischen Nonne Mother Arsenius gegründet. Die Fabrik belieferte führende Modehäuser des Landes und kann bei Führungen besichtigt werden.

Foxford Woollen Mills
🎨🎭📷🖥& 🏠 Providence Rd 🕐 tägl. 🚫 Feiertage
🌐 foxfordwoollenmills.com

Gästehaus

Bervie Guesthouse
Die wunderbar restaurierte ehemalige Station der Küstenwache bietet herzliche Gastfreundlichkeit, ein Torffeuer und exzellentes Abendessen. Es liegt am Ende von Keel Beach, sodass die Gäste direkten Zugang zum goldenen Sandstrand haben.

🅰 A3 🏠 The Strand, Keel, Achill Island
🌐 bervieachill.com

€€€

→

Moorkienholz im Besucherzentrum von Céide Fields

7 🎨🎭🖥&
Céide Fields
🅰 B2 🏠 8 km westl. von Ballycastle, Co Mayo ☎ +353 96 43325 🕐 Apr – Okt: 10 –17 (Juni – Sep: bis 18)
🌐 ceidefields.com

Der von Mooren und steilen Bergen umgebene Küstenabschnitt von Mayo ist Europas größtes Gebiet, das noch von der Kultur der Steinzeit zeugt. Steinmauern gliedern ein Areal von zehn Quadratkilometern in Parzellen für Acker- oder Weideland. Überreste von Häusern lassen erkennen, dass hier einst eine große Gemeinde lebte. Torf hatte die Felder überzogen und sie so über 5000 Jahre lang erhalten.

Teile dieser Feldmarkierungen sind freigelegt worden. Fremdenführer erklären vor Ort die jeweilige Bedeutung der steinernen Zeugen. Bei Grabungen fand man Töpferwaren und einfaches Werkzeug. Das interessante Informationszentrum vor Ort bietet zudem Dokumentationen zu Geologie und Botanik der Gegend.

8
Knock
🅰 B3 🏠 Co Mayo 📏 600
✈ 15 km nördl. von Knock
🚌 🛈 Knock; Mai – Sep
🌐 discoverireland.ie

Im Giebel der Kirche St John the Baptist soll 1879 zwei Frauen die Heilige Jungfrau mit Josef und Johannes dem Täufer erschienen sein. Die Vision wurde von der katholischen Kirche als Wunder anerkannt. Jedes Jahr kommen über 1,5 Millionen Menschen nach Knock, 1979 auch Papst Johannes Paul II., um den Kirchengiebel zu betrachten, in dem die Muttergottes zu

---

sehen war. Er wurde inzwischen zu einer Art Kapelle umgebaut. Das **Knock Museum** neben der Basilika of Our Lady mit einem Marienschrein zeigt Dokumentationen zur Geschichte des Wunders von Knock.

Knock Shrine und Museum
🎨🎭🖥📷& 🕐 tägl. 🚫 25., 26. Dez 🌐 knockshrine.ie

9
Croagh Patrick
🅰 B3 🏠 Murrisk, Co Mayo
🚌 von Westport 🛈 Westport 🌐 croagh-patrick.com

Irlands heiliger Berg wurde nach dem Nationalheiligen *(siehe S. 296)* benannt und ist eine der Attraktionen im County Mayo. Von unten sieht der Berg aus wie ein Kegel, ein Eindruck, der sich jedoch verliert, sobald man ihn besteigt. Seine Geschichte lässt sich bis 3000 v. Chr. zurückverfolgen. Im Jahr 441 soll der hl. Patrick hier 40 Tage fastend und betend zugebracht haben.

Seit dieser Zeit haben unzählige Pilger, oftmals barfuß, zu Ehren des hl. Patrick den Berggipfel erklommen, vor allem am Garland Friday oder Reek Sunday im Juli.

↑ Der Leuchtturm von Clare Island steht am Eingang zur Clew Bay

⑪
Clifden

🅰 A3 🏠 Co Galway 🚶 920 🚌 ℹ Galway Road; +353 95 21163; März – Okt 🗓 Di, Fr 🌐 visitclifden.com

Das von der Bergkette der Twelve Bens eingerahmte und von zwei Kirchtürmen überragte Clifden ist Hauptort der Connemara-Region und idealer Ausgangspunkt für deren Erkundung. John d'Arcy, Grundbesitzer und High Sheriff of Galway, gründete den Ort 1812, um der als gesetzlos geltenden Region mehr Ansehen zu verschaffen. In der protestantischen Kirche des Orts befindet sich eine Kopie des Cross of Cong.

Heute hat Clifden einige Kunsthandwerksläden. Am zentralen Platz liegen Pubs, in denen oft traditionelle Musik gespielt wird.

In der Clifden Bay, die ab Clifden Square ausgeschildert ist, findet man weite Sandstrände. Am Startpunkt der Roundstone Road südlich von Clifden liegt die Owenglen Cascade, an der im Mai Lachse auf ihrer alljährlichen Wanderung vorüberziehen.

Umgebung: Die Sky Road, ein elf Kilometer langer Rundkurs, führt nordwestlich von Clifden durch verlassene Gegenden und gewährt Ausblicke über das Meer.

Die Küstenstraße nördlich von Clifden führt in den Fischerort Cleggan an der äußersten Spitze der Cleggan Bay und bietet eine spektakuläre Landschaft. Von hier fahren Boote nach Inishbofin und Inishturk. Auf dem Cleggan Hill steht die Ruine eines Martello-Turms. Das Grab zu seinen Füßen stammt aus der Zeit der Megalithkultur.

Südlich von Clifden führt die Küstenstraße durch Moor- und Seenlandschaft nach Roundstone. Das Alcock and Brown Memorial

⑩
Clare Island

🅰 A3 🏠 Co Mayo 🚶 130 🚢 von Roonagh Quay, 6,5 km westl. von Louisburgh 🌐 clareislandferry.com ℹ Westport 🌐 clareisland.ie

Clare Island wird von zwei Bergen dominiert. Eine Burg aus dem 15. Jahrhundert wacht über die Landspitz der Insel und ihren Hafen. Im 16. Jahrhundert war das Eiland in den Händen von Grace O'Malley, Piratenkönigin und irische Patriotin, die die ganze Westküste kontrollierte. Obwohl sie, wie alte Dokumente belegen, am Hof von Königin Elizabeth I verkehrte, kämpfte sie bis zu ihrem Tod im Jahr 1603 gegen die englische Herrschaft. Ihr Grab befindet sich in einer ehemaligen, kleinen Zisterzienserabtei und trägt als Inschrift ihr Lebensmotto: »Unbesiegbar zu Wasser und zu Lande«.

Auf der Insel finden sich Zeugnisse aus der Eisen- und Bronzezeit. Flora und Fauna sind geprägt von Moor- und Sumpfland. Tierfreunde können Delfine, Seehunde und Falken beobachten.

Der Hauptort Louisburgh bietet viel Wassersport. Das Grace O'Malley gewidmete **Granuaile Visitor Centre** (*Granuaile* = gälisch für Grace O'Malley) dokumentiert Archäologie und Folklore der Insel.

Granuaile Visitor Centre
♿ 🏠 St Catherine's Church, Louisburgh 📞 +353 98 66341 🕐 Mo – Fr 10 –17 🌐 granuaile.org

↑ *Vom Alcock and Brown Memorial in Clifden hat man einen schönen Blick auf die Landschaft*

Restaurant

Mitchell's Restaurant
Das gemütliche Restaurant serviert exzellente Gerichte mit gutem Preis-Leistungs-Verhältnis. Mit einem Topf voller in Knoblauch und Weißwein gedämpfter frischer Killary-Muscheln liegt man nie falsch.

🅰 A3 📍 Market St, Clifden 🌐 mitchellsrestaurantclifden.com

€€€

erinnert an den ersten Transatlantikflug von John Alcock und Arthur Brown 1919. Ganz in der Nähe ist der Ort, von dem aus Marconi 1907 die erste drahtlos übermittelte Radiomeldung nach Nova Scotia sandte. Die Ballyconneely-Region zeichnet sich durch schroffe Inseln sowie den Coral Strand Beach aus.

Als Ziel einer Ausflugsfahrt Richtung Osten bietet sich **Dan O'Hara's Homestead** an. Auf dieser Farm werden traditionelle Lebens- und Arbeitsweisen gepflegt. Eine Ausstellung klärt über die Geschichte Connemaras auf.

Dan O'Hara's Homestead
🌐🚌📷🏠♿ 📍 Connemara Heritage & History Centre, Lettershea, bei N59
📞 +353 95 21246
🕐 Apr – Okt: tägl. 10 – 18
🌐 connemaraheritage.com

12
Inishbofin
🅰 A3 📍 Co Galway 🗺 200 🚢 von Cleggan; +353 95 45819 (Fähre) ℹ Clifden 🌐 inishbofin.com

Der Name Inishbofin bedeutet »Insel der weißen Kuh«. Der hl. Colman, Abt in Lindis-farne, wählte die oft in Nebel getauchte Insel im 7. Jahrhundert aufgrund ihrer Abgeschiedenheit als Exil. An der Stelle seines einstigen Klosters befindet sich heute eine spätmittelalterliche Kirche. An der Einfahrt zum Hafen liegt eine zerstörte Burg, die der spanische Pirat Don Bosco mit Grace O'Malley im 16. Jahrhundert besetzte. Cromwell nahm sie 1653 ein und funktionierte sie zum Gefängnis für katholische Priester um. Später gehörte Inishbofin Landlords. Heute lebt die Bevölkerung vom Fischfang und von der Landwirtschaft. Das Aussehen der von Riffen umgebenen Insel ist von Steinmauern, Seen und Weiden geprägt.

↑ *Die goldene Bucht von Tra Ghael Beach auf Inishbofin Island*

Restaurant

The Owenmore Restaurant

Das Owenmore liegt in einer der schönsten Burgen Irlands und verbindet feine lokale Gerichte mit einer herausragenden Aussicht. Man sollte unbedingt vorab einen Platz reservieren.

🅰 A3 🏠 Ballynahinch Castle Hotel, Connemara 🌐 ballynahinch castle.com

€€€

---

⑬ Lough Corrib

🅰 B3 🏠 Co Galway 🚌 von Galway und Cong 🚤 von Oughterard, Cong und Wood Quay, Galway

Das Anglerparadies bietet die Gelegenheit, Forellen, Hechte, Flussbarsche oder Lachse zu angeln. Am Ufer leben Blesshühner und Schwäne. Auf Inchagoill, der größten Insel, befinden sich die Ruinen einer frühchristlichen Klosteranlage und romanischen Kirche.

Die Atmosphäre des Sees erlebt man am besten auf einer Bootsfahrt von Galway. Üblicherweise fährt man durch das Marschland, vorbei an verschiedenen Zeugnissen aus der Eisenzeit, an Kalksteinfelsen und an Menlo Castle. Nach Belieben kann man am See für ein Picknick rasten oder nach Cong weiterfahren.

Umgebung: Oughterard am Ufer des Lough Corrib gilt als »Tor nach Connemara«. Es bietet Kunsthandwerksläden, Cottages und Pubs. In der Umgebung kann man golfen, angeln und reiten.

Vier Kilometer südöstlich von Oughterard (bei der N59)

liegt **Aughnanure Castle**. Das restaurierte Turmhaus am Drimneen entstand auf dem Areal einer alten Burg, die die Familie O'Flaherty 1256 errichten ließ. Zwischen dem 13. und 16. Jahrhundert kontrollierte sie West Connaught vom Lough Corrib bis zur Küste bei Galway. Von der Burg aus verteidigte sie das Land gegen die Engländer. 1545 heiratete Donal O'Flaherty die Piratenkönigin Grace O'Malley *(siehe S. 216)*. Das Turmhaus hat eine ungewöhnliche doppelte Steinmauer und ein *murderhole*, von dem man Pech auf Angreifer schüttete.

Aughnanure Castle
🏠 Oughterard 🕐 siehe Website 🌐 heritageireland.ie

---

⑭ Kylemore Abbey

🅰 A3 🏠 Connemara, Co Galway 🚌 von Galway 🕐 siehe Website 🗓 24. – 26. Dez 🌐 kylemoreabbey.com

Die Burg am Seeufer im Schutz der Twelve Bens ist eine Wiederbelebung gotischer Fantasie-Architektur. Mitchell Henry (1826 –1911), ein Großindustrieller aus Manchester, ließ sie als Geschenk für seine Frau errichten. Die Henrys legten weite Moorgebiete trocken, kultivierten das Land und pflanzten Tausende von Bäumen, um den exotischen Garten vor Wind zu schützen. Nach dem plötzlichen Tod seiner Frau und seiner Tochter verkaufte Henry Kylemore.

Die imposante Kylemore Abbey am Ufer des Kylemore Lough ↑

↑ *Eine Straße führt durch das Haupttal des Connemara National Park*

Im Ersten Weltkrieg kamen Benediktinerinnen auf der Flucht aus Belgien hierher und gründeten in der Burg ein Kloster. Viele Jahre führten sie hier eine Mädchenschule. Besucher können restaurierte Kammern und den viktorianischen Garten besuchen und in den Wäldern und am Seeufer spazieren gehen.

15

Connemara National Park

🅰 B3 🏠 Letterfrack, Connemara, Co Galway 📞 +353 95 41054 🕐 Park: tägl.; Besucherzentrum: März – Okt: tägl. 9 –17:30 🌐 connemara nationalpark.ie

Der Nationalpark im Herzen Connemaras besteht im Wesentlichen aus Bergen, Seen und Moorland. Auf dem über 2000 Hektar großen Gelände

 Entdeckertipp
Ashford Castle

Südlich von Cong liegt Ashford Castle, das 1870 Lord Ardilaun im neogotischen Stil wiederaufbaute. Heute ist es eines der besten Hotels im Land. Die Anlage kann man mit dem Boot von Galway und Oughterard aus besuchen.

liegen vier der Twelve Bens, darunter Benbaun, der mit 730 Metern höchste der zwölf Berge, und Diamond Hill. Besucher kommen hierher wegen der beeindruckenden Landschaft und der Connemara-Ponys. Überall finden sich Zeugnisse aus prähistorischer Zeit: mehr als 4000 Jahre alte Megalithgräber und Landmarkierungen, die einst Äcker und Weideland begrenzten.

Im Besucherzentrum gibt es Ausstellungen über die lokale Flora und Fauna und die Entwicklung der Landschaft. Von hier führen vier Wanderwege rund um den Diamond Hill (auch geführt). Die Besteigung der Twelve Bens sollte nur von erfahrenen Wanderern unternommen werden, die für alle Wetterbedingungen gerüstet sind.

16

Cong

🅰 B3 🏠 Co Mayo 🔼 350 🚌 ℹ Old Courthouse; +353 94 954 6542; März – Okt: tägl. 🌐 discoverireland.ie

Der malerische Ort liegt am Ufer des Lough Corrib im County Mayo. *Cong* bedeutet »Landenge« – damit ist der Landstrich zwischen Lough Corrib und Lough Mask gemeint. In den 1840er Jahren baute man einen Kanal, um die Seen miteinander zu verbinden, jedoch verschwand das Wasser im porösen Kalkstein des Flussbetts. Über den ausgetrockneten Kanal führen noch Brücken. Bisweilen stößt man auf Schleusen.

Nahe der Hauptstraße befindet sich Cong Abbey, eine im 12. Jahrhundert von Turlough O'Conor, König von Connaught und Oberkönig von Irland, gegründete Augustinerabtei. Das berühmte Cross of Cong, ein verziertes Prozessionskreuz, befindet sich heute wieder im National Museum of Ireland in Dublin *(siehe S. 68f)*.

Sehenswert sind der gotische Kapitelsaal und das Fischerhaus über dem Fluss. Ein Klingelzug ließ eine Glocke erklingen, wenn ein Fisch angebissen hatte.

Schon gewusst?

Das Connemara-Pony ist das am weitesten verbreitete Reitpony der Welt.

17
Kilmacduagh
🅰 B4 🏠 außerhalb von Gort an der Corofin Rd, Co Galway 🚌 nach Gort ⏰ tägl.

Die schöne Klosteranlage liegt im Gebiet zwischen den Countys Clare und Galway, fünf Kilometer südwestlich von Gort. Der Eindruck von Einsamkeit wird noch verstärkt durch die karge Landschaft des Burren (siehe S. 188f). Das Kloster soll vom hl. Colman MacDuagh im 7. Jahrhundert gegründet worden sein. Seit dem 11. Jahrhundert wurde es im Zug der Wiederbelebung der Klöster immer wieder erneuert. Im Zentrum befinden sich ein sehr großer Rundturm (11. oder 12. Jh.) und eine Kirche ohne Dach, auch bekannt als Cathedral oder Teampall. Sie stammt aus vornormannischer Zeit, wurde jedoch später im gotischen Flamboyant-Stil umgebaut.

Der Rundturm und die Ruinen der Kathedrale stehen abgeschieden bei Kilmacduagh ↑

18
Thoor Ballylee
🅰 B4 🏠 Gort, Co Galway 🚌 nach Gort ⏰ siehe Website 🌐 yeatsthoorballylee.org

Zwischen 1920 und 1930 verbrachte W. B. Yeats sehr oft den Sommer in diesem Turmhaus. Er reiste regelmäßig zum nahe gelegenen Coole Park, Wohnsitz seiner Freundin Lady Gregory (1852–1932), die zu den Gründern des Abbey Theatre (siehe S. 102) gehörte. Bei einem der Besuche kam Yeats nach Ballylee Castle, einem Turmhaus aus dem 14. Jahrhundert, das zu einem hüb-

schen Cottage mit Park gehörte. 1902 gelangte das Anwesen in den Besitz der Gregorys, von denen Yeats es 1916 erwarb. Ab 1919 lebte seine Familie dort oder in Dublin. Yeats gab den Namen Thoor Ballylee auch als seine Adresse an, bewusst den irischen Namen für Turm benutzend. Die Sammlung *The Tower* (1928) enthält Gedichte, die vom Turmhaus inspiriert sind. Heute finden hier Führungen mit Lesungen von Yeats-Gedichten statt. Der Charme eines Turmbesuchs liegt allerdings in dessen steinerner Wendeltreppe. Von oben überblickt man Wälder und Farmland.

Nordwestlich von Gort liegt **Coole Park**, einst Wohnsitz von Lady Gregory. Das Wohnhaus wurde 1941 zerstört, Farm und Gärten sind aber erhalten geblieben. Sehenswert ist der »autograph tree«, eine Rotbuche, in deren Stamm die Initialen von G. B. Shaw, W. B. Yeats, J. M. Synge, Jack Yeats und anderen Gästen eingeritzt sind. Im Haus befinden sich Doku-

mentationen über diese Gäste. Das Besucherzentrum beschäftigt sich mit Lady Gregorys Leben. Es ist auch Ausgangspunkt von zwei Spazierwegen um die Gärten bzw. unter den Bäumen zum Coole Lake.

Coole Park
 🏠 3 km nordöstl. von Gort ⏰ Besucherzentrum: Ostern–Sep: tägl.; Park: ganzjährig 🌐 coolepark.ie

19
Portumna
🅰 C4 🏠 Co Galway 👥 1200 🚌 ℹ Galway; +353 91 537 700 🚢 Fr

Portumna ist eine Marktstadt mit einigen renovierten Sehenswürdigkeiten. Sie liegt am Lough Derg und hat einen modernen Hafen, was sie zu einem Ausgangspunkt für Ausflüge auf dem Shannon (siehe S. 196f) macht.

Portumna Castle aus dem frühen 17. Jahrhundert war Hauptsitz der Familie de Burgo. Es besitzt einige

> Sehenswert im Garten von Coole Park ist der »autograph tree«, eine Rotbuche, in deren Stamm die Initialen von G. B. Shaw, W. B. Yeats, J. M. Synge und Jack Yeats eingeritzt sind.

→
Dunguaire Castle liegt auf einer grünen Landspitze nördlich von Kinvara

Restaurant

Moran's Oyster Cottage

Das reetgedeckte Cottage ist bereits seit sieben Generationen im Besitz der Familie Moran. Natürlich sollte man hier in erster Linie Austern essen, aber auch die anderen Seafood-Gerichte sind köstlich.

🅰 B4 🏠 The Weir, Kilcolgan
🌐 moransoyster cottage.com
€€€

sehenswerte Steinmetzarbeiten und wundervolle Gärten.

Nahe der Burg liegen die Ruinen der 1414 von Dominikanern gegründeten Portumna Priory. Man findet auch Spuren eines älteren Zisterzienserklosters. Das Land der de Burgos, heute der Portumna Forest Park mit Picknickplätzen und ausgeschilderten Wegen, reicht bis zum Lough Derg hinunter.

Portumna Castle
🈺🈯♿ 🕐 Apr – Sep: tägl.; Okt: Sa, So
🌐 heritageireland.ie

Kinvara

🅰 B4 🏠 Co Galway
🏘 550 🚌 ℹ Galway; +353 91 537700

Kinvara ist eines der hübschesten Fischerdörfer an der Galway Bay. Es verfügt über die typische Atmosphäre irischer Küstenorte. Am Pier stehen bunte Fischerhäuser. Im August findet hier das Bootsfestival Cruinniú na mBád statt. In der Umgebung führen Wege zu historischen und landschaftlichen Sehenswürdigkeiten. Vogelfreunde können an der Küste u. a. Krickenten, Triele und Austernfischer sehen.

Umgebung: Nördlich von Kinvara liegt oberhalb der Bay of Galway **Dunguaire Castle**. Die Burg ist nach Guaire of Connaught benannt, im 7. Jahrhundert König der Region. Die heutige Burg mit schönem Turmhaus und mächtigen Festungsanlagen stammt aus dem 16. Jahrhundert. Im Bankettsaal finden auch heute noch »mittelalterliche Bankette« mit Musik und der Rezitation irischer Gedichten statt.

Dunguaire Castle
🈺🈯 🕐 Apr – Sep: tägl.
🌐 dunguairecastle.com

Clonfert Cathedral

🅰 C4 🏠 Clonfert, Co Galway 🕐 tägl.

Dort, wo das Tal des Shannon an das Sumpfgebiet der Midlands grenzt, steht die Clonfert Cathedral, ein Juwel irisch-romanischer Baukunst. Sie gehört zu einem Kloster, das der hl. Brendan 563 gründete, und soll die Grabstätte des Heiligen sein.

Der hl. Brendan gilt als der »große Steuermann«, von dessen Reisen die *Navigatio Sancti Brendani* erzählt, ein Text von 1050, der in Handschriften verschiedener Sprachen überliefert ist.

Besonders beachtenswert an Clonfert Cathedral ist das wunderschöne Portal, dessen Rundbogen mit geometrischen und symbolischen Figuren sowie mit Tier- und Menschenköpfen verziert ist. Letztere finden sich außerdem im dreieckigen Tympanon über dem Rundbogen. Die Ostfenster des Chorraums, dessen Bogen mit Engeln und einer Seejungfrau geschmückt ist (13. Jh.), sind sehr schöne Beispiele später irisch-romanischer Kunst. Obwohl Clonfert über mehrere Jahrhunderte erbaut und im 17. Jahrhundert verändert wurde, vermittelt die Kirche ein harmonisches Gesamtbild.

22

Turoe Stone

B4 Turoe, Bullaun, Loughrea, Co Galway
siehe Website
turoepetfarm.com

Der Turoe Stone steht im Zentrum des Turoe Pet Farm and Leisure Park nahe Bullaun (an der R350). Der über einen Meter hohe weiße Granitblock geht auf das 1. oder 2. Jahrhundert v. Chr. zurück. Die obere Hälfte ist mit keltischen Mustern aus der La-Tène-Zeit verziert. Im unteren Teil sind Bandornamente zu sehen. Der Stein wurde in einem nahen Ringfort aus der Eisenzeit gefunden und soll einst als Fruchtbarkeitssymbol gegolten haben. Restaurierungsarbeiten können die Sicht behindern.

23

Roscommon

C3 Co Roscommon
3500 Market Square Fr
visitroscommon.com

Der Hauptort des gleichnamigen County ist ein Marktstädtchen, das wegen des letzten weiblichen Henkers bekannt ist. »Lady Betty« wurde 1780 wegen Mordes zum Tod verurteilt, dann be-

Große Hungersnot

Der Ausfall der Kartoffelernte wegen Mehltaubefalls der Pflanzen in den Jahren 1845, 1846 und 1848 hatte für die irische Bevölkerung katastrophale Folgen. Mehr als eine Million Menschen starben, und mehr als zweieinhalb Millionen verließen bis 1856 die Insel. Zudem zwangen viele Landlords die Bauern trotz allem zu den üblichen Abgaben. Die Konsequenzen: Die Emigration wurde zu einem normalen Bestandteil des Lebens *(siehe S. 176)*. Viele Familien, vor allem im Westen Irlands, wurden in diesen Jahren stark dezimiert.

gnadigt, um das Amt des Henkers auszuüben.

Roscommon Castle nördlich der Stadt wurde 1269 von Robert d'Ufford auf Land errichtet, das er von den Dominikanern konfisziert hatte. Bereits elf Jahre später wurde die Burg, nachdem sie von Hugh O'Conor, König von Connaught, zerstört worden war, wieder aufgebaut.

24

Strokestown Park

C3 Strokestown, Co Roscommon Mitte März – Okt: tägl. 10:30 – 17:30 (Nov – Mitte März: bis 16)
Weihnachten
strokestownpark.ie

Der eindrucksvolle Landsitz Strokestown Park im County Roscommon wurde 1730 für Thomas Mahon errichtet, dessen Familie von Charles II

das Land erhalten hatte. Mahon bezog ein Turmhaus (17. Jh.) mit in den Bau ein, den Richard Cassels, der Architekt von Russborough *(siehe S. 144f)*, durchführte. Die Emporenküche, die getäfelte Treppe und die gewölbten Stallungen sind zweifellos sein Werk, wobei er palladianische Prinzipien auf die Bedürfnisse des angloirischen Adels zuschnitt.

Das Haus war bis zum Beginn der Renovierung im Jahr 1979 in Familienbesitz. In seiner Blütezeit gehörten zu dem Landbesitz ein großer Park, ein Hirschgarten, ein Mausoleum sowie der Ort Strokestown. Seine ursprüngliche Größe von 12 000 Hektar ging bis 1979 auf 120 Hektar zurück. Der neu angelegte Pleasure Garden vermittelt jedoch noch immer den Eindruck von großzügiger Weite.

In den Stallungen ist heute das Famine Museum eingerichtet, das der Großen Hungersnot in den 1840er Jahren gewidmet ist. In einer speziellen Abteilung informiert es über die Geschichte des Hungers und über die weltweite Ernährungssituation.

Clonalis House

🅰 B3 🏠 Castlerea, Co Roscommon ☎ +353 94 962 0014 🕐 Juni – Aug: Mo – Sa 11–17 🌐 clonalis.com

Das Tudor-Landhaus von 1878 außerhalb von Castlerea war einst Wohnsitz der O'Conors, der letzten Könige von Irland und Connaught. Die gälische Familie konnte ihre Linie über 1500 Jahre zurückverfolgen. Ruinen ihres Wohnsitzes (17. Jh.) sind noch zu sehen, ebenso ein Krönungsstein von 90 v. Chr.

Die Anlage besteht aus einem venezianischen Hallengang, einer Bibliothek, einer Kapelle und einer Porträtgalerie. Im Billardzimmer befindet sich die Harfe des letzten gälischen Barden, des blinden Turlough O'Carolan (1670 –1738).

26 Boyle

🅰 C3 🏠 Co Roscommon 🏙 2200 🚌 ℹ King House; +353 71 966 3247; Juni – Sep 🚆 Fr 🌐 unabhan.ie

Boyle mit seiner mittelalterlichen Architektur ist der reizvollste Ort im County Roscommon. **Boyle Abbey**, ein gut erhaltenes Zisterzienserkloster von 1161, einst Tochterhaus von Mellifont im County Louth *(siehe S. 256f)*, überlebte alle Raubzüge der anglonormannischen Trup-

Ostmauer und Torhaus der anglonormannischen Burg Roscommon Castle

Clonalis House, ein großartiges viktorianisches Landhaus ↑

pen ebenso wie die Auflösung der Klöster 1539. Sie wurde 1659 in eine Burg umgebaut. Erhalten sind Kirche, Kreuzgang, Sakristei und Küche. Im Kirchenschiff finden sich romanische und gotische Gewölbebogen sowie recht gut erhaltene Kapitelle.

King House ist das georgianische Herrenhaus der angloirischen Königsfamilie, der späteren Earls of Kingstone. Es zeigt eine Galerie mit zeitgenössischer Kunst, erklärt mit Schautafeln die Architektur und informiert über die Geschichte von Boyle und die Anführer in Connaught. Hier finden auch Kulturveranstaltungen statt.

Umgebung: Lough Key halten viele für den schönsten See Irlands. Er liegt mitten in einer Waldlandschaft, gehört mit seiner Insel zum **Lough Key Forest Park** und war bis 1957 Teil der Rockingham-Ländereien. In jenem Jahr brannte Rockingham House des Architekten John Nash bis auf die Wirtschaftshäuser nieder. Die Waldgebiete wurden im 18. Jahrhundert von den damaligen Landlords erworben. Lough Key Experience nimmt Besucher mit auf eine Fahrt durch Tunnel

zu einem Beobachtungsturm und zu einem Baumklettergarten.

Boyle Abbey

🕐 Ostern – Sep: tägl. 10 – 18 🌐 heritageireland.ie

King House

🏠 Main St 🕐 Apr –Sep: Di – So, Feiertage 11–17 🌐 visitkinghouse.ie

Lough Key Forest Park

🏠 N4, 8 km östl. von Boyle ☎ +353 71 967 3122 🕐 siehe Website 🌐 loughkey.ie

Eine Felskante, die wie ein Amboss aussieht, ragt von Tory Island (siehe S. 230) ins Meer

Nordwest-Irland

In der keltischen Mythologie ist Sligo das Stammland der Kriegerkönigin Maeve of Connaught und reich an prähistorischen Zeugnissen. Es war bereits in keltischer Zeit dicht besiedelt. Wie das benachbarte County Leitrim scheint es von den späteren Ereignissen in Irland kaum berührt worden zu sein. Auch zur Zeit der Normannen regierten hier die gälischen Clans.

Donegal dagegen ist ein Teil von Ulster und spielte stets eine aktive Rolle in der Geschichte des Nordens. Im Mittelalter herrschten hier die O'Donnells, doch 1607 flohen auch sie, ebenso wie die O'Neills, als eine der letzten katholischen Landlordfamilien vor den Engländern aufs europäische Festland *(siehe S. 263)*. In der Folge wurden Protestanten aus England angesiedelt, doch diese überließen den größten Teil Donegals den Iren, die hier weitab von Ulster isoliert lebten. Donegal ist eine der abgeschiedensten Regionen Irlands und hat landesweit den größten Anteil Gälisch sprechender Einwohner.

Nordwest-Irland

Highlight
1 Slieve League

Sehenswürdigkeiten
2 Tory Island
3 Bloody Foreland
4 Derryveagh Mountains
5 Horn Head
6 Grianán Ailigh
7 The Rosses
8 Rosguill Peninsula
9 Fanad Peninsula
10 Letterkenny
11 Ardara
12 Glencolmcille
13 Donegal
14 Killybegs
15 Lough Derg
16 Rossnowlagh
17 Ballyshannon
18 Lissadell House
19 Sligo
20 The Organic Centre
21 Lough Arrow
22 Carrick-on-Shannon
23 Parke's Castle

Inishtrahull

Malin Head
Inishtrahull Sound
Ballyhillin

Tory Island
2

Tory Sound

Horn Head
5

Rosguill Peninsula
8

Fanad Head

Fanad Peninsula
9

Malin
Glengad Head
Culdaff

Ballyliffin
Cardonagh
Greencastle

Inishowen Peninsula

Bloody Foreland
3

Downings (Na Dúnaibh)

Dunfanaghy

Portsalon

Drumfree
Slieve Snaght 615 m

Moville

Bunbeg (An Bun Beag)

Gortahork (Gort an Choirce)

Carrigart (Carraig Airt)

Kerrykeel

Buncrana

Carrowkeel

Creeslough

Lough Foyle

Donegal

Gweedore (Gaoth Dobhair)

Millford

Rathmullan

A2

Incaslough (Cionn Caslach)

Errigal 751 m

Termon (An Tearmann)

Ramelton

Grianán Ailigh
6

Bridgend

City of Derry

Dunlewy (Dún Lúiche)

Derryveagh Mountains
4

Lough Swilly

Derry~Londonderry

Eglinton

Ballykelly

7

The Rosses

Letterkenny
10

Killea

New Buildings

DERRY

ungloe (An Clochán Liath)

Carrigans

N13

Claudy

Dungiven

N56

DONEGAL

Newmills

St Johnstown

A5

Cloghan (An Clochán)

N13

N14

Dunnamanagh

Fintown (Baile na Finne)

Castlefinn

Lifford

Sperrin

Maas

Stranorlar

Finn

Glenties (Na Gleannta)

Blue Stack Mountains

Ballybofey

TYRONE

N15

Nordirland
Seiten 262–299

Inver

Donegal
13

Creggan

A505

6

Laghy

Drumquin

A5

Omagh

Carrickmore

Pomeroy

Lough Derg
15

Ballintra

Rossnowlagh
16

Pettigo

Kesh

Ballyshannon
17

Belleek

Lower Lough Erne

A35

Dromore

A32

Fintona

A4

Ballygawley

Aughnacloy

Bundoran

A46

A28

A5

N2

Lough Melvin

Tully

Irvinestown

A32

Fivemiletown

A4

Blackwater

Garrison

Glenade

20

The Organic Centre

FERMANAGH

Enniskillen

N28

Manorhamilton

Belcoo

N16

A4

A32

Monaghan

Leckaun

arke's Castle

Blacklion

Bellanaleck

romahair

Mullan

Upper Lough Erne

A34

MONAGHAN

Drumkeerin

Dowra

A509

Ballybay

Geevagh

Lough Allen

Derrynacreeve

Clones

N54

Cootehill

Lough Arrow

Keadew

Iron Mountains

LEITRIM

Belturbet

Annalee

CAVAN

Drumshanbo

Ballinamore

Shercock

oyle

Leitrim

Fenagh

Carrigallen

Midlands
Seiten 244–261

Stradone

22

Carrick-on-Shannon

Drumsna

N4

Mohill

N
0 Kilometer   15

OSCOMMON

Dromod

Elphin

Lough Bofin

Schon gewusst?

Auf Felsen beim Bunglass Point stand einst »ÉIRE« als Nachricht an Piloten während des 2. Weltkriegs.

❶

Slieve League

🅰 B2 ⌂ Co Donegal 🕸 sliabhliag.com

Die Felsklippen von Slieve League (irisch *Sliabh Liag*) – die lange ein Geheimtipp waren – sind durchaus in der Lage, mit den Cliffs of Moher *(siehe S. 190f)* zu konkurrieren. Sie sind nicht nur dreimal so hoch, hier kommen auch bei Weitem nicht so viele Menschen her.

💬 Expertentipp
Meerblick

Wenn man im Sommer zwar den Blick genießen, aber nicht klettern will, kann man einen Bootsführer fragen, ob er einen auf eine Fahrt mitnimmt für einen Blick vom Meer aus.

↑ *Von den Wanderwegen hat man einen fantastischen Blick*

Slieve League ist nicht nur wegen der schieren Höhe spektakulär – die Felsklippen zählen zu den höchsten Europas –, sondern auch wegen der Farben: Am Abend lässt die Sonne das Gestein in roten Farbtönen erstrahlen.

Beginnen Sie den Tag im Slieve League Cultural Centre in Teelin, das über die Natur- und kulturelle Geschichte der Gegend aufklärt und archäologische Führungen in nahen neolithischen Stätten anbietet. Von Teelin aus kann

↑ *Die Klippen erheben sich über den krachenden Meereswellen*

man auf dem Pilgrim's Path die Klippen ersteigen oder mit dem Auto in zehn Minuten zum Bunglass Point mit dem besten Blick fahren. Hier steht auch die Hauptaussichtsplattform, von der man die gesamte Slieve League überblicken kann. Auch dahinter gibt es noch tolle Ausblicke. An klaren Tagen sieht man sogar über die Donegal Bay bis in die Grafschaften Leitrim, Sligo und Mayo.

↑ *Die riesigen Felsklippen von Slieve League erstrecken sich weit in den Atlantik*

One Man's Pass

Nur erfahrene Bergsteiger und Kletterer sollten versuchen, die tückischen Felsvorsprünge des One Man's Pass zu begehen. Dieser Pass ist Teil eines Wegs durch die Felswand, der von Teelin westwärts zum höchsten Punkt der Slieve League führt – mit Blick auf den glitzernden Ozean in fast 600 Meter Tiefe. Der Weg führt dann weiter zum 16 Kilometer westlich gelegenen Malin Beg, eine abgelegene, von Klippen umgebene, halbmondförmige Bucht.

SEHENSWÜRDIGKEITEN

IRLAND ERLEBEN **Nordwest-Irland**

2

Tory Island

🅐 C1 🏠 Co Donegal ⛴ von Mahgeroarty Pier nahe Gortahork (je nach Wetter tägl. 2–3 Fähren); +353 87 199 3710 🌐 toryferry.com

Der wilde Tory Sound trennt die Insel vom Nordwesten Donegals. Da es passieren kann, dass die Insel bei schlechtem Wetter für Tage unerreichbar ist, verwundert es nicht, dass ihre Bewohner, die meist Gälisch sprechen, sich sehr unabhängig fühlen. Zudem hat die Insel ihren eigenen »Monarchen« – dessen Macht ist nicht erblich und auch nicht sehr groß, doch bemüht sich der derzeitige Amtsinhaber, die Interessen seiner »Untertanen« zu wahren und Besucher auf die Insel zu locken.

In den 1970er Jahren versuchte die irische Regierung vergeblich, die Inselbewohner auf dem Festland anzusiedeln. Ihr Widerstand dagegen wurde vor allem von der *School of primitive artists* unterstützt, die im Jahr 1968

von James Dixon gegründet wurde, der seine Kunst höher bewertete als die des englischen Malerfürsten Derek Hill. Seine Schule zieht auch immer mehr Besucher an, und zudem wurde im Hauptort der Insel, West Town, die **Dixon Gallery** eröffnet. Die Insel hat spektakuläre Felsküsten und Ruinen eines vom hl. Columba gegründeten Klosters.

Dixon Gallery
🏠 West Town
📞 +353 86 262 0154
🕐 Ostern – Sep: tägl.

3

Bloody Foreland

🅐 C1 🏠 Co Donegal
🚌 nach Letterkenny

Bloody Foreland, dessen Name vom blutroten Glanz der Felsen bei Sonnenuntergang herrührt, bietet einige landschaftliche Sehenswürdigkeiten. Die R257, die an der Küste entlangführt, eröffnet herrliche Ausblicke. Die schönste Aussicht hat man von der Nordküste über die

Schon gewusst?

Henry McIlhenny, dessen Familie die Tabasco-Sauce erfand, schenkte Glenveagh dem Staat.

Felsen der vorgelagerten Inseln. Weiter im Süden liegt Bunbeg mit einem hübschen Hafen. Allerdings ist hier die Küste mit Ferienhäusern zugebaut.

4

Derryveagh Mountains

🅐 C1 🏠 Co Donegal

Die wilde Schönheit dieser Berge gehört zu den Highlights, die Donegal an landschaftlichen Sehenswürdigkeiten zu bieten hat. Errigal Mountain, mit 751 Metern der höchste Berg, zieht viele Bergsteiger an. Am beeindruckendsten jedoch ist der **Glenveagh National Park**, der nahezu 16 000 Hektar umfasst. Hier befinden sich

↑ *Die großartige Festung Glenveagh Castle liegt in den Derryveagh Mountains*

der in einem Tal gelegene Lough Veagh sowie Poisened Glen, ein sumpfiges Tal, das von spektakulären Felsen überragt wird. Der Park ist auch Heimat der größten Rotwildherde des County Donegal.

Glenveagh Castle steht am südlichen Ufer des Lough Veagh. Das Granitgebäude wurde 1870 von John Adair erbaut, der nach der Großen Hungersnot *(siehe S. 222)* viele Familien von ihrem Land vertrieb. 1970 übergab der letzte Besitzer die Burg an den irischen Staat.

Vom Besucherzentrum aus fahren Busse zur Burg, wo man entweder an einer Besichtigung teilnehmen kann oder einfach durch den Park spaziert. Einer der Wege führt steil hinauf zu einem Aussichtspunkt. Von dort hat man einen herrlichen Blick über den Lough Veagh.

Glebe House and Gallery mit Blick auf Lough Gartan, sechs Kilometer südlich des Besucherzentrums, war einst das Haus des Landschaftsmalers und Sammlers Derek Hill (1916 – 2000). Das Herrenhaus im Regency-Stil, das

nur im Rahmen einer Führung besichtigt werden kann, offenbart mit William-Morris-Tapeten, islamischen Keramiken und Gemälden von Künstlern der Tory-Insel seinen vielfältigen Geschmack. Die Galerie beherbergt Werke von Künstlern wie Picasso, Guttuso und Hokusai.

Das knapp drei Kilometer entfernte **Colmcille Heritage Centre** dokumentiert mit Buntglasbildern und Manuskripten das Leben des hl. Columba (gälisch: Colmcille), der 521 im nahen Churchill geboren wurde.

Glenveagh National Park und Castle
♿🐕🎫💶☕ 🏠 bei R251, 16 km nördl. von Churchill 🕐 tägl. 🌐 glenveagh nationalpark.ie

Glebe House and Gallery
♿🐕🎫☕ 🕐 Führungen: Mai – Okt: Sa – Do (Juli, Aug: tägl.) 🌐 glebegallery.ie

Colmcille Heritage Centre
♿ 🕐 Ostern, Mai – Sep: tägl. 🌐 colmcilleheritagecentre.ie

5 ♿
Horn Head
🅰 C1 🏠 Co Donegal 🚌 nach Dunfanaghy von Letterkenny ℹ The Workhouse, Dunfanaghy; Apr: Mo – Sa; Mai – Okt: tägl.; Nov – März: Mo – Mi 🌐 dunfanaghy.info

Das an Vogelarten reiche Horn Head ist die markanteste Landspitze im Norden Donegals. Von hier genießt man schöne Ausblicke aufs Meer und auf die Berge. Hier liegt der hübsche Ort Dunfanaghy, ideal für Outdoor-Aktivitäten wie Surfen, Wandern und Reiten. Am nahen Killahoey Strand kann man gut baden.

> Bloody Foreland, dessen Name vom roten Glanz der Felsen bei Sonnenuntergang herrührt, bietet landschaftliche Schönheit.

←

Die Felslandschaft von Bloody Foreland im Sonnenuntergang

6

Grianán Ailigh

🅰 C1 🏠 Co Donegal 🚌 von Letterkenny oder Derry 🕐 tägl. 10–16 ℹ Letterkenny; +353 74 912 1160

Donegals beeindruckendstes antikes Monument steht nur zehn Kilometer westlich von Derry *(siehe S. 280–283)* am Tor zur Halbinsel Inishowen. Sein Name bedeutet grob übersetzt »Sonnenpalast«.

Das Ringfort mit einem Durchmesser von 23 Metern, das Lough Swilly und Lough Foyle überblickt, wurde wohl um das 5. Jahrhundert v. Chr. als heidnischer Tempel errichtet, obwohl der Ort wahrscheinlich schon vorher eine Kultstätte war. Später übernahmen Christen das Kastell: Der hl. Patrick soll hier im Jahr 450 Eoghan, den Gründer der O'Neill-Dynastie, getauft haben, das Fort wurde zur Residenz der O'Neills. Im 12. Jahrhundert zerstörte Murtagh O'Brien, König von Munster, die Anlage.

Die Festung wurde in den 1870er Jahren restauriert. Zwei Eingänge führen in die grasbewachsene Ringanlage, die von drei Terrassen umgeben ist. Der tiefste Eindruck jedoch, den das Fort hinterlässt, sind die herrlichen Ausblicke.

Am Fuß des Hügels steht eine attraktive Kirche, die 1967 errichtet und dem hl. Aengus geweiht wurde. Ihr kreisförmiger Grundriss ist dem des Grianán nachempfunden.

> 💬 Expertentipp
> **Sonnenkreis**
> Ursprünglich soll Grianán Ailigh als Platz der Sonnenverehrung gebaut worden sein. Bei Sonnenaufgang während der Tagundnachtgleichen treffen die Sonnenstrahlen genau den Eingang.

↑ *Zerklüftete rote Felsen säumen die Küstenlinie von The Rosses*

7

The Rosses

🅰 C1 🏠 Co Donegal 🚌 nach Dungloe oder Burtonport von Letterkenny ⛴ nach Arranmore von Burtonport; +353 74 954 2233 🌐 arranmoreferry.com ℹ Dungloe;+353 74 952 2198; saisonal

Die Rosses, eine felsige Küstenlandschaft mit über 100 Seen, sind eine der malerischsten Gegenden Donegals. Hier sprechen noch sehr viele Menschen Gälisch *(siehe S. 234)*. Die geschäftige Marktstadt Dungloe am Südende der Landzunge ist der Hauptort der Rosses und Treffpunkt für Angler.

Umgebung: Acht Kilometer westlich von Dungloe liegt die Maghery Bay mit schönem Strand. Von hier kann man zum Küstenabschnitt Crohy Head gehen, der für

Höhlen und bizarre Felsformationen bekannt ist. Vom Fischerdorf Burtonport, acht Kilometer nördlich von Dungloe, fahren Autofähren täglich nach Arranmore, der größten Insel Donegals. Von der Südküste aus hat man einen herrlichen Blick auf die Rosses. Die meisten der 500 Bewohner leben in dem Ort Leabgarrow, wo sich der Hafen befindet.

8

Rosguill Peninsula

🅰 C1 🏠 Co Donegal

Die Halbinsel Rosguill ragt zwischen Sheephaven und den Buchten von Mulroy ins Meer. Eine Fahrt auf dem elf Kilometer langen Atlantic

→

Altes Lagerhaus am Ufer des Rathmelton auf der Fanad Peninsula

Drive, der bis zu den Klippen am Ende der Landspitze führt, ist die beste Art, sie zu erkunden. Doe Castle, fünf Kilometer nördlich von Creeslough, empfiehlt sich vor allem wegen des schönen Blicks über die Sheephaven Bay. Es wurde auf den Ruinen einer Burg erbaut, die im 16. Jahrhundert von den MacSweeneys, schottischen Söldnern, errichtet wurde.

9

Fanad Peninsula

🅰 C1 🏠 Co Donegal
🚌 nach Rathmelton und Portsalon von Letterkenny

Eine Panoramastraße windet sich zwischen dem hügeligen Landesinneren und der steilen Küste der ruhigen Halbinsel hindurch, deren östlicher Teil der schönste ist. Hier liegt Rathmelton, ein hübscher Ort aus dem 17. Jahrhundert mit eleganten Wohnhäusern und Läden. Weiter im Norden bietet Portsalon sichere Bademöglichkeiten sowie schöne Ausblicke vom nahe gelegenen Saldanha Head.

Unweit von Doagh Beg, auf dem Weg nach Fanad Head im Norden, trifft man auf eine spektakuläre Klippenlandschaft.

10

Letterkenny

🅰 C1 🏠 Co Donegal
🏘 19 500 🚌 ℹ Neil T. Blaney Rd; +353 74 912 1160

Malerisch zwischen den Sperrin Mountains im Osten und den Derryveagh Mountains *(siehe S. 230f)* im Westen am Fluss Swilly liegt Letterkenny, die größte Stadt Donegals und das größte Geschäftszentrum der Region – eine Rolle, die die Stadt nach der Landesteilung 1921 von Londonderry übernahm. Letterkenny bietet sich an, von hier aus die nördliche Küste Donegals zu erkunden oder die Fischgründe des Lough Swilly zu besuchen.

Letterkenny besitzt eine der längsten Hauptstraßen Irlands. Sie wird vom Kirchturm der St Eunan's Cathedral überragt. Die Ende des 19. Jahrhunderts im neogotischen Stil errichtete Kirche birgt Bildhauerarbeiten im keltischen Stil, einen Marmoraltar und Buntglasfenster.

Das **Donegal County Museum** in einem ehemaligen Arbeitshaus dokumentiert die Geschichte der Region von der Steinzeit bis zum 20. Jahrhundert. Gezeigt werden auch in Donegal gefundene archäologische Ar-

Hotels

Portsalon
Luxury Camping

Von diesem exklusiven Hotel überblickt man die erstaunliche Küstenlinie von Nord-Donegal. Übernachtet wird in Luxusjurten mit großen Betten und Holzöfen.

🅰 C1 🏠 Portsalon
🏠 Nov – März
🆆 donegalglamping.
com
€€€

Rathmullan House

Wer auf leibliche Genüsse nicht verzichten will, ist im Rathmullan House mit zwei Restaurants und einer schönen Bar richtig.

🅰 C1 🏠 Rathmullan
🆆 rathmullanhouse.
com
€€€

tefakte, von denen einige aus der Eisenzeit stammen.

Donegal County Museum
♿ 🏠 High Rd 📞 +353 74 912 4613 🕐 Mo – Sa (Sa nur nachmittags) 🚫 Feiertage, Weihnachten

In einem Laden in Ardara wird gezeigt, wie Tuch handgewoben wird ↑

11

Ardara

🅰 C2 🏠 Co Donegal 🚗 700 🚌 von Killybegs oder Donegal 🛈 Heritage Centre 🌐 ardara.ie

Ardara ist Donegals Zentrum der Tuchherstellung. Hier gibt es eine Vielzahl von Läden, die Tweed und handgestrickte Pullover anbieten. Einige der größeren Läden haben zudem handgewebte Waren im Angebot. Ardaras Pubs sind wegen ihrer *fiddle sessions* beliebt.

Umgebung: Zwischen Ardara und Loughros Point, zehn Kilometer westlich des Orts, ist die Küstenlandschaft spektakulär. Eine andere Straße führt südwestlich von Ardara durch malerische Gegenden nach Glencolmcille über den Glengesh Pass, dessen Serpentinen sich durch eine wilde, verlassene Landschaft winden.

12

Glencolmcille

🅰 B2 🏠 Co Donegal 🚗 260 🚌 von Killybegs 🛈 Donegal 🌐 glencolmcille.ie

In Glencolmcille, einem grünen Tal mit zahlreichen Cottages, scheint die Zeit trotz des großen Besucherzuspruchs stehen geblieben zu sein.

»Glen of St Colmcille« ist ein populärer Wallfahrtsort, der eng mit der Erinnerung an den hl. Columba (gälisch: Colmcille) verknüpft ist. Unmittelbar nördlich von Cashel auf dem Weg nach Glen Head steht zudem eine kleine Kapelle, die Columba geweiht ist: Eine Legende besagt, dass der Heilige hier auf den beiden Steinen schlief, die in einer Ecke des Kirchleins zu sehen sind.

Hauptsehenswürdigkeit ist das **Folk Village Museum**, das das frühere ländliche Leben Donegals dokumentiert. Es wurde im Jahr 1950 von einem Priester, Father James McDyer, gegründet, der vor dem Hintergrund der anhaltenden Emigration aus dieser Gegend die Menschen ermutigte, sich in Kooperativen zusammenzuschließen und Kunsthandwerk herzustellen. Im Museum kann man regelmäßig Kunsthandwerkern bei der Arbeit zusehen. Der Laden verkauft regionale Waren.

Im Tal selbst sind Dolmen, Steinsäulen und andere Monumente zu finden. Auch die Küste ist hier sehr schön. Ein Spazierweg führt nach Westen über Malin Beg. Bei Malin More geht es auf Stufen hinunter zu einer idyllischen Felsbucht mit Sandstrand.

Folk Village Museum
♿🚻🅿🍴☕ 🏠 Dooey
🕐 Ostern – Okt: tägl.
🌐 glenfolkvillage.com

Irische Gaeltachts

Der irische Begriff »Gaeltacht« bezeichnet irische Regionen, in denen heute noch Gälisch gesprochen wird. Bis zum 16. Jahrhundert wurde in Irland fast überall Gälisch gesprochen, doch die britische Herrschaft unterminierte die irische Kultur, und während der Großen Hungersnot *(siehe S. 222)* verließen viele Gälisch sprechende Iren ihre Heimat. Die alte Sprache wird seitdem von immer weniger Leuten benutzt. In den Gaeltachts sprechen sie noch 75 Prozent der Bewohner. Auch die Straßenschilder sind hier gälisch – anders als in anderen Teilen des Landes. Donegals Gaeltacht erstreckt sich fast durchgehend von Fanad Head die Küste entlang bis zur Slieve League und beheimatet die meisten Gälisch sprechenden Iren des Landes. Die beiden anderen bedeutenden Gaeltachts sind Galway und Kerry.

⑬ Donegal

🅰 C2 🅰 Co Donegal
🚆 2300 🚌 ℹ The Quay;
+353 74 972 1148
🆆 donegaltown.ie

Donegal bedeutet »Burg der Fremden«. Der Name geht auf die Wikinger zurück, die hier ein Fort errichteten. Die Stadt entstand erst unter den O'Donnells. Der Turm von **Donegal Castle** stammt noch aus dem 15. Jahrhundert. Die übrigen, jakobinischen Gebäude wurden unter Sir Basil Brooke errichtet, der die Burg übernahm, nachdem die O'Donnells 1607 von den Engländern vertrieben worden waren.

Brooke ließ auch den Marktplatz anlegen, den Diamond. Ein Obelisk gedenkt der vier Franziskaner, die um 1630 die *Annals of the four Masters* schrieben. Das Manuskript erzählt die Geschichte des gälischen Volks seit dem 40. Tag vor der Sintflut bis ins 16. Jahrhundert hinein. Teile davon wurden

in der Donegal Abbey geschrieben, die südlich des Marktplatzes am Fluss Eske liegt. Von der Abtei (1474) gibt es nur wenige Überreste, darunter einige gotische Fenster und Bogen des Kreuzgangs.

Etwa 1,5 Kilometer weiter liegt das **Donegal Craft Village**, wo viel Kunsthandwerk und Kunst zu sehen sind.

Donegal Castle

🚿🚽🚹 🅰 Tirchonaill St
🕐 Ostern – Mitte Sep: tägl.;
Mitte Sep – Ostern: Do – Mo
🆆 heritageireland.ie

Donegal Craft Village

🚿🚽🚹 🅰 Ballyshannon Rd
🕐 Apr – Sep: Mo – Fr; Okt –
März: Di – Fr
🆆 donegalcraftvillage.com

⑭ Killybegs

🅰 C2 🅰 Co Donegal
🚆 3000 🚌 von Donegal
ℹ Shore Rd 🆆 killybegs.ie

Schmale Straßen winden sich durch Killybegs und geben dem Ort den Anschein von Zeitlosigkeit, doch die Kleinstadt ist ein wichtiges und prosperierendes Zen-

Strände in Donegal
TOP 5

Culdaff Beach
🅰 D1
Beeindruckende Dorfbucht.

Five Fingers Strand
🅰 C1
Für Ruhesuchende.

Murder Hole Beach
🅰 C1
Ein Entdeckertipp.

Ballymastocker Bay
🅰 C1
Goldener Sandstrand.

Tullan Strand
🅰 C2
Paradies für Surfer.

trum der Teppichherstellung. Killybegs ist zudem einer der geschäftigsten Fischereihäfen Irlands. Händler kommen von nah und fern hierher – man hört zunehmend auch osteuropäische Sprachen.

↑ *Bunte Fischerboote im Hafen von Killybegs*

↑ Statue von St Patrick am Ufer des Lough Derg

15

Lough Derg

🗺 C2 🏠 Co Donegal
📅 Mai – Sep (nur Pilger)
🚌 nach Pettigo von Donegal
🌐 loughderg.org

Seit der hl. Patrick auf einer der Inseln im Lough Derg 40 Tage im Gebet verbrachte, um Irland von bösen Geistern zu befreien, ist der Ort Ziel vieler Pilger. Die Pilgrimage of St Patrick's Purgatory fand erstmals um 1150 statt. Noch heute kommen Tausende von Pilgern zur kleinen Station Island am Südufer, das mit dem Schiff von einem Hafen acht Kilometer nördlich von Pettigo erreichbar ist. Die Insel ist religiöses Zentrum mit einer 1921 errichteten Basilika und Pilgerherbergen.

Die Wallfahrer kommen von April bis August und verbringen einen oder drei Tage auf der Insel, in denen sie nur eine Mahlzeit pro Tag (trockenes Brot und Tee) zu sich nehmen.

Auch wenn die Insel ausschließlich Pilger besuchen dürfen, ist doch der Hafen, von dem sie losfahren, sehenswert. Hier hat man auch eine schöne Sicht auf die Basilika nahe der Küste.

16

Rossnowlagh

🗺 C2 🏠 Co Donegal
🚌 55 🚌 von Bundoran und Donegal
ℹ️ The Bridge, Bundoran
🌐 discoverbundoran.com

Bei Rossnowlagh brechen sich die Wellen des Ozeans an einem der schönsten Strände Irlands, der Badegäste wie Surfer anzieht. Dennoch ist der Ort sehr viel ruhiger als der Ferienort Bundoran 14 Kilometer südlich. Zudem bietet die Küste hier schöne Spazierwege.

Etwas abseits vom Meer befindet sich das **Donegal Historical Society Museum** in einem schönen Franziskanerkloster von 1950. Die kleine, aber interessante Sammlung umfasst Funde aus der Steinzeit, irische Musikinstrumente sowie örtliches Kunsthandwerk.

In Rossnowlagh findet jedes Jahr im Juli die einzige Parade des protestantischen Oranier-Ordens (engl. *orange order*) in der Republik Irland statt.

Donegal Historical Society Museum
🏠 Ardeelan Lower 🕐 tägl.
🌐 donegalhistory.com

17

Ballyshannon

🗺 C2 🏠 Co Donegal
🚌 2500 🚌 Busstation, The Bridge 🌐 discover ballyshannon.ie

In der ehemaligen Garnisonsstadt Ballyshannon säumen gut erhaltene Häuser im georgianischen Stil die Straßen am Ufer des Erne, der nur unweit von hier in die Donegal Bay mündet. Die Stadt mit ganz eigenem Charakter ist voller Leben und liegt, obwohl hier im

Pub

Stanford Village Inn
Das traditionelle Pub, das mit Fliesen aus einer Burgruine dekoriert ist, liegt seit vielen Generationen in der Hand einer Familie. Neben dem köstlichen Essen gibt es hier auch geselliges Beisammensein.

🗺 C2 🏠 Main St, Dromahair
📞 +353 71 916 4140

Schon gewusst?

Da sie eine Frau war, wurde Constance Markievicz nach dem Osteraufstand 1916 nicht hingerichtet.

August eines der besten Festivals traditioneller Musik stattfindet, abseits der großen Besucherströme.

Über das Festival hinaus ist Ballyshannon als Geburtsort des Dichters William Allingham (1824–1889) bekannt, der seine Heimatstadt so besang: »Adieu to Ballyshanny and the winding banks of the Erne.« Er ist auf dem Friedhof der St Anne's Church nahe der Hauptstraße begraben. Von hier aus hat man einen schönen Blick über den Fluss: Man sieht die Insel Inis Saimer, auf der einer Sage zufolge Griechen nach der Sintflut ihre erste Kolonie in Irland gründeten. Dahinter ist eine Militärbasis zu erkennen. Ballyshannons Lage an einem Hang über den Ufern des Erne machte es schon immer strategisch bedeutend.

Knapp zwei Kilometer nordwestlich stehen die Ruinen der Assaroe Abbey, die 1184 von Zisterziensern gegründet wurde. Das Einzige, was von ihr übrig geblieben ist, ist ein Friedhof. Nahebei wurden zwei Wasserräder der Mönche restauriert. Diese **Water Wheels** haben eine einmalige Lage mit Blick über die Erne-Mündung sowie ein Infozentrum mit Café.

Water Wheels
⊗⊕☆ ⌂ Assaroe Abbey
☎ +353 71 985 1260
⏱ Ostern–Okt: So

→

Lissadell House ist gefüllt mit Schätzen der Familie Gore-Booth

18 ⊛⊛⊛

Lissadell House

⌂ B2 ⌂ Carney, Co Sligo
⊞ ⊞ nach Sligo ⏱ Mitte Apr–Mitte Okt: tägl. 10:30–18 ⊞ lissadellhouse.com

Lissadell, ein um 1830 erbautes Wohnhaus im klassizistischen Stil, ist weniger aufgrund seiner Architektur, sondern eher wegen seiner einstigen Bewohner von Interesse. Hier lebten die Gore-Booths, die der Region in vier Jahrhunderten viel Gutes angedeihen ließen. Während der Großen Hungersnot *(siehe S. 222)* verpfändete Sir Robert sein Haus, um sein Personal zu versorgen.

Berühmtestes Familienmitglied ist die Enkeltochter von Sir Robert: Constance Markievicz (1868–1927). Als Nationalistin war sie am Aufstand von 1916 beteiligt. Sie war die erste Frau, die ins British House of Commons gewählt wurde. Später war sie Arbeitsministerin im ersten Dáil.

Lissadell House aus grauem Kalkstein erscheint von außen relativ bescheiden. Im Inneren allerdings herrscht eine aristokratische Atmosphäre, unterstrichen von Gemälden und Andenken an die früheren Bewohner dieses Hauses. Die schönsten Räume sind die Galerie und der Speiseraum, der mit außergewöhnlichen Wandbildern geschmückt ist, die die Familie Gore-Booth und ihren Lieblingsbutler Thomas Kilgallon zeigen.

Lissadell House wird privat genutzt und ist für Besucher nur im Rahmen einer Führung zugänglich (Termine siehe Website). Die Umgebung lockt zu Spaziergängen am Strand.

19
Sligo

🅰 C2 🏠 Co Sligo 📶 20 000
📞 +353 71 916 8280 🚉 🚌
ℹ️ Old Bank Building,
O'Connell St; +353 71 916
1201 🌐 sligotourism.ie

Sligo liegt an der Mündung des Garavogue zwischen Atlantik und Lough Gill. Die heute größte Stadt im Nordwesten Irlands erlangte bereits unter den Normannen als Verbindungstor zwischen Ulster und Connaught Berühmtheit. Die Blütezeit im 18. und 19. Jahrhundert prägte Sligos Charakter.

Die Stadt liegt günstig für Touren in die Umgebung, zudem ist sie ein bedeutendes Zentrum traditioneller Musik. Sligo selbst mag etwas düster erscheinen, hat jedoch durchaus Charme, nicht zuletzt aufgrund seiner engen Verbindung zu W. B. Yeats, der hier geboren wurde. Vom Dachtürmchen des Kaufhauses Pollexfen am westlichen Ende der Wine Street beobachtete einst der Großvater des Dichters seine Handelsflotte, die hier im Hafen festmachte.

Das einzige Gebäude der Stadt aus dem Mittelalter ist **Sligo Abbey** aus dem Jahr

1923

erhielt W. B Yeats als erster Ire den Literaturnobelpreis.

1253. Vom ursprünglichen Bau sind nur noch Fenster im Chor erhalten. Der größte Teil der ehemaligen Dominikanerabtei stammt aus dem 15. Jahrhundert. Schön sind ein geschnitzter Altar und der Kreuzgang.

Ein kleines Stück Richtung Westen befindet sich die O'Connell Street mit großen Läden und Hargadon Bros – ein traditionsreiches Pub in Sligo. Es ist in dunklem Holz gehalten, mit gemütlichen Ecken und einer Lebensmitteltheke.

Nahe der Kreuzung Wine Street, mit Blick über die Hyde Bridge, steht das Yeats Memorial Building. Hier hat die Yeats Society, die die Erinnerung an den Dichter wachhält, ihren Sitz. Der Ruf Sligos als Kunstzentrum gründet sich auf die Yeats International Summer School, ein jährliches Festival mit Lesungen und Seminaren zu Leben und Werk des Dichters.

Überquert man die Hyde Bridge, trifft man auf eine Statue von Yeats, die Verse aus seinen Dichtungen zieren. In der Nähe befindet sich das **Sligo County Museum**, das Erinnerungsstücke an Yeats zeigt. Die Niland-Sammlung mit Werken von Jack B. Yeats und Paul Henry befindet sich im **The Model** in der Mall. Hier werden auch Wechselausstellungen zeitgenössischer Kunst gezeigt.

Umgebung: In einem Außenbezirk liegt der **Carrowmore Megalithic Cemetery**, eine große steinzeitliche Grabanlage. Da sie als Steinbruch genutzt wurde, sind heute nur noch 40 Ganggräber und Dolmen zu sehen. Sie liegen verstreut, zum Teil in Gärten oder sind ins Mauerwerk der Häuser integriert worden.

Westlich von Sligo liegt der Knocknarea, ein riesiger, über 5000 Jahre alter Steinhügel – und angeblich das Grab der legendären Königin Maeve von Connaught. Der einstündige Weg nach oben beginnt vier Kilometer westlich von Carrowmore.

Tobernalt Holy Well fünf Kilometer südlich von Sligo ist für seine angeblich heilkräftige Quelle bekannt. In keltischer Zeit war dies ein heiliger Ort, später ein christliches Sanktuarium. Als der

↑ *Das Grabmal von Königin Maeve von Connaught soll auf dem Knocknarea bei Sligo liegen*

katholische Glaube verboten war, kamen Priester heimlich hierher. Der Altar auf einem Felsen ist heute noch Ziel von Pilgern.

Sligo Abbey
⊛⊛ 🏠 Abbey St
🕐 Apr – Okt: tägl.
🌐 heritageireland.ie

Sligo County Museum
🏠 Stephen St 📞 +353 71 911 1679 🕐 Di – Sa (Okt – Apr nur vormittags)

The Model
⊛⊛⊛⊛ 🏠 The Mall
🕐 Di – So 🌐 themodel.ie

Carrowmore Megalithic Cemetery
⊛⊛ 🕐 Ostern – Okt: tägl.
🌐 heritageireland.ie

⓴ ⊛⊛⊛⊛⊛⊛
The Organic Centre
🄰 C2 🏠 Rossinver, Co Leitrim 🕐 tägl. 10 – 17
🌐 theorganiccentre.ie

Das etwa drei Kilometer von Rossinver entfernte Organic Centre ist ein gemeinnütziges Unternehmen, das Schulungen, Informationen und Vorführungen über ökologi-

←

Die bemerkenswert gut erhaltenen mittelalterlichen Ruinen der Sligo Abbey

schen Gartenbau, Anbau und Landwirtschaft anbietet. Es umfasst eine Fläche von rund acht Hektar in der noch relativ intakten Landschaft im dünn besiedelten Norden von Leitrim. In thematischen

Gärten wird der Zauber des Gartenbaus vermittelt. Eine Abteilung wendet sich speziell an Kinder. Der Öko-Laden verkauft Samen, Setzlinge, Gemüse, Bücher und Küchengeräte.

Surfen in Sligo

Irlands Westküste gilt weltweit als einer der besten Surfspots. Von »angenehmen« Wellen, die genau richtig sind für Anfänger, bis zu riesigen Wellentürmen (etwa die monströse Aileen's Wave bei den Cliffs of Moher) – hier findet sich für alle Surfer der richtige Platz. Vielleicht die beliebteste Destination ist Sligo – und dank der wunderschönen Strände und der Vielzahl an Surfschulen ist auch schnell klar, warum das so ist. Anfänger sollten zum Strand von Enniscrone fahren, der ideal ist, um diese Sportart zu erlernen. Erfahrene Surfer finden mehr Herausforderung in Mullaghmore: Hier herrscht starker Wind, die Wellen können bis zu neun Meter hoch werden. Dann sollten sich aber nur Experten aufs Wasser wagen.

↑ *Surfer auf einer der außergewöhnlichen Wellen an Irlands Westküste*

Blick auf den Lough Arrow von einem Ganggrab auf dem Friedhof Carrowkeel ↑

21

Lough Arrow

🅰 C3 🏠 Co Sligo 🚌 nach Ballinafad ℹ️ Boyle; +353 71 966 2145; Juni – Sep 🌐 discoverireland.ie

Man kommt zum Lough Arrow, der größtenteils im County Sligo liegt, um zu segeln und Forellen zu angeln oder einfach um die Landschaft zu genießen. Man kann den See mit dem Boot erkunden, doch ist der Blick vom Ufer aus das eigentlich Reizvolle. Ein Spaziergang um den See ist empfehlenswert, auf jeden Fall aber bis nach Ballinafad am Südufer, das herrliche Ausblicke bietet. Die kleine Stadt ist umgeben von den Bricklieve und Curlew Mountains.

Der Carrowkeel Passage Tomb Cemetery befindet sich ebenfalls in herrlicher Lage in den Bricklieve Mountains, nördlich von Ballinafad. Man erreicht den Friedhof am besten vom fünf Kilometer entfernten Castlebaldwin.

Die 14 Ganggräber aus dem Neolithikum, die auf einem Hügel mit Blick über den Lough Arrow verstreut sind, zeigen ausgearbeitete Kragsteinstrukturen. Ein Grab ist mit jenem von Newgrange *(siehe S. 248f)* vergleichbar, nur dass hier die Sonne am 21. Juni (und nicht zur Wintersonnenwende) in die Grabkammer fällt. In der Nähe sind Reste einer Steinzeitsiedlung, deren Bewohner früher vermutlich ihre Toten in den Ganggräbern von Carrowkeel beerdigten.

Shannon-Erne-Wasserstraße

Die Wasserstraße – ein labyrinthartiges System von Seen und Flüssen durch unberührtes Grenzland – verbindet Leitrim am Shannon mit dem Upper Lough Erne in Fermanagh. Die Wasserstraße folgt einem alten Kanal, der ab 1860 nicht mehr genutzt und erst 1994 wiedereröffnet wurde. Seitdem ist es wieder möglich, hier sowohl die viktorianischen Bauten, darunter 34 Brücken, als auch die Technologie der 16 Schleusen zu bewundern.

Carrick-on-Shannon

C3 · Co Leitrim · 3000 · The Old Barrel Store; +353 71 962 0170; Mai–Sep · leitrimtourism.com

Die kleine County-Hauptstadt von Leitrim, einem der zuletzt besiedelten Countys Irlands, liegt an einer Biegung des Shannon. Die Lage am Fluss und nahe dem Grand Canal war ausschlaggebend für die Entwicklung Carricks und ihrer Attraktivität für Besucher. Die Stadt hat einen modernen Hafen, wo im Sommer Privatboote ankern und auch Boote ausgeliehen werden können.

Zusätzlich hat Carrick von der Wiedereröffnung der Shannon-Erne-Wasserstraße profitiert, die sechs Kilometer nördlich bei Leitrim ihren Anfang nimmt. Dieser Kanal wurde von Nordirland und der Republik Irland gemeinsam instand gesetzt – ein Unternehmen, das auch als Symbol friedlicher Kooperation zwischen den beiden Teilen der Insel wichtig ist.

Abgesehen von seinem modernen Hafen geht Carrick vornehmlich auf das 19. Jahrhundert zurück. Erhalten sind Kirchen und Klöster aus dieser Zeit sowie viele Häuser im etwas vornehmeren georgianischen Stil. Das merkwürdigste Gebäude ist die Costello Chapel in der Bridge Street. Die kleine, durchaus sehenswerte Kapelle wurde 1877 von dem hier ansässigen Geschäftsmann Edward Costello als Begräbnisstätte für sich und seine Frau errichtet.

23
Parke's Castle

C2 · 6 km nördl. von Dromahair, Co Leitrim · +353 71 916 4149 · nach Sligo · Ende März–Sep: tägl. 10–18 (letzter Einlass: 17:15) · heritageireland.ie

Der Landsitz am Ostufer des Lough Gill wurde 1609 von Captain Robert Parke errichtet, der für Leitrim im Parlament saß. Er wurde mit irischer Eiche und gemäß alten Bautechniken aus dem 17. Jahrhundert renoviert. Parke's Castle wurde anstelle eines Turmhauses aus dem 16. Jahrhundert errichtet, das den O'Rourkes gehörte, einer mächtigen Familie dieser Region. Die Steine des Turmhauses wurden für den Bau des Landsitzes verwendet. Die Grundmauern und Teile des Grabens wurden in das neue Gebäude integriert. Das Anwesen wird von einer Mauer geschützt, zu der das Haus selbst, ein Torhaus und zwei Türme gehören.

Zu den architektonischen Eigenheiten gehören die Kamine, die Fenster und die Fensterbrüstungen. Zudem gibt es eine merkwürdige Steinhütte, bekannt als »Schwitzhaus«, eine frühe irische Sauna. Eine Ausstellung und audiovisuelle Präsentationen erläutern die Geschichte des Hauses und prähistorische Attraktionen in der Nähe. Es gibt auch eine Schmiede.

Ab Parke's Castle kann man Bootsfahrten zu verschiedenen Plätzen am Lough Gill unternehmen, die an W. B. Yeats erinnern.

> **Entdeckertipp**
> **Arigna Mining Experience**
> Nördlich von Carrick-on-Shannon liegt Irlands erste und letzte Kohlemine, die 400 Jahre in Betrieb war. Ehemalige Minenarbeiter bieten faszinierende Führungen (www.arignaminingexperience.ie).

Fahrt durch Yeats' Heimat

Länge 88 km auf dem Hwy 430 **Rasten** Rosses Point, Drumcliff, Dromahair **Terrain** Einige enge Landstraßen

Selbst für diejenigen, die mit der Poesie von W. B. Yeats nicht vertraut sind, sind die faszinierenden Landschaften von Sligo Grund genug, in die Heimat des irischen Dichters zu pilgern. Diese Tour folgt einer abwechslungsreichen Route, die Sie an sandige Buchten und dramatische Kalksteinkämme, durch Wälder und entlang von Flüssen und Seen führt. Lough Gill liegt im Herzen von Yeats' Heimat, umgeben von bewaldeten Hügeln, die von Wanderwegen durchzogen sind. Im Sommer verkehren Boote auf dem Lough, oder Sie können zu einem der besten Strände des Nordwestens, Rosses Point, fahren.

Die unheimliche Silhouette des **Ben Bulben** erhebt sich abrupt aus der Ebene.

Yeats war ein enger Freund der Gore-Booth-Schwestern, die in **Lissadell House** *(siehe S. 237)* wohnten, das man im Rahmen einer geführten Tour besichtigen kann.

Yeats und sein Bruder verbrachten ihre Sommer in dem hübschen Ferienort **Rosses Point,** der am Eingang zur Bucht von Sligo liegt und an dem ständig Boote vorbeifahren.

Obwohl der Dichter in Frankreich starb, wurde sein Leichnam 1948 auf dem **Drumcliff Churchyard** beigesetzt. Zu den Ruinen einer alten Klosteranlage gehört ein schönes Hochkreuz *(siehe S. 254).*

Die geschäftige Stadt **Sligo** *(siehe S. 238f)* ist ein guter Ort, um eine Tour durch Yeats' Heimat zu beginnen und zu beenden. Das literarische und künstlerische Erbe von Yeats hat die blühende Kunstszene der Stadt inspiriert.

Cullumore
Ballinfull
Munninane
Ben Bulben 580 m
N15
Lissadell House
Carney
Drumcliff North
Raghly
Drumcliff Bay
Drumcliff
Oyster View
Rosses Point
R291
Sligo Bay
Coney Island
Cummeen Strand
START/ZIEL Sligo
Strandhill
R292
S L I G O
R292
Primrose Grange
Ballysadare Bay
R292
Balladrihi

0 Kilometer 4
N

Nordwest-Irland

Zur Orientierung
Siehe Karte S. 226f

← *Die St Columba's Church in Drumcliff, Sligo*

»Es gibt einen Wasserfall ... der mir meine ganze Kindheit lieb war«, schrieb Yeats über den Katarakt, der sich in den **Glencar Lough** stürzt. Ein Weg führt von der Straße hinunter zum Wasser.

Parke's Castle, ein befestigtes Herrenhaus aus dem 17. Jahrhundert, bietet einen herrlichen Blick auf den Lough Gill. Es ist Ausgangspunkt für Bootsfahrten auf dem Lough.

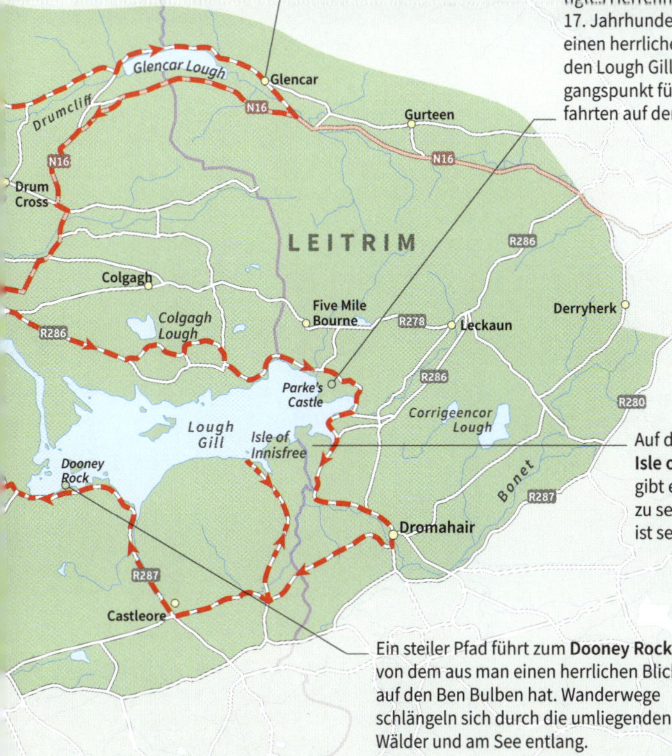

Auf der winzigen **Isle of Innisfree** gibt es nicht viel zu sehen, aber sie ist sehr romantisch.

Ein steiler Pfad führt zum **Dooney Rock**, von dem aus man einen herrlichen Blick auf den Ben Bulben hat. Wanderwege schlängeln sich durch die umliegenden Wälder und am See entlang.

243

St Patrick's Church auf dem Hill of Tara (siehe S. 256) wird heute als Heritage Centre genutzt

Midlands

Schon in der Steinzeit siedelten im fruchtbaren Boyne Valley im County Meath Menschen. Hier lag das Zentrum der Zivilisation in Irland. Zeugnisse der Siedlungsgeschichte sind überall zu finden, darunter Newgrange, die schönste Grabanlage der Region. Das Hügelgrab im heutigen County Meath stammt aus der Jungsteinzeit. In keltischer Zeit verlagerte sich der Siedlungsschwerpunkt weiter nach Süden in Richtung Hill of Tara. Weitere historische Highlights sind u. a. Klöster wie Fore Abbey und Clonmacnoise.

Normannische Burgen wie die riesige befestigte Anlage bei Trim im County Meath zeugen von den sich verschiebenden Grenzen des englischen Einflussbereichs, der als Pale *(siehe S. 145)* bekannt ist und dem Ende des 16. Jahrhunderts nahezu alle Countys der Midlands angehörten.

Seit dem Jahr 1921 sind Monaghan und Cavan Teil der Republik Irland. Sie gehören historisch jedoch zu Ulster – und Monaghan steht noch in enger Verbindung zu dieser Provinz. Typisch für die Region sind sanfte Hügel, sogenannte *drumlins*.

0 Kilometer 15

N

Midlands

Highlight
1 Newgrange und Boyne Valley

Sehenswürdigkeiten
2 Monaghan
3 Drumlane
4 Corlea Trackway
5 Tullynally Castle
6 Fore Abbey
7 Kells
8 Carlingford
9 Monasterboice
10 Dundalk
11 Drogheda
12 Trim
13 Hill of Tara
14 Slane
15 Old Mellifont Abbey
16 Mullingar
17 Kilbeggan
18 Athlone
19 Tullamore D.E.W. Visitor Centre
20 Emo Court
21 Birr
22 Slieve Bloom Mountains
23 Rock of Dunamase
24 Clonmacnoise

Midlands

Besucherschlange vor dem Eingang von Newgrange, Irlands berühmtester prähistorischer Stätte ↑

① ⊗ ⊗ ⊗ ⊗

Newgrange und Boyne Valley

📍 D3 🏠 8 km östl. von Slane, Co Meath 🚍 nach Drogheda
🚌 nach Drogheda und von dort zum Brú na Bóinne Visitor Centre;
+353 41 988 0300 🕐 siehe Website 📅 24.–27. Dez 🌐 newgrange.com

Das als Brú na Bóinne, als »Palast des Boyne«, bekannte Flusstal war einst die Wiege der irischen Zivilisation. Der fruchtbare Boden bot in neolithischer Zeit einer hochstehenden Siedlergemeinschaft Lebensraum. Hier liegen drei alte Ganggräber, die zum UNESCO-Welterbe gehören. Das bekannteste ist das riesige Newgrange. Zum Boyne Valley gehören zudem der Hill of Slane und der Hill of Tara, wichtige Stätten keltischer Mythologie.

 Expertentipp
Sonnenwende

Mit etwas Glück gewinnt man bei einer Lotterie einen der begehrten Plätze und sieht zur Wintersonnenwende (21. Dezember), wie das Sonnenlicht durch den Grabeingang in die Anlage dringt.

Neolithisches Newgrange

Die Ursprünge von Newgrange, einem der bedeutendsten Ganggräber Europas, sind unklar. Das Grab wurde um 3200 v. Chr. errichtet – 600 Jahre vor den ägyptischen Pyramiden – und von keinem der Invasoren je angerührt, bis es 1699 wiederentdeckt wurde. Seit 1960 wird es freigelegt. Archäolo-

gen entdeckten, dass zur Wintersonnenwende (21. Dezember) Sonnenstrahlen die Grabkammer erhellen – damit ist sie das älteste Sonnenobservatorium der Welt.

Das Ganggrab liegt nördlich des Boyne, hat einen Durchmesser von 80 Metern und ist 13 Meter hoch. Newgrange ist von 97 großen

Anlage von Newgrange

Das Ganggrab von Newgrange wurde von Menschen errichtet, die über außergewöhnliche künstlerische und technische Fähigkeiten verfügten, aber weder Rad noch Metallwerkzeuge kannten. Über 200 000 Tonnen Felsgestein wurden transportiert, um den Grabhügel zu errichten, der wohl einst von einer Steinmauer umgeben war. Große Findlinge dienten für einen Steinkreis rund um die Anlage (zwölf von wahrscheinlich 35 Steinen sind noch erhalten). Viele der Steine und Säulen in Gang und Grabkammer sind mit Zickzackmustern, Spiralen und anderen geometrischen Mustern verziert. Das Grabgewölbe an sich besteht aus kleineren, nicht verzierten Steinplatten und ist seit den letzten 5000 Jahren absolut wasserdicht.

↑ *Der schön gemusterte »Eingangsstein« von Newgrange ist Teil eines Rings von riesigen Platten rund um das eigentliche Grab*

Randsteinen mit eingeritzten Mustern umgeben. Der beeindruckendste dieser Steine bewacht den Eingang. Im Inneren des Grabs sind Steinbecken, in denen sich ursprünglich wohl diverse Grabbeigaben und die Asche Verstorbener befanden.

Alle Besucher von Newgrange und Knowth *(siehe S. 250f)*, die im Rahmen derselben Tour besichtigt werden, haben Zutritt zum Brú na Bóinne Visitor Centre, in dem es auch eine informative Ausstellung über die Stätte gibt.

↑ *Ornamentierter Randstein an der Nordwestseite von Newgrange*

> **Ähnlich groß wie Newgrange, übertrifft Knowth den berühmteren Nachbarn doch durch die hier gefundenen Schätze.**

Obwohl Newgrange natürlich wesentlich älter ist, besagt eine keltische Überlieferung doch, dass die legendären Hochkönige von Tara *(siehe S. 256)* hier begraben wurden. Hier gefundene Artefakte sind in vielen irischen Museen zu finden. Die meisten – darunter auch Schmuck und römische Münzen – waren wohl Weihgaben.

Newgrange ist wie die meisten prähistorischen Stätten von Mythen und Legenden umrankt. Eine erzählt die Geschichte von Oengus (auch Aonghus), einem Häuptling und Gott, der sich in das Mädchen Caer verliebte, nachdem er es in einem Traum gesehen hatte. Oengus suchte Irland ein Jahr nach Caer ab, bevor er sie endlich fand und erfuhr, dass sie verflucht war und je-

des zweite Jahr in einen Schwan verwandelt wurde. Als sie wieder zum Schwan wurde, verwandelte sich Oengus ebenfalls in einen, und sie flogen gemeinsam nach Newgrange.

Gin

Listoke Distillery and Gin School

Irlands einzige Ginschule befindet sich im Herzen des Boyne Valley. Besucher werden mit einem Listoke 1777 G & T begrüßt, bevor es in die Destillerie geht. Nachdem man etwas über die Geschichte der Marke erfahren hat, kann man seinen eigenen Gin »mixen« und ihn dann auch noch brennen.

🅰 D3 🏠 Tenure Business Park, Monasterboice
🌐 listokedistillery.ie

Knowth

Die beiden anderen Ganggräber, die ebenfalls zum UNESCO-Welterbe gehören, sind Knowth und Dowth. Sie sind ähnlich groß wie Newgrange, doch Knowth übertrifft seinen berühmteren Nachbarn in mehreren Belangen: So wurden hier viel mehr Schätze gefunden, die den reichsten neolithischen Fund, der je in Europa gemacht wurde, bilden. Zudem war die Anlage viel länger bewohnt – von der Steinzeit bis etwa 1400. Ungewöhnlicherweise hat Knowth zwei Ganggräber statt nur eines mit Eingängen an gegenüberliegenden Seiten. Das Grab ist von 18 kleineren Hügeln umgeben. Wie in Newgrange begannen auch hier 1962 die archäologischen Ausgrabungen, die Stätte ist nun für Be-

sucher geöffnet, die Gräber dürfen aber nur von außen besichtigt werden, um einen weiteren Verfall zu verhindern.

Dowth, das dritte Ganggrab, wurde bereits Mitte des 19. Jahrhunderts ausgegraben, jedoch so unprofessionell, dass die Stätte großen Schaden nahm. Die Ganggräber sind nicht so spektakulär wie die der anderen beiden Stätten, und viele der umgebenden Randsteine sind anders als in Newgrange oder Knowth teilweise oder ganz versunken. Dowth ist für Besucher geschlossen, man kann es jedoch von der Straße aus sehen.

↓ *Das Ganggrab von Knowth*

Die Schlacht am Boyne

1688 wurde James II, der katholische König Englands, gestürzt. Seine protestantische Tochter Mary und ihr Gatte Wilhelm von Oranien kamen auf den Thron. Um die Macht zurückzuerlangen, sicherte sich James die Unterstützung der irischen Katholiken und forderte Wilhelm am 1. Juli 1690 am Boyne zur Schlacht heraus. Etwa 25 000 französische und irische Katholiken standen Wilhelms Armee von 36 000 französischen Hugenotten, Dänen, Engländern und Schotten gegenüber. Die Protestanten siegten, James floh nach Frankreich. Die Schlacht markiert den Beginn der protestantischen Macht über Irland. »Katholisches Land« wurde niedergebrannt, katholische Interessen unterdrückt – das Schicksal Irlands war für die nächsten 300 Jahre besiegelt.

Schon gewusst?

Die Schlacht am Boyne war der größte Truppenaufmarsch auf irischem Boden.

SEHENSWÜRDIGKEITEN

2
Monaghan

🅰 D2 🏠 Co Monaghan
🚂 6000 🚌 ℹ Market
House, Market St; Juni–Sep
🌐 monaghantourism.com

Das lebhafte Monaghan ist der urbane Mittelpunkt im Norden der Midlands. Es wurde 1613 von James I gegründet und entwickelte sich dank der ansässigen Leinenherstellung zu einem blühenden Industriezentrum. Ein *crannog* bei der Glen Road ist das einzige Zeugnis des keltischen Ursprungs dieser Stadt.

Im Herzen von Monaghan liegen drei Plätze eng beieinander. Der schönste von ihnen ist der Market Square (18. Jh.). Hier steht das Market House, ein kleines, hübsches Haus mit Eichenbalken, in dem sich ein Kunstzentrum befindet. Östlich des Platzes liegt der Church Square, Mittelpunkt des modernen Monaghan. Er wird von Häusern

aus dem 19. Jahrhundert gesäumt, etwa dem Gerichtshaus. Der dritte Platz, der sogenannte Diamond, war früher der Marktplatz. Hier steht das Rossmore Memorial, ein Brunnen im viktorianischen Stil.

Das **County Museum** präsentiert die Geschichte von Monaghan und seiner Leinenindustrie. Glanzstück der Sammlung ist das Cross of Clogher, ein Altarkreuz aus Bronze (um 1400).

County Museum
♿ 🏠 Hill St 📞 +353 47 82928 🕐 Mo–Fr 11–17, Sa 12–17 🚫 Feiertage

3
Drumlane

🅰 C3 🏠 1 km südl. von Milltown, Co Cavan
🚌 nach Belturbet

Die mittelalterliche Kirche und der Rundturm, die schön am Erne liegen, lohnen einen Besuch allein aufgrund ihrer herrli-

Expertentipp
Stadtführung

Von April bis Oktober findet in Monaghan jeden Samstag um 11 Uhr eine kostenlose historische Führung statt. Neben Fakten werden auch viele lustige und interessante Anekdoten über die Stadt und ihre Menschen erzählt.

chen Lage. Die Abteikirche (13. Jh.) wurde um 1400 umgebaut. Sie zeigt romanische Dekors. Dem Rundturm fehlt das Dach, doch verfügt er über hübsches Mauerwerk, das an der Nordseite mit interessanten Vogeldarstellungen verziert ist.

4
Corlea Trackway

🅰 C3 🏠 Kenagh, Co Longford 📞 +353 43 322 2386
🚌 nach Longford 🕐 Apr–Sep: tägl. 10–18 (letzter Einlass: 1 Std. vor Schließung)
🌐 heritageireland.ie

Das Corlea Trackway Visitor Centre zeigt eine Moorstraße aus der Eisenzeit (148 v. Chr.). Die aus Mooreichen gebaute Straße ist die größte ihrer Art, die in Europa ausgegraben wurde. 18 konservierte Meter der Straße sind zu sehen. Dafür wurde eigens eine Halle gebaut, um das Holz vor Hitze zu schützen.

Umgebung: Zehn Kilometer nördlich des Corlea Trackway liegt Ardagh, das schönste Dorf in Longford mit hübschen Cottages um den grünen Dorfanger.

Rossmore Memorial im Zentrum des Diamond in Monaghan

↑ Die Ruinen von Fore Abbey, einer mittelalterlichen Benediktinerabtei

⑤ 🏰 🏤 🚻 🛍 ♿

Tullynally Castle

🅰 C3 🏠 Castlepollard, Co Westmeath 🚌 nach Mullingar 🕐 Burg: nur vorab gebuchte Gruppen; Gärten: Apr – Sep: Do – So 11–17 🌐 tullynallycastle.ie

Das riesige Gebäude mit seinen vielen Türmen und Zinnen ist eines der größten Schlösser Irlands. Es wurde im 17. Jahrhundert im georgianischen Stil errichtet. Später wurde das einstige Turmhaus im neogotischen Stil umgebaut. Seit 1655 lebt die Familie Pakenham auf Tullynally Castle.

Die große Eingangshalle führt zum holzgetäfelten Speisezimmer mit riesigen Familienporträts. Ebenso interessant sind die viktorianische Küche und der Wäscheraum. Die Bibliothek mit 8000 Bänden bietet einen herrlichen Blick auf die hügelige Parklandschaft des Anwesens, die im 18. Jahrhundert mit viktorianischen Terrassen, Blumen- und Nutzbeeten angelegt wurde. Hier befinden sich auch zwei kleine Seen sowie ein chinesischer und ein tibetischer Garten.

⑥

Fore Abbey

🅰 C3 🏠 Fore, Castlepollard, Co Westmeath 🚌 nach Castlepollard 🕐 tägl. 🌐 heritageireland.ie

Die Ruinen von Fore Abbey liegen in einer Hügellandschaft etwa acht Kilometer östlich von Tullynally Castle. 630 gründete hier der hl. Fechin ein Kloster. Die Ruinen stammen jedoch von einer Benediktinerabtei von circa 1200. Fore Abbey liegt an der nördlichen Grenze des Pale *(siehe S. 145)* und wurde im 15. Jahrhundert zum Schutz gegen die irische Bevölkerung befestigt. Die zerfallene Kirche war Teil der alten normannischen Abtei. Kreuzgang und Refektorium stammen aus der Zeit um 1400.

⑦

Kells

🅰 D3 🏠 Co Meath 👥 5500 🚌 ℹ Headfort Pl; Di – Sa 9 –17 🌐 visitingkells.ie

Die mit ihrem irischen Namen Ceanannus Mór ausgeschilderte kleine Stadt ist so schön wie ihr berühmtes Kloster. Kells Monastery wur-

Restaurant

MacNean House & Restaurant
Die Wochenenden sind in diesem kulinarischen Highlight, das originelle Degustationsmenüs bietet, immer Monate im Voraus ausgebucht. Auch Kochschule.

🅰 C2 🏠 Main St, Blacklion 🌐 nevenmaguire.com

€ € €

de bereits im 6. Jahrhundert vom hl. Columba gegründet. Seine Blütezeit erlebte das Kloster ab 806, als Mönche aus Iona hierher flohen. Sie erstellten vermutlich auch die Handschrift *Book of Kells*, die im Trinity College *(siehe S. 66)* aufbewahrt wird.

Das Kloster, dessen Mittelpunkt eine Kirche (18. Jh.) ist, besitzt neben einem Rundturm mehrere kunstvoll geschnitzte Hochkreuze aus dem 9. Jahrhundert.

Nördlich des Kirchhofs liegt das steinerne St Columba's House, ein Oratorium.

In der Cross Street steht ein Hochkreuz, das vom Kloster hierher gebracht und während des Aufstands von 1798 als Galgen benutzt wurde. Am Sockel ist eine Schlacht dargestellt.

Der Slieve Foye Forest Park bei Carlingford im Sonnenuntergang ↑

8

Carlingford

🅐 D3 🏠 Co Louth 🚌 1500
🚌 ℹ️ Old Railway Station;
+353 42 937 3033
🌐 carlingford.ie

Das Fischerdorf liegt zwischen den Bergen der Halbinsel Cooley und dem Meeresarm Carlingford Lough. Die Grenze zu Nordirland verläuft mitten durch das Flusstal. Vom Dorf aus überblickt man die Mountains of Mourne. Der Ort mit Cottages, alten Häusern und mittelalterlichen Gassen wird vom frisch restaurierten King John's Castle überragt (Führungen: tägl. 11 und 15 Uhr). In einer schönen mittelalter-

lichen Kirche dokumentiert das **Carlingford Heritage Centre** die Geschichte des Hafens seit anglonormannischen Zeiten.

Im Sommer werden Kreuzfahrten auf dem See angeboten, der auch bei Wassersportlern beliebt ist, und im August findet in Carlingford das sehr beliebte Austernfestival statt.

Drei Kilometer nordwestlich windet sich eine Straße durch den Slieve Foye Forest Park mit schönem Blick.

Carlingford Heritage Centre
⊘ 🏠 Old Holy Trinity, Church Rd 🕐 Mo – Fr 10 – 12:30, 14 –16:30 🌐 carling fordheritagecentre.com

9

Monasterboice

🅐 D3 🏠 Co Louth 🚌 nach Drogheda ℹ️ tägl.; +353 41 983 7070

Das Kloster wurde im 5. Jahrhundert vom hl. Buite, einem Schüler des hl. Patrick, gegründet. Das Ruinenfeld ist eine von Irlands sakralen Hauptsehenswürdigkeiten. Es liegt malerisch abgeschieden, umgeben von einem Friedhof, nördlich von Drogheda. Zum Kloster gehören ein Rundturm und zwei Kirchen. Der bedeutendste Schatz sind allerdings die Hochkreuze (10. Jh.).

Muiredach's High Cross, das schönste seiner Art in ganz Irland, ist mit biblischen Darstellungen verziert, die sehr gut erhalten sind. Sie zeigen Szenen aus dem Leben Jesu und aus dem Alten Testament. Am Fuß des Kreuzes steht die Inschrift: »Ein Gebet für Muiredach, der dieses Kreuz fertigte« – möglicherweise ein Hinweis auf den Abt von Monasterboice. Das 6,50 Meter hohe Westkreuz, auch Tall Cross genannt, ist eines der höchsten in Irland. Die Ornamente hier sind nicht so gut erhalten wie jene des Muiredach's Cross, doch kann man einige

Irlands Hochkreuze

Hochkreuze gibt es überall in den keltischen Gebieten Irlands und Englands, doch Irlands Hochkreuze sind hinsichtlich Anzahl und Gestaltung einmalig. Als fester Bestandteil mittelalterlicher Klöster wurden sie vom 8. bis zum 12. Jahrhundert reich verziert und gelten als Symbol des irischen Christentums. Erste Hochkreuze weisen bis ins 8. Jahrhundert eine einfache geometrische Ornamentik auf. Im 9. und 10. Jahrhundert entwickelte sich ein neuer Stil, und die Kreuze zeigten Szenen oder Bildgruppen aus der Bibel. Diese »Erzählungen in Stein« wurden wohl dazu benutzt, dem leseunkundigen Volk die Bibel nahezubringen. Die Hochkreuze dienten auch als Statussymbole der Klöster oder der örtlichen Landherren.

Hotel

Ghan House
Das familiengeführte georgianische Haus liegt am Carlingford Lough und bietet von jedem Zimmer einen beeindruckenden Blick auf den See, Slieve Foye oder die Mourne Mountains.

🅰 D3 🏠 Carlingford
🅦 ghanhouse.com
€€€

Szenen von Christi Tod erkennen. Das Nordkreuz, das am wenigsten bemerkenswerte, zeigt eine Kreuzigung sowie Spiralmuster.

⑩
Dundalk
🅰 D3 🏠 Co Louth 🗠 32 000
🚉 🚌 ℹ Market Square
🎫 Fr 🅦 visitlouth.ie

Dundalk war einst der nördlichste Punkt des Pale, des Gebiets, das im Mittelalter die Engländer kontrollierten *(siehe S. 145)*. Die Stadt auf halbem Weg zwischen Dublin und Belfast ist heute der letzte größere Ort vor der Grenze zu Nordirland.

Dundalk bildet das Tor zur herrlichen Landschaft der Cooley Peninsula. Das **County Museum** in einer alten Destillerie (18. Jh.) gibt Einblicke in die Geschichte des County von der Steinzeit bis heute.

County Museum
🎫🚻 🏠 Jocelyn St 📞 +353 42 939 2999 🕐 Di – Sa 10 – 17 🚫 Feiertage
🅦 dundalktown.ie

→

St Peter's Cathedral ist eine von zwei Kirchen in Drogheda mit diesem Namen

⑪
Drogheda
🅰 D3 🏠 Co Louth 🗠 30 000
🚉 🚌 ℹ The Thosel, West St; +353 41 987 2843 🎫 Sa
🅦 drogheda.ie

Im 12. Jahrhundert war die normannische Hafenstadt an der Mündung des Boyne eine der bedeutendsten Städte Irlands. Jedoch scheint sich der Ort niemals von der Attacke Cromwells 1649 erholt zu haben, bei der 2000 Einwohner getötet wurden. Nichtsdestotrotz verfügt die Stadt über ein reiches mittelalterliches Erbe.

Von den Befestigungsanlagen ist noch das St Lawrence Gate aus dem 13. Jahrhundert erhalten. In der Nähe stehen zwei Kirchen, St Peter's genannt. Die schönere der beiden, 1753 erbaut, gehört der Church of Ireland

an. Sehenswert in der katholischen Kirche ist das einbalsamierte Haupt von Oliver Plunkett, einem Erzbischof, der im Jahr 1681 als Märtyrer starb.

Südlich des Flusses geht es zum Millmount hinauf, einer normannischen Anlage mit Martello-Turm. Hier bieten sich Ausblicke auf die Stadt.

Das **Drogheda Museum** zeigt Sammlungen zu Geschichte, Kunst und Kunsthandwerk, darunter Schusswaffen, die im Unabhängigkeitskrieg benutzt wurden, und eine alte Molkerei, in der demonstriert wird, wie Butter gemacht wird.

Drogheda Museum
🎫🚻 🏠 Millmount Sq
🕐 Mo – Sa 10 – 17:30, So 14 – 17 🚫 Weihnachten
🅦 droghedamuseum.ie

↑ *Bunt bemalte Cottages säumen die Straßen im Städtchen Trim*

⑫
Trim
🅰 D3 🏠 Co Meath 🏠 6500
📧 ℹ Castle St 🚌 Fr
🌐 discoverboynevalley.ie

Trim ist eines der schönsten Marktstädtchen in den Midlands. Es wurde in normannischer Zeit als Festung am Boyne gegründet und markierte einst die Grenze des Pale *(siehe S. 145)*. Im Trim Visitor Centre kann man sich eine Ausstellung über die Geschichte der Stadt ansehen. Hier beginnt auch ein Weg, der an allen acht Sehenswürdigkeiten vorbeiführt.

Trim Castle wurde 1173 von dem Normannen Hugh de Lacy gegründet und ist eine der größten mittelalterlichen Burgen Irlands. Mit ihrem spektakulären Ambiente ist sie auch als Filmkulisse – etwa 1995 für Mel Gibsons *Braveheart* – beliebt.

Jenseits des Flusses liegt die Augustinerabtei Talbot Castle, die im 15. Jahrhundert in ein Wohnhaus umgebaut wurde. Nördlich davon steht die St Patrick's Cathedral mit einem Turm aus dem 15. Jahrhundert. Von hier geht es östlich weiter zur Kathedrale St Peter und St Paul. Ein Spaziergang führt den Boyne entlang von Trim Castle zur Newton Abbey.

Trim Castle
◉◉ ⏰ Mitte März – Sep: tägl. 10 –17; Feb – Mitte März, Okt: tägl. 9:30 –16:30; Nov – Jan: Sa, So 9 –16
🌐 heritageireland.ie

⑬ ◈◈◈◈
Hill of Tara
🅰 D3 🏠 bei Kilmessan Village, Co Meath 🚌 nach Navan ⏰ Mitte Mai – Mitte Sep: tägl. 10 –18 (letzter Einlass: 1 Std. vor Schließung)
🌐 heritageireland.ie

Tara, das politische und spirituelle Zentrum des keltischen Irland, war bis ins

11. Jahrhundert Sitz der Hochkönige. Den Siegeszug des Christentums dokumentiert eine Statue des heiligen Patrick. Auch Daniel O'Connell war sich Taras symbolträchtiger Bedeutung bewusst: 1843 hielt er hier eine Versammlung mit einer Million Teilnehmern ab.

Das Dokumentationszentrum bietet Führungen zum steinzeitlichen Ganggrab und zu Hügelfestungen der Eisenzeit, die schlichten Gräben und Grashügeln gleichen. Deutlich erkennbar ist der Bezirk der Könige: Im Zentrum hütet Cormac's House den »Stein des Schicksals« *(Liath Fáil)*, Fruchtbarkeitssymbol und Krönungsstein. Am stärksten wirkt aber der Blick über das Boyne Valley.

⑭
Slane
🅰 D3 🏠 Co Meath
🏠 950 🚌

Slane ist ein hübsches Dorf nur 30 Minuten nördlich von Dublin. Zentrum ist eine Kreuzung mit einem Quartett identischer georgianischer Kalksteinhäuser. Der Boyne fließt durch die Stadt und führt an **Slane Castle** vorbei, das in einem herrlichen Park liegt. Führungen durch die Burg und die Whiskey-Brennerei werden angeboten.

Nördlich des Orts erhebt sich der Hill of Slane. 433 soll der hl. Patrick hier ein Osterfeuer entzündet haben, um den Oberkönig von Tara herauszufordern. Das Ereignis symbolisierte den Triumph des Christentums über das Heidentum.

Slane Castle
◈◈ℹ◈ ⏰ Juli – Sep: Mo – Fr 12 –17, Sa, So 12 –18
🌐 slanecastle.ie

⑮ ◈◈
Old Mellifont Abbey
🅰 D3 🏠 Tullyallen, Cullen, Co Louth 🚂 nach Drogheda 🚌 nach Drogheda oder Slane ⏰ Mai – Sep: tägl. 10 –18 (letzter Einlass: 45 Min. vor Schließung)
🌐 mellifontabbey.ie

An den Ufern des Mattock, zehn Kilometer westlich von Drogheda, liegt Old Mellifont Abbey, Irlands erste Zisterzienserabtei, die im Jahr 1142 vom hl. Malachy, dem Erzbischof von Armagh, gegründet wurde. Dieser war ein Anhänger des hl. Bernhard von Clairvaux, eines der bedeutendsten Mönche des Zisterzienserordens, für dessen Ausbreitung über ganz

→

Die Ruinen von Old Mellifont Abbey am Ufer des Mattock

Europa er verantwortlich war. Der Erzbischof führte in Mellifont jedoch nicht nur die Ordensregeln der Zisterzienser ein, sondern auch den formalen Stil klösterlicher Architektur. Seine Klosteranlage wurde zum Modell für andere Zisterzienserklöster in Irland, über die sie doch stets ihre Vormachtstellung bewahrte, bis sie im Jahr 1539 geschlossen und in eine befestigte Anlage umgewandelt wurde.

Wilhelm von Oranien nutzte Mellifont während der Schlacht am Boyne im Jahr 1690 als Hauptquartier. Größe und Grundriss der Abtei, heute eine Ruine, sind noch gut erkennbar.

Von der Kirche ist nur wenig erhalten, jedoch südlich davon, umgeben vom einstigen romanischen Kreuzgang, befindet sich das interessanteste Gebäude Mellifonts: ein achteckiges Lavabo aus dem 3. Jahrhundert, wo sich die Mönche vor den Mahlzeiten die Hände wuschen. Vier der ursprünglich acht Seitenmauern des Gebäudes sind noch erhalten, alle versehen mit sehr schönen romanischen Torbogen.

An der Ostseite des Kreuzgangs befindet sich das Kapitelhaus aus dem 14. Jahrhundert mit eindrucksvollem Deckengewölbe und mittelalterlichen Bodenfliesen aus Keramik.

16
Mullingar
🅰 C3 🏠 Co Westmeath
🏙 25 000 🚉 🚌 ℹ Market
Square; +353 44 934 8650
🌐 mullingar.ie

Das Städtchen in Westmeath ist ein wohlhabender Marktflecken am Royal Canal, der Dublin mit dem Shannon verbindet. Die Kosten für den Bau des Kanals ruinierten die Geldgeber, auch war die Wasserstraße nie profitabel. Mullingar, das vor allem als Ausgangspunkt für Fahrten in die Umgebung dient, hat schöne Pubs, etwa Canton Casey's und Con's. Zwischen Dublin und Mullingar bietet der Royal Canal Spazierwege und Angelmöglichkeiten.

Umgebung: An der Straße von Mullingar nach Kilbeggan befindet sich **Belvedere House**, eine palladianische Villa mit Blick über den Lough Ennel. Das Haus mit Rokoko-Stuckaturen wurde 1740 von Richard Cassels erbaut und liegt inmitten eines schönen Geländes. Kurz nach Fertig-

Expertentipp
Burgkonzerte

Das abfallende Gelände bei Slane Castle formt ein natürliches Amphitheater, das schon oft als außergewöhnlicher Konzertplatz genutzt wurde. Hier sind in der Vergangenheit bereits Queen, David Bowie und U2 aufgetreten.

stellung beschuldigte der 1. Earl of Belvedere seine Ehefrau, ein Verhältnis mit seinem Bruder zu haben, und sperrte sie für die nächsten 31 Jahre in ein Nachbarhaus ein. 1760 ließ der Earl die *Jealous Wall* errichten, um die Sicht auf das Haus seines Bruders zu verstellen, das prachtvoller war als seines. Mauer und Aussichtsplattform sind noch erhalten.

Terrassen führen hinunter zum See. Auf der einen Seite des Hauses liegt ein Garten, der von einem schönen Arboretum und einer üppigen Parklandschaft umgeben ist.

Belvedere House
🚫 😐 😐 🏠 6,5 km südl. von Mullingar 🕐 tägl., Zeiten siehe Website
🌐 belvedere-house.ie

⓱ Kilbeggan

🅰 C3 🏠 Co Westmeath
🚋 1000 🚌

Das Städtchen liegt zwischen Mullingar und Tullamore und verfügt über einen kleinen Hafen am Grand Canal. Hauptattraktion ist die **Kilbeggan Distillery Experience** (1757). Sie soll die älteste lizenzierte Whiskey-Brennerei der Welt sein, die heute noch produziert. Da sie mit den schottischen Whisky-Herstellern nicht mehr konkurrieren konnte, musste sie 1953 schließen – doch der Duft des Whiskeys hing noch jahrelang in den Räumen des Hauses und wurde als »the angel's share« (»Anteil der Engel«) bezeichnet. 1987 wurde die Brennerei als Museum wiedereröffnet. Gebäude und Ausstattung sind original erhalten – mit Wasserrad und Dampfmaschinen. Bei der Führung werden die Schritte der Destillation irischen Whiskeys erläutert. Besucher können Whiskeys in der Bar probieren.

2007 startete hier wieder die Produktion. 2014 kamen die ersten Flaschen des neuen Whiskeys in den Handel.

Kilbeggan Distillery Experience
🎨🕐🅿🛍♿ 🏠 Lower Main St 🕐 Apr–Okt: tägl. 9–18; Nov–März: tägl. 10–16
🅦 kilbegganwhiskey.com

Athlone Castle wird von den Türmen von St Peter and St Paul am Shannon überragt ↑

⓲ Athlone

🅰 C3 🏠 Co Westmeath
🚋 16 000 🚉 🚌 ℹ Castle Street; +353 90 649 4630
📅 Sa

Dank seiner Lage an einer Furt im Shannon erlangte Athlone Bedeutung. **Athlone Castle** (13. Jh.) im Schatten von St Peter and St Paul (19. Jh.) wurde in den Jakobinischen Kriegen beschädigt. Vom Hafen fahren Schiffe nach Clonmacnoise *(siehe S. 261)* und zum Lough Ree.

Umgebung: Der Lough Ree Trail beginnt acht Kilometer nordöstlich von Athlone bei Glassan und ist ein beliebter Radweg, der an den Ufern des Lough Ree ins County Longford führt.

Athlone Castle
🎨🕐♿ 🏠 Visitor Centre, St Peter's Sq 🕐 tägl., siehe Website 📅 März–Mai, Sep, Okt: Mo; Nov–Feb: Mo, Di
🅦 athlonecastle.ie

←

Eichenfässer voller Whiskey in der Kilbeggan Distillery Experience

Restaurant

Kin Khao Thai
In dem leuchtend gelb und rot angestrichenen Gebäude befindet sich eines der besten thailändischen Restaurants Irlands. Zu den Spezialitäten gehört Schweinefleisch-Curry mit Knoblauch und Ingwer.

🅰 C3 🏠 1 Abbey Lane, Athlone
🅦 kinkhaothai.ie
€€€

⓳ 🎨🚲🍽🖥🛍♿ Tullamore D.E.W. Visitor Centre

🅰 C4 🏠 Bury Quay, Tullamore, Co Offaly; Zufahrt von N6 Dublin–Galway und N7 Dublin–Cork 🕐 Mo–Sa 9:30–18, So 11:30–17
📅 25., 26., 31. Dez–2. Jan
🅦 tullamoredew.com

Tullamore und der berühmteste Exportartikel, der Tullamore D.E.W. Whiskey, sind untrennbar miteinander verbunden. Deshalb ist es sinn-

voll, dass im Tullamore D.E.W. Visitor Centre nicht nur die Geschichte von Tullamore D.E.W. beleuchtet wird, sondern auch die der Stadt.

Das Zentrum befindet sich in der alten Brennerei von 1897. Sowohl die Brennerei als auch der Whiskey sind nach dem Gründer Daniel E. Williams benannt. Besucher können durch die nachgebauten Arbeitsstationen der Brennerei wandern, wie Mälzerei, Abfüllung, Verkorkung und Böttcherei sowie das Lagerhaus, in dem die alten, mit Whiskey gefüllten Eichenfässer reifen mussten.

Die Geschichte der Stadt begann vor etwa 9000 Jahren mit der Entstehung des Moors. Das Zentrum erklärt Hochmoore und die verschiedenen Verwendungsmöglichkeiten von Torf. Die Tour endet in der Bar vor Ort mit einem kostenlosen Glas Whiskey oder Irish Mist Liqueur. Abgesehen von der Whiskey-Bar lohnt es sich auch, für eine Mahlzeit im hervorragenden Bond Restaurant zu bleiben.

→

Blick auf Emo Court und den schönen Park

20
Emo Court
D4 ⌂ 13 km nordöstl. von Portlaoise, Co Laois ☎ +353 57 862 6573 🚌 nach Monasterevin oder Portlaoise ⊙ siehe Website 🌐 emocourt.ie

Emo Court wurde 1790 vom Earl of Portarlington in Auftrag gegeben und stellt den einzigen Ausflug in die Wohnarchitektur von James Gandon dar, dem Erbauer des Custom House in Dublin *(siehe S. 102)*. Das prächtige neoklassizistische Herrenhaus, das nur im Rahmen einer Führung besichtigt werden kann, besitzt eine schöne Fassade mit einer großen Kuppel, die das Gebäude überragt, und einen imposanten ionischen Säulengang, durch den man das Gebäude betritt. Im Inneren befinden sich eine vergoldete Rotunde und feine Stuckdecken.

Emo Court ist seit 1994 im Besitz des Office of Public Works. Das Gelände ist mit Statuen geschmückt und umfasst einen Weg, der durch die Sträucher zu einem Spazierweg am Seeufer führt, der im Frühsommer in allen Farben erstrahlt.

Pub

The Thatch

The Thatch, eines der ältesten und beliebtesten Pubs im Süden, hat offene Holzbalken, alte Kamine und – natürlich – ein wunderschönes Reetdach.

🅰 C4 🏠 Military Rd, Crinkill, Birr ⓦ thethatchcrinkill. com

Den Rock of Dunamase krönen Ruinen einer Burg aus dem 13. Jahrhundert →

㉑
Birr

🅰 C4 🏠 Co Offaly 🖼 4100 🚌 ⓘ Emmet Sq; +353 57 912 3936; Juni – Sep: Mo – Sa

Birr entwickelte sich im Schatten einer Burg, in der die Earls of Rosse vier Jahrhunderte lang residierten. Der Ort ist berühmt für sein geschlossenes Stadtbild im georgianischen Stil und für seine Häuser mit typischen Oberlichtern, Kassettentüren und schmiedeeisernen Geländern. Die elegantesten Straßen sind die Oxmantown Mall (angelegt vom 2. Earl of Rosse) und die John's Mall. Emmet Square ist kommerzi-

eller, doch die alte Poststation Dooly's Hotel ist gut erhalten – ebenso die Forster's Bar in der Connaught Street.

Birr Castle wurde 1620 von den Parsons, den späteren Earls of Rosse, gegründet und ist noch heute Sitz der Familie. Sie hatten großes Interesse an Astronomie. Das Teleskop, das der 3. Earl of Rosse 1845 bauen ließ, war zu damaliger Zeit das größte der Welt. Das 17 Meter lange Fernrohr »Leviathan« ist auf dem Burggelände zu sehen.

Die Burg kann auf einer Führung besichtigt werden. Highlight ist aber die öffentlich zugängliche Parkanlage aus dem 18. Jahrhundert. Sie ist berühmt für die hohe 200 Jahre alte Buchsbaumhecke sowie die exotischen Bäume und Sträucher, die von Expeditionen stammen, die der 6. Earl of Rosse finanzierte. Schön sind auch die Magnolien und Ahornbäume sowie eine Hängebrücke.

Birr Castle

🌀🌀🌀🏠🏠♿ 🏠 Rosse Row 🕐 Park: März – Okt: tägl. 9 –18; Nov – Feb: tägl. 10 –16 ⓦ birrcastle.com

㉒
Slieve Bloom Mountains

🅰 C4 🏠 Co Offaly und Co Laois 🚗 nach Mountmellick ⓦ slievebloom.ie

Die Hügelkette erhebt sich aus dem Moorland und den Ebenen von Offaly und Laois und bietet in der sonst recht flachen Landschaft der Midlands eine willkommene Abwechslung. Der 77 Kilometer lange Rundweg Slieve Bloom Way führt durch eine unbe-

Schnell fließender Bach in den Slieve Bloom Mountains ↑

rührte Naturlandschaft mit bewaldeten Schluchten und Bergbächen. Es gibt auch andere markierte Wege. Gute Ausgangspunkte sind Cadamstown, mit einer attraktiven alten Mühle, und das hübsche Dorf Kinnitty – beide befinden sich in den nördlichen Ausläufern.

23
Rock of Dunamase

🅰 D4 🏠 5 km östl. von Portlaoise, Co Laois 🚉 nach Portlaoise

Der Rock of Dunamase, der sich imposant über die Ebenen östlich von Portlaoise erhebt, war lange Zeit gesperrte Militärzone. Das einstige Ringfort aus der Eisenzeit wurde im 13. Jahrhundert zur Burg umgebaut – diese wurde von den Truppen Cromwells 1651 fast vollständig zerstört.

Man erreicht den Bergfried von Dunamase über Abhänge und Gräben durch zwei Tore und einen befestigten Burghof. Der steile Aufstieg wird belohnt durch den schönen Blick auf die Slieve Bloom Mountains und die Wicklow Hills.

24
Clonmacnoise

🅲 C4 🏠 7 km nördl. von Shannonbridge, Co Offaly 📞 +353 90 967 4195 🚌 nach Athlone, dann Minibus; +353 90 647 4839, +353 87 240 7706 🚤 von Athlone 🕐 Nov – Mitte März: tägl. 10 –17:30; Mitte März – Mai, Sep, Okt: bis 18; Juni – Aug: bis 18:30 🔒 25., 26. Dez 🌐 heritageireland.ie

Das am Shannon gelegene Kloster wurde 548 vom hl. Ciarán gegründet. Es lag an einer Kreuzung, die es mit ganz Irland verband. Berühmt für Gelehrsamkeit und Frömmigkeit, erlebte es vom 7. bis zum 12. Jahrhundert seine Blütezeit. Viele der Könige von Tara und Connaught wurden hier beigesetzt. Von Wikingern und Normannen geplündert, fiel es 1552 an die Engländer.

Heute sind noch Kapellen, die Kathedrale, zwei Rundtürme und drei Hochkreuze zu sehen. Das Nordportal zeigt Darstellungen der Heiligen Francis, Patrick und Dominik (15. Jh.). Die Akustik lässt selbst ein Flüstern in der Kirche hören.

↑ *Kopie eines Hochkreuzes in Clonmacnoise; die Originale stehen innen*

Das Besucherzentrum ist in drei bienenkorbartigen Gebäuden eingerichtet. Das Museum zeigt frühe Grabsteine und die drei Hochkreuze des Klosters, deren Kopien an den Originalplätzen stehen. Das am besten erhaltene, das Cross of the Scriptures, ist mit biblischen Szenen dekoriert, doch ist bei den meisten Figuren unklar, um wen es sich handelt. Die Kirche der Nonnen, nordöstlich der Anlage, weist ein romanisches Portal und einen Altarraum auf.

The Big Fish, *eine Mosaikskulptur in Belfast*

Nordirland

Die Provinz Nordirland wurde im Jahr 1921, nach der Teilung der Insel, gegründet und gehört zu Großbritannien. Ihre sechs Countys (plus Donegal, Monaghan und Cavan) waren einst Teil von Ulster, einem der vier alten Königreiche Irlands. Hier hat sich wahrscheinlich auch zuerst das Christentum in Irland etabliert. Im Jahr 432 landete der hl. Patrick in Saul im County Down und gründete später, vermutlich 444, eine Kirche in Armagh, das auch heute noch das geistliche Zentrum Irlands ist.

In dieser Zeit lag die politische Macht in den Händen der Familie Uí Néill. Deren Nachfahren, die O'Neills, leisteten im späten 16. Jahrhundert England hartnäckig Widerstand, wurden jedoch 1607 von der Armee Elizabeths I geschlagen und flohen mit anderen irischen Landesherren von Ulster aufs europäische Festland, ein Ereignis, das als »Flight of the Earls« in die Geschichte einging. Später wurden hier englische und schottische Protestanten angesiedelt. Die Ankunft der neuen Siedler marginalisierte die katholische Bevölkerung Irlands und legte den Samen für einen über 400 Jahre dauernden Konflikt.

Im 18. Jahrhundert ließ der angloirische Adel stattliche Häuser bauen, z. B. Mount Stewart House *(siehe S. 295)* oder Castle Coole *(siehe S. 290)*. Auch Ulster hatte im 19. Jahrhundert eine Blütezeit, dank Werft-, Leinen- und Seilindustrie, doch jenseits des stark industrialisierten und dicht besiedelten Belfast blieb der Rest von Nordirland weitgehend agrarisch geprägt.

Ende des 20. Jahrhunderts war Nordirland das Schlachtfeld der »Troubles« (Nordirlandkonflikt). Die Unterzeichnung des Karfreitagsabkommens 1998 bereitete den Weg für ein neues Parlament für den Landesteil Nordirland und die Hoffnung auf Frieden.

Nordirland

Highlights
1. Belfast
2. Giant's Causeway
3. Causeway Coast
4. Derry~Londonderry

Sehenswürdigkeiten
5. Benone Strand
6. Mussenden Temple
7. Portstewart
8. Old Bushmills Distillery
9. Rathlin Island
10. Ballycastle
11. Cushendall
12. Glenariff Forest Park
13. Cookstown
14. Beaghmore Stone Circles
15. The Wilson Ancestral Home
16. Ulster American Folk Park
17. Belleek Pottery
18. Enniskillen
19. Marble Arch Caves Global Geopark
20. Devenish Island
21. Florence Court
22. Lough Neagh
23. Armagh
24. Dungannon
25. Seamus Heaney HomePlace
26. Larne
27. Ulster Folk and Transport Museum
28. Carrickfergus
29. Mount Stewart
30. Ards Peninsula
31. Hillsborough
32. Downpatrick
33. Mourne Mountains
34. Lecale Peninsula
35. Castlewellan Forest Park

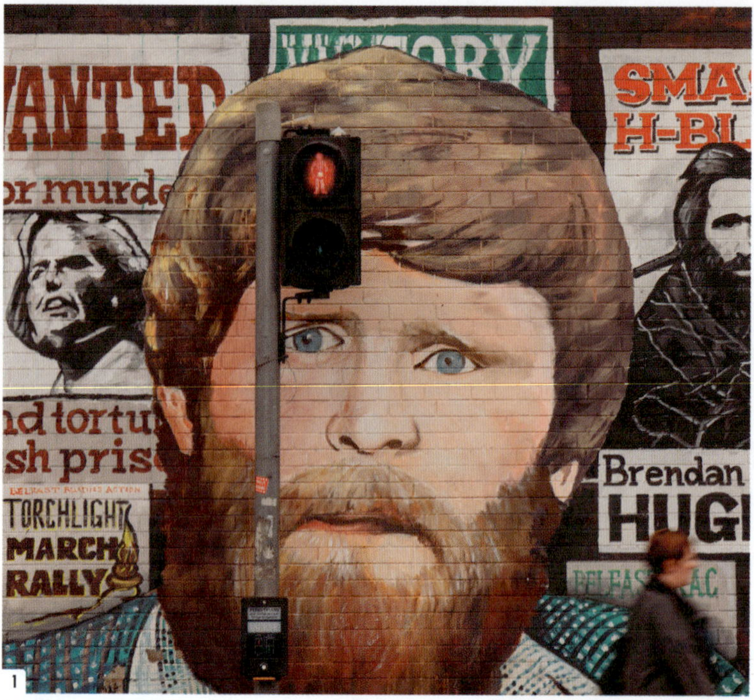

1

2

3

4

←

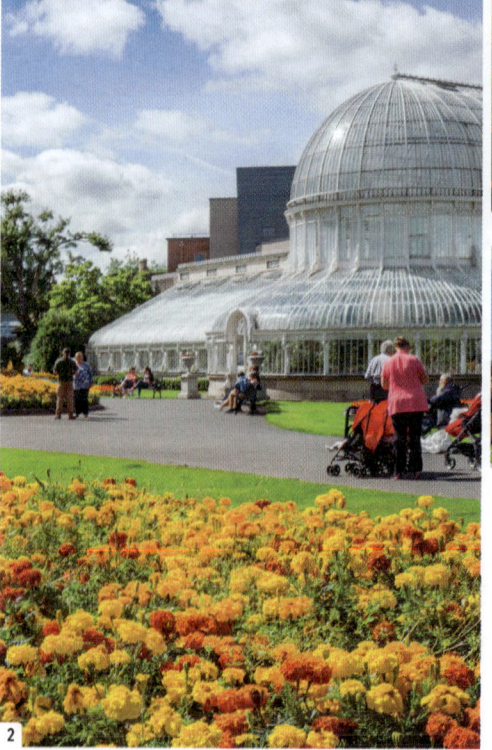

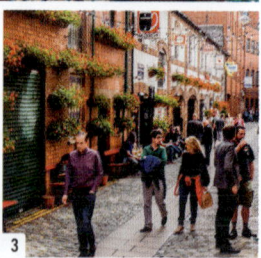

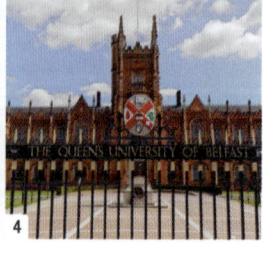

1 *Politische Wandgemälde in West-Belfast*

2 *Botanischer Garten*

3 *Das Cathedral Quarter ist voller Pubs und Restaurants*

4 *Queen's University*

2 TAGE

Ein Wochenende in Belfast

Tag 1

Vormittags Verbringen Sie ein paar Stunden im Titanic Quarter und dem Museum Titanic Belfast *(siehe S. 274f)*. Das Unglücksschiff, das auf seiner Jungfernfahrt 1912 sank, wurde hier gebaut, und das ausgezeichnete Museum befindet sich direkt an dem Ort der ehemaligen Werft. Es gibt Führungen mit dem Boot, dem Bus und zu Fuß, um die Gegend besser kennenzulernen.

Nachmittags Am Saint Anne's Square mit seinen vielen verführerischen Restaurants findet man einen Platz zum Mittagessen, etwa im Coppi, einem modernen italienischen Lokal mit industriellem Chic, das kleine und große Gerichte serviert. Verbringen Sie den restlichen Nachmittag mit einer Black Cab Tour *(siehe S. 273)*, bei der Sie die Wandbilder in West-Belfast besuchen, und erfahren Sie auf diese Weise mehr über die reiche, aber auch oft konfliktbeladene Geschichte der Stadt.

Abends Kehren Sie ins Stadtzentrum zurück und statten Sie im Cathedral Quarter so vielen Pubs *(siehe S. 271)* wie möglich einen Besuch ab. Nehmen Sie Ihr Abendessen im Muddlers Club ein, bevor Sie den Tag mit einem klassischen Cocktail bei Livemusik in Bert's Jazz Bar beenden.

Tag 2

Vormittags Genießen Sie im Café General Merchants in Ost-Belfast ein herzhaftes Frühstück, bevor Sie die Upper Newtownards Road entlang nach Stormont, Sitz der Northern Ireland Assembly, gehen. Es gibt kostenlose Führungen durch die Parlamentsgebäude, und das Gelände an sich ist ideal für Spaziergänge. Kehren Sie zum Mittagessen nach Ballyhackamore zurück – das Viertel hat aufgrund der großen Auswahl an Restaurants den Spitznamen »Ballysnackamore« erhalten.

Nachmittags Erkunden Sie nun das University Quarter *(siehe S. 272)*: Beginnen Sie in den Botanic Gardens und spazieren Sie danach durch die Anlage der Queen's University, Nordirlands prestigeträchtigster und fotogenster Bildungseinrichtung. Das Ulster Museum nebenan zeigt eine reiche Sammlung aus Kunst, Stadtgeschichte, Naturwissenschaften und Archäologie.

Abends Belohnen Sie sich nach einem Tag mit vielen Spaziergängen mit einem Abendessen irgendwo in der Umgebung. The Barking Dog und Deanes at Queens gehören zu den lokalen Favoriten. Legen Sie danach die Füße hoch und schauen Sie sich im QFT, dem Kino der Uni, einen Arthouse-Film an.

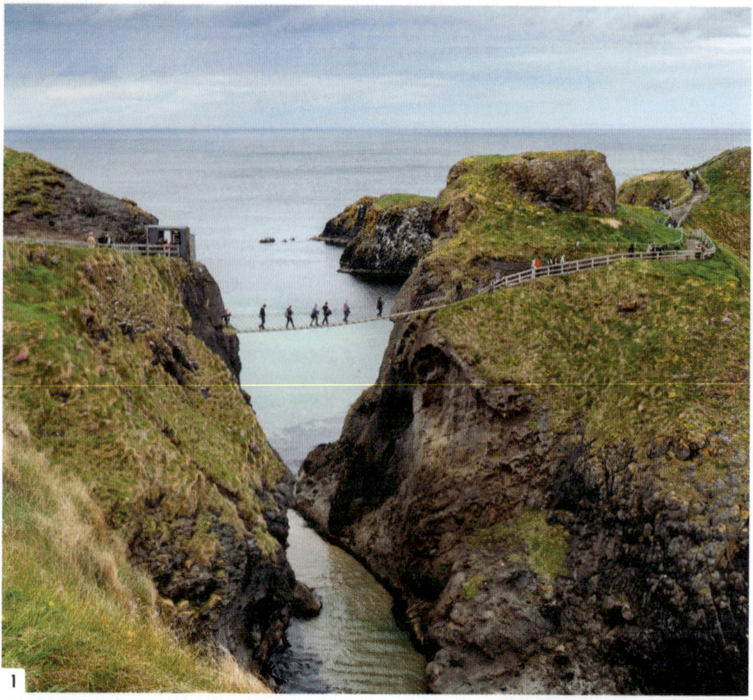

1

2

3

4

←

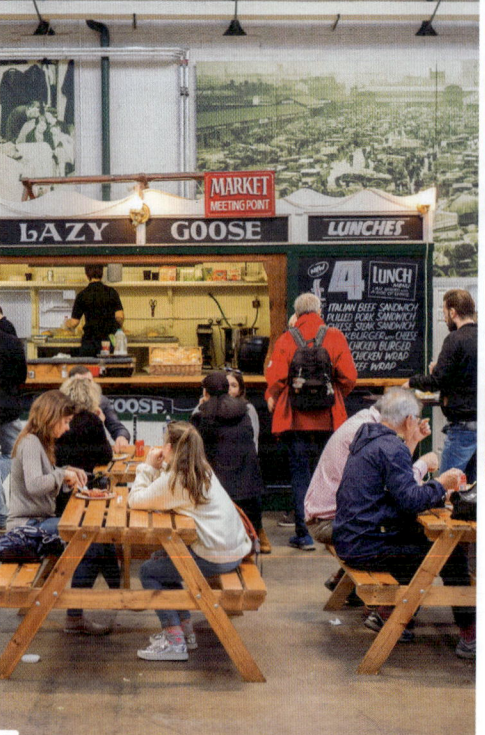

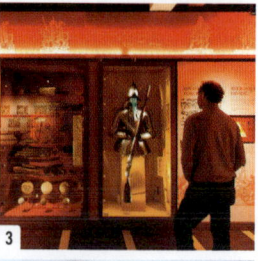

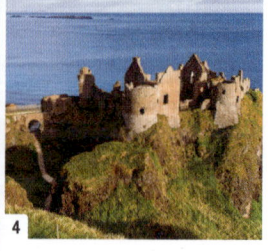

1 *Die Carrick-a-Rede Rope Bridge, Ballintoy*

2 *St George's Market, Belfast*

3 *Exponate im Tower Museum, Derry~Londonderry*

4 *Dunluce Castle, Antrim*

3 TAGE
an der Küste Nordirlands und in Derry~Londonderry

Tag 1
Vormittags Von Belfasts Zentrum aus können Sie auf dem St George's Market bei einem der vielen Händler ein Frühstück einnehmen und dann Richtung Ballycastle *(siehe S. 285)* fahren. Fans von *Game of Thrones* sollten auf der gut einstündigen Fahrt einen Fotostopp an den Dark Hedges *(siehe S. 279)* einlegen, einer Allee, die in der erfolgreichen TV-Serie als Kulisse diente.
Nachmittags Nehmen Sie die Fähre nach Rathlin Island *(siehe S. 285)* und verbringen Sie ein paar Stunden an diesem zerklüfteten, wunderschönen Ort. Einer der besten Aussichtspunkte ist der Leuchtturm der Insel mit Blick auf eine Seevogelkolonie.
Abends Zurück auf dem Festland, machen Sie einen Abstecher über die schwindelerregende Carrick-a-Rede Rope Bridge *(siehe S. 279)*. Je nach Wetter brauchen Sie vielleicht eine kleine Pause; checken Sie im Bushmills Inn *(siehe S. 284)* ein, einem ausgezeichneten Boutique-Hotel mit einem kleinen Kino vor Ort.

Tag 2
Vormittags Brechen Sie früh auf, um Nordirlands einzige UNESCO-Welterbestätte, den Giant's Causeway *(siehe S. 276f)*, zu besuchen. Das Besucherzentrum ist interessant, aber nicht sehr groß. Meiden Sie also den offiziellen Parkplatz, wenn Sie lieber über die schwarz glänzenden Basaltsteine klettern möchten. Wenn Sie Appetit haben, sollten Sie den Imbisswagen Mini Maegden (29 Causeway Road) aufsuchen, der im Sommer gegrillten Käse für Feinschmecker serviert.

Nachmittags Fahren Sie danach entlang der kurvenreichen Causeway Coastal Route nach Westen. Die Ruinen von Dunluce Castle *(siehe S. 278)*, ein weiterer Schauplatz von *Game of Thrones*, sind ein interessanter Zwischenstopp. Verbringen Sie den Nachmittag in Portstewart Strand *(siehe S. 284)* am kilometerlangen goldenen Sandstrand. Wer die Temperaturen aushält, kann hier auch wunderbar schwimmen und surfen.
Abends Essen Sie in Harry's Shack *(siehe S. 279)* zu Abend. Das kleine Lokal ist sehr beliebt, also reservieren Sie rechtzeitig, um den Tag mit frischen Meeresfrüchten ausklingen zu lassen.

Tag 3
Vormittags Fahren Sie nach Derry~Londonderry *(siehe S. 280 – 283)*, zweitgrößte Stadt Nordirlands und die einzige komplett ummauerte Stadt Irlands, sodass ein Rundgang eine gute Einführung für Erstbesucher ist. Legen Sie eine Mittagspause im Pyke 'N' Pommes *(siehe S. 283)* ein, das schmackhafte Straßengerichte am Fluss serviert.
Nachmittags Das Tower Museum *(siehe S. 281)* bietet Ausstellungen über die spanische Armada und die jüngere Vergangenheit der Region. Sehen Sie sich danach einige der Wandmalereien an, die an die Unruhen erinnern *(siehe S. 282)*, oder spazieren Sie zur Friedensbrücke.
Abends Essen Sie im ausgezeichneten Browns *(siehe S. 283)*, bevor Sie wieder nach Belfast fahren. Sie können auch einen Zug nehmen und genießen eine entspannte und landschaftlich reizvolle Fahrt.

↑ Auf den Wiesen rund um Belfast City Hall tanken Einheimische im Sommer Sonne

1

Belfast

A D2 ⌂ Co Antrim ⌖ 286 000 ✈ Belfast City Airport, 6,5 km östl.; Belfast International, 29 km nordwestl. ▣ Central Station; Great Victoria St Station 🚌 Europa Bus Centre; Laganside Bus Centre 🛈 9 Donegall Square North 🎭 Balmoral Show (Mai); Carnival (Juni) Ⓦ visitbelfast.com

Belfast war die einzige Stadt Irlands, die von der industriellen Revolution profitierte. Wegen der hier gebotenen Arbeitsplätze wuchs die Bevölkerung bis Ende des Ersten Weltkriegs auf 400 000 an. Der Nordirlandkonflikt und der Niedergang der Schwerindustrie trieben die Stadt an den Rand des Ruins, doch Erneuerungsprojekte geben Belfast das Gesicht einer freundlichen und schönen Stadt.

Schon gewusst?

Die Oper wurde 1974 das erste denkmalgeschützte Gebäude Nordirlands.

1

Belfast City Hall
⌂ Donegall Square
🕐 Gelände: tägl. 7–19 (Mai–Sep: bis 21)
Ⓦ belfastcity.gov.uk

In der Mitte des Donegall Square steht das rechteckige Rathaus (1906). Neben einer Ausstellung, die an die Geschichte der Stadt erinnert, gibt es auch kostenlose Führungen. Die Statuen an dem Bau zeigen u. a. Königin Victoria und Sir Edward Harland, Gründer der Werft Har-

land & Wolff, die die *Titanic* baute. In der Nähe befindet sich ein Denkmal für die Opfer, die der Untergang des Schiffs auf seiner Jungfernfahrt 1912 forderte.

2

Grand Opera House
⌂ Great Victoria St
🕐 Karten: Mo–Sa 10–17; Führungen: siehe Website
Ⓦ goh.co.uk

Das von dem bekannten Theaterarchitekten Frank Matcham im spätviktoriani-

schen Stil errichtete Theater eröffnete 1895 und unterhält seither die Belfaster Theaterbesucher. Bombenangriffe auf das benachbarte Europa Hotel unterbrachen zeitweise den Betrieb während des Höhepunkts der Unruhen, aber das Opernhaus, das 2020 umfassend renoviert wurde, überlebte als wichtiger Veranstaltungsort.

3

St Anne's Cathedral
⌂ Donegall St 🕐 Mo–Sa 9–17, So 13–15
Ⓦ belfastcathedral.org

Der Bau der 1904 geweihten anglikanischen Kathedrale dauerte 100 Jahre. Innen beeindruckt das Gotteshaus vor allem wegen der in den 1930er Jahren entstandenen Mosaiken. Das Mosaik im

Baptisterium ist aus 150 000 Teilen zusammengesetzt. Der Fußboden des Mittelschiffs ist mit Ahornholz, der der Seitenschiffe mit Marmor ausgelegt. Im südlichen Seitenschiff befindet sich die Ruhestätte von Lord Carson (1854–1935).

④ 🖼️ 🖼️ 🖼️ 🖼️

Linen Hall Library
🏠 17 Donegall Square North
🕐 Mo – Fr 9:30 – 17:30
🌐 linenhall.com

Die 1788 gegründete, älteste Bibliothek Belfasts besitzt Tausende alter und seltener Bücher. Die einmalige Sammlung zu irischen und regionalen Studien umfasst u. a. 250 000 Bücher zur Politik Nordirlands und ist damit das ultimative Archiv des zurückliegenden Konflikts. Die Bibliothek besitzt auch eine riesige Datenbank zur Ahnenforschung. In der Linen Hall Library können Ausstellungen besucht werden. Über dem Eingang hängt die Red Hand of Ulster. Um das Emblem der Provinz rankt sich die Sage zweier keltischer Helden, die miteinander wetteiferten, wer zuerst die Erde von Ulster berühren würde. Vom Wunsch getragen, den Wettbewerb zu gewinnen, hackte sich einer der beiden die Hand ab und warf sie an die Küste Ulsters.

⑤ (NT)

Crown Liquor Saloon
🏠 46 Great Victoria St
🕐 siehe Website
🌐 nationaltrust.org.uk

Selbst Antialkoholiker sollten dieses einzigartige Pub aufsuchen. Das 1885 eröffnete Crown ist das berühmteste Pub in Belfast. Das Haus steht unter Denkmalschutz. Das Innere ist mit Buntglas- und Marmordekorationen gestaltet. Gaslampen schaffen eine gemütliche Atmosphäre: der Ort schlechthin, um ein Pint Guinness zu trinken und ein paar Strangford-Lough-Muscheln zu essen.

Pubs

Besuchen Sie einige der besten Pubs der Stadt in den pittoresken Kopfsteinpflasterstraßen von Cathedral Quarter.

The Dirty Onion
🏠 3 Hill Street
🌐 thedirtyonion.com

Duke of York
🏠 7 –11 Commercial Court
🌐 dukeofyork belfast.com

The Thirsty Goat
🏠 1 Hill Street
🌐 thethirstygoat.co.uk

The Cloth Ear
🏠 The Merchant Hotel, 16 Skipper Street
🌐 themerchant hotel.com

The National
🏠 62 High Street
🌐 thenational belfast.com

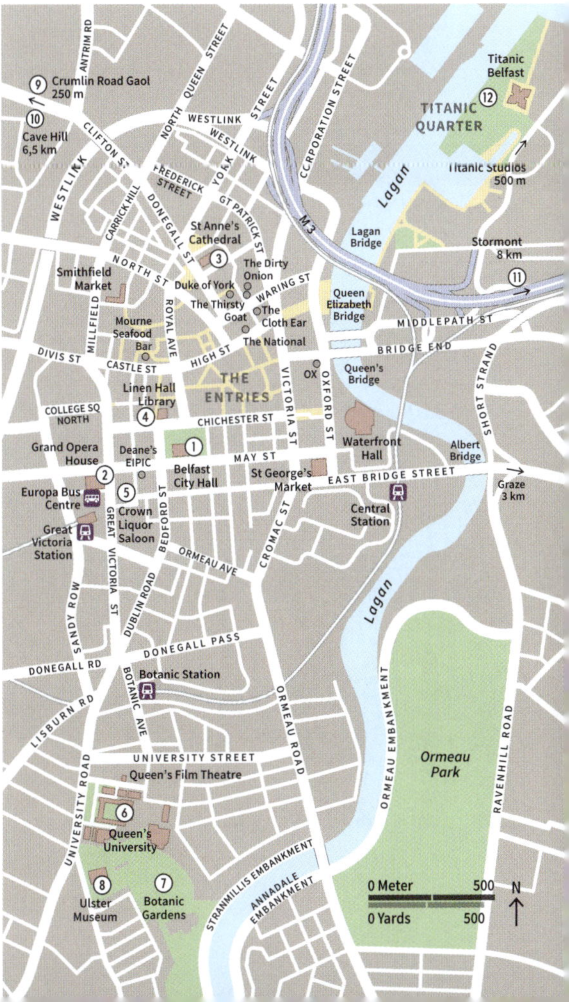

Restaurants

In Belfast gibt es viele großartige Restaurants, hier vier unserer Favoriten.

Deane's EIPIC
🏠 28 – 40 Howard St
🌐 deaneseipic.com
£££

Graze
🏠 402 Upper Newtownards Rd
🌐 grazerestaurant belfast.com
££©

Mourne Seafood Bar
🏠 34 – 36 Bank St
🌐 mournesea food.com
££©

OX
🏠 1 Oxford St
🌐 oxbelfast.com
£££

⑥
Queen's University
🏠 University Rd
🌐 qub.ac.uk

Vom Donegall Square geht man etwa 15 Minuten zu Fuß durch das Vergnügungsviertel der Stadt, die »Golden Mile«, zur Queen's University, Nordirlands angesehenster Universität. Das 1849 von Charles Lanyon errichtete Hauptgebäude ähnelt stark dem Magdalen College in Oxford. Ein turmbewehrtes Tor führt in den Innenhof mit Kolonnaden.

⑦
Botanic Gardens
🏠 Botanic Ave ⏲ siehe Website 🌐 belfastcity.gov.uk

Der Botanische Garten hinter der Universität ist eine Oase der Ruhe. Die 1839 errichtete, beeindruckende Glas-Stahl-Konstruktion des Pal-

menhauses sowie das Tropical Ravine, eine mit tropischen Farnen bewachsene Bergschlucht, sind herrliche Beispiele viktorianischer Gartenarchitektur.

⑧
Ulster Museum
🏠 Botanic Gardens ⏲ Di – Sa 10 –17 🌐 nmni.com

Das Ulster Museum wurde 1929 als Belfast Municipal Museum and Art Gallery gegründet und zeigt Kunstsammlungen, Geschichtliches sowie Exponate zu Archäologie und Naturgeschichte. Highlights sind das sechs Meter lange Skelett des Edmontosaurus-Dinosauriers, Takabuti, die altägyptische Mumie, und der atemberaubende, gewundene Corrard-Halsring. Neben den Ausstellungen gibt es viele Veranstaltungen sowie Lernzonen und interaktive Bereiche.

Das Lanyon Building ist das Hauptgebäude der Queen's University ↑

Politische Wandbilder in West-Belfast

Während der »Troubles« (1968–98) spielte Straßenkunst eine wichtige Rolle dabei, die Zugehörigkeit zu den beiden unversöhnlichsten Arbeitervierteln zu dokumentieren. Dutzende von Häusern in der protestantischen Shankill Road und der katholischen Falls Road wurden bemalt, um die jeweilige Zugehörigkeit deutlich zu machen. So wurden die Bordsteine in einigen Straßen entweder in den britischen Farben Rot, Weiß und Blau oder den irischen Farben Grün, Weiß und Gold bemalt. Trotz der Erfolge des Friedensprozesses bleiben viele Bemalungen erhalten. Zu besichtigen sind die Wandbilder bei einer »Black Cab Tour«, Tel. +44 28 9024 6609.

⑨

Crumlin Road Gaol

🏠 53–55 Crumlin Rd
🕐 tägl. 11–15:30
🌐 crumlinroadgaol.com

Das Crumlin Road Gaol ist Nordirlands einziges noch erhaltenes Gefängnis aus der viktorianischen Zeit und war von 1845 bis 1996 in Betrieb. Heute kann die Anlage auf eigene Faust besichtigt werden. Die Exponate beziehen sich auf die bewegte Vergangenheit des Gefängnisses und berichten von Ausbrüchen und Hinrichtungen, inhaftierten Suffragetten und de Valeras kurzem Aufenthalt als Häftling im Jahr 1924. Der größte Teil des Besuchs findet zwar drinnen statt, man sollte jedoch warme, wasserfeste Kleidung tragen, da einige Außenbereiche wie der unterirdische Tunnel, der das Gefängnis einst mit dem Gerichtsgebäude in der Crumlin Road verband, auch besichtigt werden können.

⑩

Cave Hill

🏠 Antrim Rd, 6,5 km nördl. der Stadt 🕐 Belfast Castle und Belfast Zoo: tägl.
🗓 Belfast Zoo: 25., 26. Dez
🌐 belfastcastle.co.uk
🌐 belfastzoo.co.uk

Eines der »sichtbarsten« Wahrzeichen der Stadt ist der Cave Hill (368 m), von dessen Spitze man ganz Belfast überblickt. Das schroffe Profil des Hügels soll Jonathan Swift zu dem Riesen in *Gullivers Reisen* inspiriert haben. Hier, nahe den Ruinen von MacArt's Fort (nach einem Stammesältesten aus der Eisenzeit benannt), trafen sich 1795 Wolfe Tone und die nordirischen Anführer der Gruppe United Irishmen, um sich zur Rebellion gegen England zu verbünden. Die fünf Höhlen beim Fort stammen aus neolithischer Zeit.

An den bewaldeten Osthängen des Hügels steht das 1870 erbaute Belfast Castle, während sich an den nordöstlichen Hängen der Belfast Zoo befindet.

⑪

Stormont

🏠 Newtownards Rd, 8 km südöstl. des Stadtzentrums
🕐 Mo–Fr 9–16
🌐 parliamentbuildings.org

Stormont Castle, das in den Jahren 1928 bis 1932 für 1 250 000 Pfund errichtet wurde, war einst der Sitz des nordirischen Parlaments. Das Gebäude aus Portland-Stein und Mourne-Granit liegt am Ende einer langen Straße, die durch einen Park führt. Nahe dem Eingang steht eine Statue Lord Carsons. Seit der Auflösung des Parlaments 1972 wird das Gebäude von der Regierung als Amtssitz genutzt. Die Northern Ireland Assembly tagt hier seit dem Abkommen von 1998, obwohl sie mehrmals ausgesetzt wurde, zuletzt von 2017 bis 2020.

Belfasts eindrucksvolles
Museum Titanic Belfast ↑

⑫ 🍴 🖥 🛍

Titanic Quarter

🏠 Titanic House, Queens Road, Belfast Ⓦ Titanic Quarter: www.titanic-quarter.com;
Titanic Belfast: www.titanicbelfast.com; SS *Nomadic*: www.nomadicbelfast.com

Titanic Quarter ist nur einen kurzen Fußweg vom Zentrum entfernt und eines der größten
Stadterneuerungsprojekte Europas. Rund um die frühere Schiffswerft, in der die RMS
Titanic gebaut wurde, stehen nun die berühmten gelben Kräne, ein Filmstudio und Titanic
Belfast, ein Weltklasse-Museum, das die verhängnisvolle Fahrt beleuchtet.

Titanic Belfast

Schon das Gebäude ist eindrucksvoll: acht Stockwerke
in der Form eines Schiffs-
bugs, bedeckt mit reflektie-
renden Aluminiumplatten.
Titanic Belfast steht genau
dort, wo die *Titanic* einst zu
Wasser gelassen wurde. Die
Ausstellung erklärt mit viel-

fältigen Exponaten nicht nur
deren Bau, sondern erläutert
auch, wie das havarierte Schiff
wiedergefunden wurde.
   Zu den Attraktionen gehört
eine Fahrt, die zeigt, wie Anfang des 20. Jahrhunderts
Schiffe gebaut wurden. In
Nachbauten der Kabinen und

anderer Schiffsteile kann man
nachempfinden, wie sich die
Passagiere gefühlt haben.
Und es werden auch das Un-
glück und die Geschichten
der Passagiere gewürdigt.
   Die SS *Nomadic*, das letzte
Schiff der White Star Line, ist
ebenfalls sehenswert.

Hotels

Bullitt Hotel
Das zentral gelegene Hotel punktet mit einer Rooftop-Bar.

⌂ 40a Church Lane
Ⓦ bullitthotel.com
££££

Titanic Hotel Belfast
Das Designhotel liegt im ehemaligen Hauptgebäude der Werft Harland & Wolff.

⌂ 8 Queens Rd
Ⓦ titanichotelbelfast. com
££££

The Merchant Hotel
Luxuriöse Räume hinter historischer Fassade.

⌂ 16 Skipper St
Ⓦ themerchant hotel.com
££££

Samson und Goliath
Diese beiden Kräne dominieren die Skyline von Belfast und gelten als Symbole der Stadt. Die Kräne, die nach den beiden biblischen Figuren benannt wurden, die für ihre Kraft bekannt waren, ragen über 90 Meter über der Werft Harland & Wolff empor und können Lasten von 840 Tonnen heben.

Titanic Studios

Den Grundstein von Belfasts wachsendem Media Campus legten die Titanic Studios mit einem gesamten Set-Bereich von knapp 1000 Quadratmetern. Das Studio zieht Produzenten wie HBO und Universal an und ist wohl am bekanntesten als Drehort von *Game of Thrones*. Es ist das Hauptstudio und der Postproduktionsort aller acht Staffeln der preisgekrönten Fantasy-Serie. Die dazugehörigen Führungen sind extrem beliebt.

↑ *Teil des Sets »King's Landing« von* Game of Thrones *in den Titanic Studios*

②

Giant's Causeway

A D1 **⌂** Co Antrim **ℹ** Visitor Centre, 44 Causeway Road; +44 28 2073 1855
⊘ tägl. **W** nationaltrust.org.uk/giants-causeway

An der Nordküste von Nordirland liegen einzigartige
Sehenswürdigkeiten, allen voran der beeindruckende
Giant's Causeway, der seit 1986 zum UNESCO-Weltnatur-
erbe gehört.

Die Fremdartigkeit dieses Orts und die bizarre Regelmäßigkeit
der Basaltsäulen haben den Giant's Causeway zum Gegenstand zahlreicher Legenden gemacht. An den erodierten Klippen, die den Causeway flankieren, lässt sich die Jahrmillionen
während geologische Aktivität ablesen. Dazu gehört auch ein
Band aus rötlichem Gestein, die Zwischenbasaltschicht, die
während einer langen Periode gemäßigter klimatischer Bedingungen entstanden ist. Die Stätte zieht viele Touristen an, die
vom Besucherzentrum bis hinunter zum Ufer geführt werden.
Obwohl normalerweise viel los ist, kann nichts die Magie dieses Orts mit seinen hoch aufragenden Klippen und kreischen-
den Möwen zerstören, und auf den Wegen entlang der Küste
kann man den Menschenmassen entkommen. Die Tickets
müssen am Tag vor dem Besuch bis 15 Uhr gebucht werden.

Die Legende von Finn McCool

Die populärste Sage um
Giant's Causeway ist
die von dem berühm-
ten irischen Riesen Finn
McCool. Er baute hier
einen Damm über das
Meer nach Schottland,
um gegen seinen Riva-
len Benandonner zu
kämpfen. Doch als er
sah, wie stark Benan-
donner war, riss er den
Damm wieder ein – zu-
rück blieb die zerfetzte
Küste.

1 *Die ungewöhnlich spitz zulaufenden Basaltsäulen des Giant's Causeway sind bei Sonnenuntergang in stimmungsvollen Meeresnebel gehüllt.*

2 *Das innovative Design des Besucherzentrums aus Glas und Basalt soll den Causeway an sich nachahmen.*

3 *Das Steinmassiv Aird's Snout erhebt sich wie eine Felsnase über den 120 Meter hohen Basaltklippen von Giant's Causeway.*

↑ *Sonnenuntergang am Giant's Causeway mit seinen sechseckigen Basaltsäulen*

Chronik

vor 61 Millionen Jahren

Nach mehreren vulkanischen Eruptionen drang Lava aus schmalen Spalten im Untergrund, ergoss sich in die Täler und begrub die hier bestehende Vegetation.

vor 60 Millionen Jahren

Diese Ablagerung kühlte ab, dabei schrumpfte ihre Masse und zerbrach in polygonal geformte Blöcke, die wie Säulen bis zur Oberfläche hinaufragten.

vor 58 Millionen Jahren

Neue Eruptionen brachten weitere Lava hervor, die eine etwas andere chemische Zusammensetzung aufwies und – einmal abgekühlt – keine säulenartigen Gebilde schuf.

vor 15 000 Jahren

Am Ende der Eiszeit, als das Land noch gefroren war, zog sich das Meer langsam von den Basaltfelsen zurück, zerklüftete dabei die Vorküste und bildete allmählich den Giant's Causeway.

3 (NT)

Causeway Coast

D1 · Co Antrim · Giant's Causeway; +44 28 2073 1855 · nationaltrust.org.uk

Der Giant's Causeway stellt zwar alle anderen Attraktionen in diesem Abschnitt der Nordküste von Antrim in den Schatten. Sie sollten dennoch die Besichtigung mit einer Fahrt zu den Sandbuchten, Felsklippen und Ruinen der Gegend verbinden. Fahren Sie zur Spitze von Nordirland und genießen Sie Sandbuchten, zerklüftete Landspitzen und spektakuläre Ruinen.

①

Dunluce Castle

87 Dunluce Road · +44 28 2073 1938 · tägl. 9:30–17 · 1. Jan, 24.–26. Dez · discovernorthern ireland.com

Erreicht man den Causeway von Westen, kommt man an den Ruinen von Dunluce Castle vorbei – eine der größten Ruinen einer mittelalterlichen Burg in Irland –, die auf einer Klippe liegen. Einst blies ein Sturm die Küche der Burg ins Meer. Ihre Ursprünge reichen weit zurück, auf dem Felsen soll sich bereits in vorchristlicher Zeit ein Ringfort befunden haben. Dokumentiert ist, dass die Burg 1513 der Familie McQuillan gehörte. Sie wurde oft belagert und 1584 von den MacDonnells, Herren von Antrim, übernommen. Obwohl ohne Dach, sind Teile der Burg noch erhalten.

Zu den anderen Burgruinen an der Causeway Coast gehören Dunseverick Castle – von der Burg ist nur noch eine Steinmauer zu sehen – und Kinbane Castle aus dem 16. Jahrhundert. Von hier hat man eine spektakuläre Aussicht.

Die Ruinen von Dunluce Castle an Antrims Nordküste

nen Irlands, die Carrick-a-Rede Rope Bridge, die 30 Meter über der See hängt. Die aus Bohlen und Stahlseilen konstruierte Brücke führt über einen etwa 20 Meter tiefen Abgrund zu den Lachsgründen der kleinen Insel Carrick-a-Rede. Obwohl die Brücke mit Handläufen und Sicherheitsnetzen gut gesichert ist, ist sie nur etwas für Schwindelfreie. Ein zeitgesteuertes System sichert den steten Fluss von Besuchern auf die Insel. Dort angekommen, sollte man die Abgeschiedenheit genießen oder Vögel beobachten. Das Fischercottage ist an einigen Wochenenden für Besucher geöffnet.

④
The Dark Hedges
🏠 Bregagh Rd, Ballymoney
🌐 discovernorthernireland.com

Bei einem Besuch der Nordküste sollte man diese Buchenallee nicht verpassen. Die Bäume wurden im 18. Jahrhundert an der Auffahrt zu einem georgianischen Herrenhaus gepflanzt.

②
Ballintoy
🏠 Ballintoy

Direkt hinter der schönen Sandbucht White Park Bay führt eine enge Serpentinenstraße zum pittoresken Hafen von Ballintoy hinunter, das – an guten Tagen – an ein griechisches Fischerdorf erinnert. Ballintoy diente in *Game of Thrones* als Kulisse für die unwirtlichen Eiseninseln.

Auf Sheep Island, einer Felsinsel vor der Küste, wohnt eine Kormorankolonie. Im Sommer kann man mit dem Boot um die Insel fahren.

③
Carrick-a-Rede Rope Bridge
🏠 119a Whitepark Road
🕐 siehe Website
🌐 nationaltrust.org.uk

Unmittelbar östlich von Ballintoy befindet sich eine der abenteuerlichsten Attraktio-

→
Die Carrick-a-Rede Rope Bridge verbindet zwei Klippenwände

Restaurants

Harry's Shack
In der kleinen Hütte direkt am Strand gibt es abends perfekte frische Gerichte.

🏠 116 Strand Rd, Portstewart
📞 +44 28 7083 1783
£££

Ramore Restaurants
Ein Komplex von sechs familiengeführten Restaurants an der Küste von Portrush. Nehmen Sie auch einen Drink an der Gin Bar.

🏠 1 Harbour Rd, Portrush
🌐 ramorerestaurant.com
£££

Heute sind die knorrigen Stämme eine Attraktion für sich selbst und eines der meistfotografierten Motive in Nordirland.

Die Allee diente auch als Drehort für *Game of Thrones*. Der Ansturm der Fans hat jedoch dazu geführt, dass die Straße für Fahrzeuge gesperrt wurde, man kann aber in der Nähe parken.

④ (M) (Y) (□) (甴)

Derry~Londonderry

🅰 C1 🏠 Co Londonderry 📷 107 000 ✈ 11 km östl. 🚉 Waterside, Duke St; +44 28 7134 2228 🚌 Foyle St; +44 28 7126 2261 ℹ 44 Foyle St; +44 28 7126 7284 🎭 Hallowe'en Festival (Okt) 🛍 Sa 🌐 visitderry.com

Der hl. Columba gründete hier 546 ein Kloster und nannte den Ort Doire, später anglisiert als Derry. Die Stadt erhielt 1613 die Vorsilbe London, nachdem sie für ein Plantation-Projekt ausgewählt worden war, und ihr Name ist seither Gegenstand heftiger Debatten, wobei die nationalistische Gemeinschaft Derry und die unionistische Londonderry bevorzugt. Obwohl die Stadt während der Unruhen gelitten hat, wurden Projekte zur Erhaltung des kulturellen Erbes durchgeführt.

① (M) (甴) (&)

St Columb's Cathedral

🏠 17 London St 🕐 März – Sep: Mo – Sa 9 – 17; Okt – Feb: Mo – Sa 10 – 14 🌐 stcolumbs cathedral.org

St Columb's in der südwestlichen Ecke der Stadt war die erste katholische Kirche, die auf den Britischen Inseln nach der Reformation errich-

tet wurde. Sie wurde von 1628 bis 1633 im »Planters Gothic«-Stil gebaut. Die Holz-

decke des Kirchenschiffs stammt von 1862, an den Kragsteinen sind die Häupter von Bischöfen und Dekanen dargestellt. Im 19. Jahrhundert wurde das Innere stark verändert. Im Kapitelsaal sind Dokumente aus der Zeit der Belagerung Derrys 1689 zu sehen, darunter auch die Stadtschlüssel (17. Jh.) sowie eine Kanonenkugel, die James II mit der Aufforderung zur Kapitulation in die Stadt feuerte. Die Protestanten antworteten mit einem klaren »No surrender« (»Keine Kapitulation«).

→

Die gotische Fassade der St Columb's Cathedral

② 🚲 🅿 ♿

Tower Museum
🏠 Union Hall Place
🕐 tägl. 10–17:30
🌐 derrystrabane.com

Im O'Doherty Tower, einer Kopie des Originalgebäudes aus dem 16. Jahrhundert, dokumentiert das Museum die Stadtgeschichte von der Gründung bis zum Nordirlandkonflikt. Zu den exzellenten Exponaten gehören auch Karten der Region aus der Regierungszeit von Elizabeth I. Das Obergeschoss ist der Spanischen Armada gewidmet und zeigt Fundstücke aus dem Wrack des 1588 nahe der Kinnagoe Bay

↑ *Im Tower Museum ausgestellte Kanone*

gesunkenen Schiffes *Trinidad Valencera*. Im obersten Stockwerk befindet sich die einzige Open-Air-Aussichtsplattform der Stadt mit fantastischem Blick über den Fluss.

↑ *Die Peace Bridge über den Foyle in Derry wurde 2011 eröffnet*

Schon gewusst?
Amelia Earhart landete nach ihrer Atlantiküberquerung in Derry.

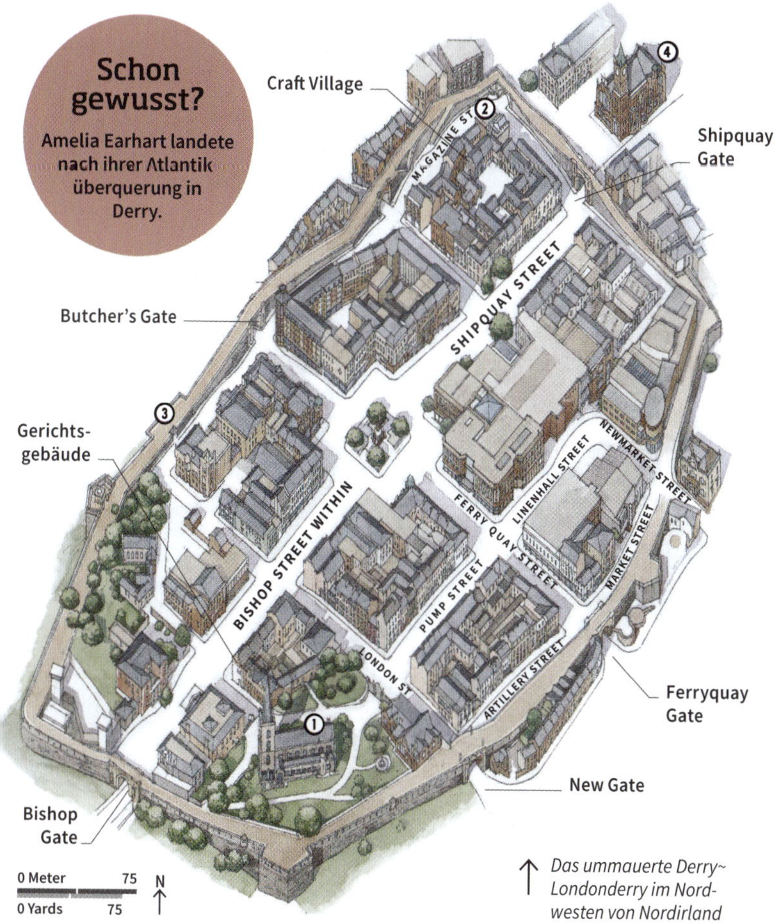

Craft Village

Shipquay Gate

Butcher's Gate

Gerichtsgebäude

MAGAZINE ST

SHIPQUAY STREET

NEWMARKET STREET

LINENHALL STREET

FERRY QUAY STREET

BISHOP STREET WITHIN

PUMP STREET

LONDON ST

MARKET STREET

ARTILLERY STREET

Ferryquay Gate

New Gate

Bishop Gate

0 Meter 75
0 Yards 75
N ↑

↑ *Das ummauerte Derry~Londonderry im Nordwesten von Nordirland*

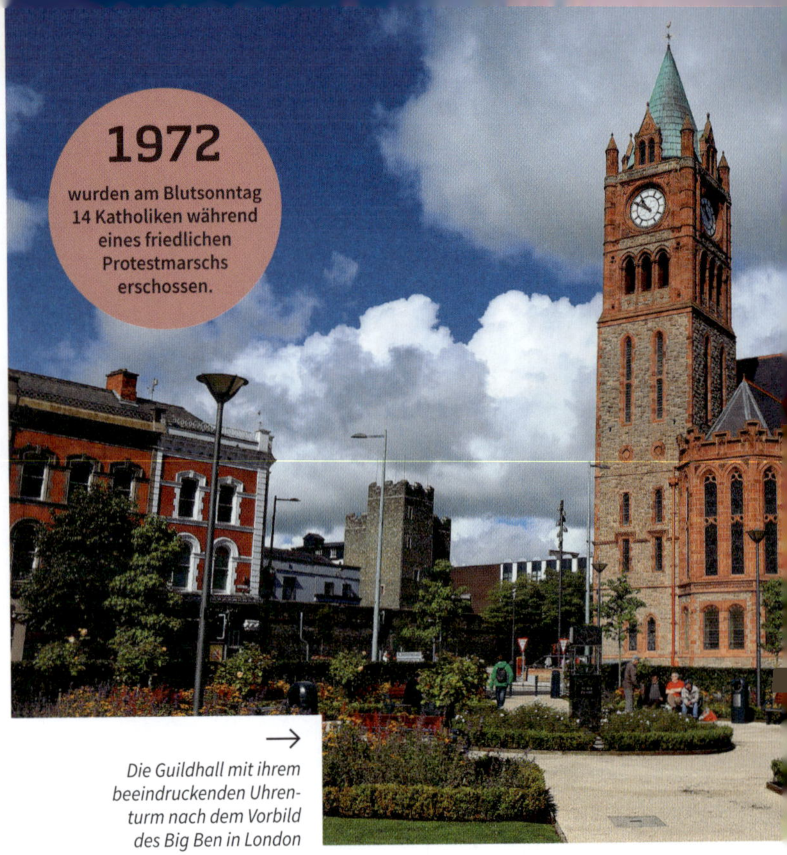

1972

wurden am Blutsonntag 14 Katholiken während eines friedlichen Protestmarschs erschossen.

→

Die Guildhall mit ihrem beeindruckenden Uhrenturm nach dem Vorbild des Big Ben in London

Kunst in Derry~Londonderry

Derry nimmt seine Kunst sehr ernst. Neben den Bogside Murals, einer Reihe von Wandbildern, die Schlüsselszenen aus dem Nordirlandkonflikt zeigen, gibt es als Ausstellungsflächen für zeitgenössische Kunst Void und die Warehouse Gallery. In Derry wird Kunst dazu genutzt, an die Vergangenheit zu erinnern und sie zu reflektieren. Ein wichtiges Symbol hierfür ist die 2011 eröffnete Derry Peace Bridge, eine Fahrrad- und Fußgängerbrücke über den Foyle. Sie verbindet die Stadtbefestigung mit dem Ebrington Centre mit Platz für 14 000 Menschen.

③

City Walls of Derry

🏠 Zugang von Magazine St

Die Stadtbefestigung von Derry ist als einzige in Irland noch komplett. Sie gehört zu den am besten erhaltenen in Europa. Die Mauern sind bis zu acht Meter hoch und zum Teil neun Meter breit. 1618 wurde die Befestigung zur Verteidigung der Handelsstadt gegen die gälischen Herren von Donegal fertiggestellt – und sie wurde nie eingenommen, auch nicht bei der Belagerung von 1689 im Zuge des Kriegs der zwei Könige zwischen dem protestantischen Wilhelm von Oranien und dem katholischen James II, bei der 7000 der 20 000 Einwohner durch Krankheit oder Hunger umkamen. Die Stadttore wurden ursprünglich von einer

→
Teil von Derrys Stadtbefestigung

Restaurants

Brickwork
Gemütliches Restaurant mit einer großen Auswahl asiatischer Gerichte.

🏠 12–14 Castle St
Ⓦ brickworkderry.com
€€€

Cedar
Traditionelles libanesisches Restaurant, in dem Gerichte gern geteilt werden.

🏠 32 Carlisle Rd
Ⓦ cedarlebanese. webs.com
€€€

Pyke 'N' Pommes
In dem umgebauten Schiffscontainer gibt es großartiges Streetfood.

🏠 Strand Rd
Ⓦ pykenpommes.ie
€€€

The Sooty Olive
Modernes irisches Restaurant, das seit seiner Eröffnung 2013 ein absoluter Hit ist. Ein Schnäppchen ist das dreigängige Menü.

🏠 162 Spencer Rd
📞 +44 21 7134 6040
€€€

Browns Bonds Hill
Das originale Browns ist eine Institution in Derry und nutzt für seine kreativen Gerichte lokale Zutaten.

🏠 1 Bonds Hill
Ⓦ brownsrestaurant. com
€€€

Gruppe von 13 Lehrlingen *(apprentices)* geschlossen, und der Belagerung von 1689 wird jedes Jahr im August mit Paraden der Apprentice Boys of Derry, einer 1814 gegründeten protestantischen Bruderschaft, gedacht.

Seit Abschluss der Restaurierungsarbeiten ist es möglich, die Stadt auf diesen 1,5 Kilometer langen Befestigungsanlagen zu umrunden. Auf diesem Weg sieht man Kanonen, darunter auch die bekannte Roaring Meg.

Außerhalb der Mauern, vor Butcher's Gate, beginnt Bogside, ein katholisches Viertel, in dem Wandbilder Ereignisse der jüngeren nordirischen Geschichte zeigen.

④ 🚫 🖥 ♿
The Guildhall
🏠 Guildhall St 🕐 Mo – Fr 9 –19:30, Sa, So 10 –17:30
Ⓦ derrystrabane.com/ Guildhall

Die Guildhall zwischen Stadtbefestigung und dem Foyle wurde 1890 im neogotischen Stil errichtet. Ein Brand 1908 und eine Bombe 1972 machten Renovierungen notwendig. Buntglasfenster erzählen die Geschichte Derrys, darunter auch die der Apprentice Boys. In der Nähe liegt Derry Quay, von wo aus irische Emigranten im 18. und 19. Jahrhundert nach Amerika aufbrachen.

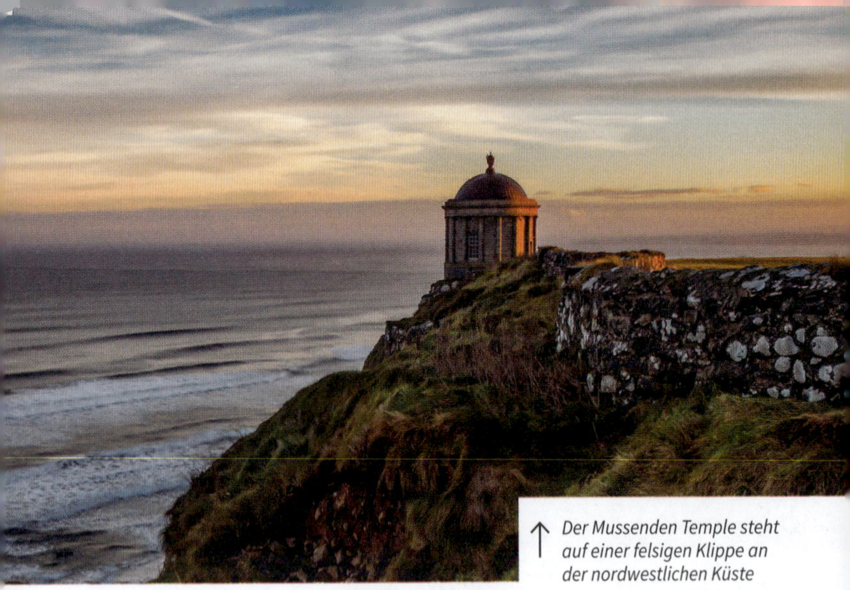

↑ *Der Mussenden Temple steht auf einer felsigen Klippe an der nordwestlichen Küste*

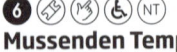

SEHENSWÜRDIGKEITEN

5

Benone Strand

D1 Co Londonderry Benone Tourist Complex, 53 Benone Ave, Limavady; +44 28 7775 0555

Der Sandstrand (auch Magilligan Beach genannt) erstreckt sich über zehn Kilometer an der Küste des County Londonderry. Er ist wegen seiner Sauberkeit mit dem blauen EU-Symbol ausgezeichnet. Am westlichen Ende liegt Magilligan Point, an dem ein Martello-Turm die Einfahrt zum Lough Foyle überwacht.

6 (NT)

Mussenden Temple

D1 Co Londonderry Gelände: tägl. Sonnenauf- bis -untergang (letzter Einlass: 30 Min. vor Schließung); Tempel: März–Okt: tägl. 10–17 nationaltrust.org.uk

Eine auffallende Attraktion an der Küste von County Londonderry ist der Mussenden Temple, ein runder Kuppelbau, der auf einer Landzunge nahe Castlerock steht. Der Tempel wurde 1785 vom protestantischen Bischof Frederick Augustus Hervey nach Plänen des Vesta-Tempels nahe Rom errichtet – als Gedenkstätte für seine Cousine Mrs Frideswide Mussenden.

Die mit Sandstein verkleideten Mauern sind, jeweils in unterschiedlicher Himmelsrichtung, von drei Fenstern und einer Tür durchbrochen. Ursprünglich sollte der Tempel eine Bibliothek aufnehmen. Nun steht er unter Obhut des National Trust.

Der Bischof erlaubte dem katholischen Priester, im Erdgeschoss Messen zu lesen. Heute findet man hier einige Objekte aus der einstigen bischöflichen Residenz, Downhill Demesne, das einem Brand zum Opfer fiel.

Hotel

The Bushmills Inn

Die Geschichte der charmanten Postkutschenstation reicht bis 1608 zurück, als die benachbarte Brennerei die welterste Lizenz zur Destillation von Whiskey erhielt. Hier kann man auch sehr gut essen.

D1 9 Dunluce Rd, Bushmills bushmillsinn.com

£££

7

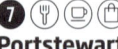

Portstewart

D1 Co Londonderry 8000 nach Coleraine oder Portrush Portrush visitcausewaycoastandglens.com

Portstewart war ein beliebter Ferienort der viktorianischen Mittelschicht – und dieses Flair ist noch heute überall gegenwärtig. Die Küstenpromenade wird von Felsvorsprüngen geschützt. Westlich führen eine Straße und ein Klippenweg zum Sandstrand Portstewart Strand.

Ostwärts, am Ramore Head, liegt der Ferienort

→
Idyllischer Abschnitt des Sandstrands Portstewart Strand

Portrush. Der östliche landeinwärts gehende Strand wird von Dünen gesäumt und verläuft parallel zum Royal Portrush Golf Club, in dem 2019 die Open Championship ausgetragen wurde.

Old Bushmills Distillery

🅐 D1 🏠 Bushmills, Co Antrim 🚌 von Giant's Causeway und Coleraine 🕐 siehe Website 🗓 23. Dez–1. Jan 🌐 bushmills.com

Bushmills ist vor allem wegen der Old-Bushmills-Fabrik bekannt, die sich rühmt, die älteste Whiskey-Brennerei der Welt zu sein. Sie erhielt 1608 das Brennrecht, obwohl hier bereits 200 Jahre früher Whiskey hergestellt wurde.

Eine Besichtigung der Brennerei endet mit einem Umtrunk in der 1608 Bar in der alten Malzdarre. Dort gibt es auch ein kleines Museum, in dem alte Geräte zur Herstellung von Whiskey zu sehen sind.

Rathlin Island

🅐 D1 🏠 Co Antrim 🏔 90 🚢 tägl. von Ballycastle; +44 28 2076 9299 🛈 Boathouse Visitor Centre; +44 28 2076 2024 🌐 rathlincommunity. org

Die schmale Insel Rathlin ist nur eine kurze Bootsfahrt von Ballycastle entfernt – Expressboote brauchen nur 25 Minuten. Die etwa 150 Insulaner leben vor allem von Fischerei, Landwirtschaft und Fremdenverkehr. Es gibt ein Café, Pubs und ein Gästehaus. Wegen der starken Winde wachsen fast keine Bäume auf der Insel, die in weiten Teilen von hohen, weißen Klippen umgeben ist. An der Westspitze, am zerklüfteten Bull Point, leben Zehntausende von Seevögeln. Am anderen Inselende liegt Bruce's Cave. Robert Bruce, entmachteter König Schottlands, wurde hier 1306 von der Beharrlichkeit einer Spinne dazu inspiriert, sein Königreich zurückzuerobern.

Ballycastle

🅐 D1 🏠 Co Antrim 🏔 6000 🛈 Portnagree House, 14 Bayview Rd 🎪 Ould Lammas Fair (Aug), Apple Fair (Ende Okt) 🌐 visitcauseway coastandglens.com

Ballycastle, ein mittelgroßer Ferienort, bietet einen schönen Hafen und zentral gelegene Sandstrände. Nahe dem Ufer befindet sich ein Denkmal für Guglielmo Marconi, dessen Assistent 1898 die erste drahtlos übermittelte Botschaft von hier nach Rathlin Island sandte.

Ballycastles Ould Lammas Fair besteht seit fast 400 Jahren und ist damit der traditionsreichste Viehmarkt Irlands, bei dem es aber auch *honeycomb toffees* und *dulce* (getrocknete Algen) gibt.

In der Bonamargy Friary aus dem 15. Jahrhundert am Stadtrand ist das Erbe von Sorley Boy MacDonnell zu sehen, der einst Herr dieses Teils von Antrim war. Teile der Kirche und des Torhauses sind gut erhalten.

Irischer Whiskey

Das Brennverfahren wurde wohl im 10. Jahrhundert von Mönchen aus Asien eingeführt. Bald wurde überall auf der Insel Whiskey gebrannt. Erst die Engländer führten Lizenzen ein und legten viele private Brennereien still. Im 19. Jahrhundert ging die Whiskey-Nachfrage bedingt durch die Große Hungersnot sowie die Abstinenzler-Bewegung stark zurück. Schottischer Whisky eroberte den Markt. Dank geringerer Produktionskosten und besserem Marketing nahmen die Verkaufszahlen jedoch wieder zu.

11 Cushendall

🅐 D1 🏠 Co Antrim 🗺 2400
🚌 ℹ 25 Mill St; +44 28 2177
1180; Juni – Sep: Di – Sa 10 –
17; Okt – Mai: Di – Sa 10 –13
🌐 visitcausewaycoast
andglens.com

Da drei der neun Glens of
Antrim Richtung Cushendall
verlaufen, wird die Stadt
auch als »Capital of the
Glens« bezeichnet. In dem
Ort mit seinen in hellen Farben gestrichenen Häusern
steht der Curfew Tower. Er
diente einst als Gefängnis für
Diebe und Landstreicher.

Umgebung: 1,5 Kilometer
nördlich steht die Layde Old
Church, die man auf einem
Klippenpfad erreicht. Sie
wurde von den Franziska-
nern gegründet und war von
1306 bis 1790 Pfarrkirche.
Damit steht sie in Bezug zu
den MacDonnells, den einstigen Herren der Region.
    Etwa drei Kilometer west-
lich von Cushendall, am
Hang des Tievebulliagh
Mountain, befindet sich Os-
sian's Grave, benannt nach
dem legendären Kämpfer-
poeten und Sohn des Riesen
Finn McCool *(siehe S. 276).*
Tatsächlich handelt es sich
dabei um ein Grab aus der

Steinzeit. Damals war diese
Region ein Zentrum der Herstellung von Werkzeugen
(vor allem Äxten), die aus
Felsgestein gefertigt wurden
und die man überall auf den
Britischen Inseln fand.
    Weitere hübsche Dörfer
weiter südlich entlang der
Küstenstraße sind Carnlough
mit Sandstrand und Hafen
sowie Glenarm, das an einer
sonnigen Bucht liegt, die von
einer Burg überragt wird.

12 🏷🏕🛍♿
Glenariff Forest Park

🅐 D1 🏠 Co Antrim
📞 +44 28 2955 6000 🕐 tägl.
🌐 discovernorthernireland.
com

Neun Flüsse haben in den
Antrim Mountains tiefe Täler
zum Meer hin gegraben. Die
Glens of Antrim gelten als
wildester Teil von Ulster. Im
19. Jahrhundert gab es hier
keine englischen und schottischen Siedlungen (Planta-
tions). So bildeten sie die
letzte Region Nordirlands, in
der Gälisch gesprochen wurde. Die Berge sind durch die
Küstenstraße von Antrim
miteinander verbunden. Der
Glenariff Forest Park bietet
eine herrliche Landschaft mit
Wäldern und Blumenwiesen,
durch die ein Weg vorbei an

**Schon
gewusst?**

Von einigen Punkten im
Glenariff Forest Park
kann man das schotti-
sche Kap Mull of
Kintyre sehen.

einer Schlucht und drei Was-
serfällen führt. Über weitere
Pfade gelangt man zu Aus-
sichtspunkten in der Höhe.
Der englische Schriftsteller
William M. Thackeray be-
zeichnete die Landschaft im
19. Jahrhundert als »Schweiz
en miniature«.

13 Cookstown

🅐 D2 🏠 Co Tyrone
🗺 11 000 🚌 ℹ Burnavon
Arts Centre, Burn Rd; +44 28
8676 9949 🛒 Sa

Wer einmal in Cookstown ge-
wesen ist, wird sich stets an
die absolut gerade Haupt-
straße erinnern. Sie ist über
40 Meter breit und bietet
Ausblicke in Richtung Nor-
den auf den Umriss des
Slieve Gallion, eines hohen
Bergs der Sperrin Mountains.
Die »Plantation Town«
Cookstown ist nach ihrem
Gründer Alan Cook benannt.

**Ulsters einstige
Tuchherstellung**

Die Tuchherstellung in
Ulster erlebte im 17. Jahrhundert mit der Ankunft
französischer Hugenot-
ten, darunter viele Weber,
einen bedeutenden Auf-
schwung. Zwei Jahrhun-
derte lang blühte das Ge-
werbe, doch aufgrund
der aufwendigen Produk-
tion wird heute nur noch
wenig Leinen für den
Luxusmarkt hergestellt.
Hunderte ehemalige Fa-
briken liegen nun ver-
lassen im sogenannten
»Linen Triangle«.

↑ Laufstege führen im Glenariff Forest Park an einem Wasserfall entlang

Umgebung: Die Umgebung von Cookstown ist reich an Zeugnissen aus neolithischer und frühchristlicher Zeit. Östlich der Stadt, am Ufer des Lough Neagh, befindet sich an der Stelle eines Klosters aus dem 6. Jahrhundert das **Ardboe High Cross**. Wenn auch nicht gut erhalten, so ist dieses Hochkreuz (10. Jh.) doch eines der schönsten Beispiele seiner Art in Ulster: Auf seinen 22 Steinplatten sind an der nach Osten weisenden Seite Szenen aus dem Alten, auf der gegenüberliegenden Szenen aus dem Neuen Testament dargestellt.

Die **Wellbrook Beetling Mill** westlich von Cookstown bietet einen Einblick in die Tuchherstellung. »Beetling« bedeutete, das Tuch so zu »hämmern«, dass es seinen charakteristischen Glanz erhielt. Die 1768 am Ballinderry errichtete Mühle ist eine beliebte Sehenswürdigkeit.

Ardboe Old Cross
⌂ bei B73, 16 km östl. von Cookstown

Wellbrook Beetling Mill
♿♿ⓃⓉ ⌂ bei A505, 6 km westl. von Cookstown, Co Tyrone 🕐 siehe Website
ⓦ nationaltrust.org.uk

❶❹
**Beaghmore
Stone Circles**
🅐 D2 ⌂ bei A505, 14 km nordwestl. von Cookstown

Am Fuß der Sperrin Mountains liegt in einem Moorgebiet eine große Ansammlung von Steinmonumenten aus der Zeit zwischen 2000 und 1200 v. Chr. Insgesamt finden sich sieben Steinkreise, einige Steinreihen und andere Steinmale sowie Reste einer verfallenen Mauer. Ihre Bedeutung ist unbekannt, wenn ihre Anordnung auch zum Teil mit dem Verlauf von Sonne, Mond und Sternen in Verbindung zu bringen ist. Drei Steinreihen liegen z. B. exakt in Richtung der aufgehenden Sonne am Tag der Sommersonnenwende.

Die Steinkreise sind nicht sehr hoch – keiner misst über 1,20 Meter –, dennoch wirken sie überaus beeindruckend auf den Betrachter. Zudem finden sich noch ein Dutzend runder Grabhügel.

←

Schneeumwehte Steinkreise in Beaghmore

15 Ⓜ

The Wilson Ancestral Home

🅰 C2 🏠 28 Spout Rd, Dergalt, Strabane, Co Tyrone
📞 +44 28 7138 4444
🕐 Juli, Aug: Di – So 14 –17 (nur Führungen); sonst nach Vereinbarung

Das Haus der Vorfahren von US-Präsident Thomas W. Wilson (1856 –1924) liegt drei Kilometer südöstlich von Strabane an der Straße nach Plumbridge. Woodrows Großvater, der Richter James Wilson, verließ 1807 mit 20 Jahren seine Heimat, um nach Amerika zu gehen. Heute zeigt ein Besuch in dem strohgedeckten weißen Haus, warum es so innige Verbindungen zwischen Ulster und Amerika gibt. Die restaurier-

ten Räume haben noch die originale Möblierung, darunter Betten mit Vorhängen, Küchenutensilien und landwirtschaftliche Geräte.

Umgebung: Gleich außerhalb des Dorfs Newtownstewart, zwölf Kilometer südlich von Strabane, liegt die Ruine des mittelalterlichen Harry Avery's Castle. Die gälische Bastion aus dem 14. Jahrhundert bestand aus zwei Stockwerken mit Zwillingstürmen. Die Türme sind heute noch zu sehen.

16

Ulster American Folk Park

🅰 C2 🏠 Co Tyrone
🚌 von Omagh 🕐 Do – So, Bank Holidays 10 –17
🌐 nmni.com/uafp

Der Folk Park, eines der schönsten Open-Air-Museen seiner Art, entstand rund um

← Vorführung in einer Schmiede im Ulster American Folk Park

Hotel

Lusty Beg Island
Diesen 30 Hektar großen Rückzugsort in der Mitte des Lower Lough Erne erreicht man mit einer kleinen Fähre. Das familienfreundliche Resort bietet Hütten am Seeufer (Selbstversorger oder B & B), viele Aktivitäten und ein Spa.

🅰 C2
🏠 Boa Island, Kesh
🌐 lustybegisland.com
£ £ £

das restaurierte Haus, in dem der Richter Thomas Mellon (Gründer der Pittsburgher Bankdynastie) seine Kindheit verbrachte. Die Ausstellung »Emigrants« dokumentiert anschaulich, warum im 18. und 19. Jahrhundert zwei Millionen Menschen aus Ulster nach Amerika emigrierten, als Sklaven verkauft oder als Sträflinge

↑ Nachbau eines Pennsylvania-Bauernhauses im Ulster American Folk Park

deportiert wurden. Zudem wird dargestellt, was den Ausgewanderten in Amerika widerfuhr.

Der Park umfasst mehr als 30 originale oder rekonstruierte Gebäude, darunter auch Wohnhäuser (etwa das von John Joseph Hughes, dem ersten katholischen Erzbischof von New York), Kirchen, ein Schulhaus und eine Schmiede. Einige zeigen Ausstellungen zu Handwerk und Kunsthandwerk. Zudem bietet der Park einen typischen Ulster-Straßenzug, ein nachgebautes Emigrantenschiff sowie ein Farmhaus aus Pennsylvania mit Stall und Räucherhaus – eine Nachbildung jener Farm, die Thomas Mellon und sein Vater in Amerika errichteten.

Im Centre for Migration Studies können Besucher auch Familienforschung betreiben. Im Park werden populäre US-Feiertage wie der Independence Day, Halloween und Anfang September das Appalachian-Bluegrass-Musikfestival begangen.

⑰ 🎨 🖥 🏠 ♿
Belleek Pottery
🅰 C2 🏠 Belleek, Co Fermanagh 🚌 🕐 siehe Website 🕐 24. Dez – 2. Jan 🌐 belleekpottery.ie

Die Grenzstadt Belleek zöge außer Anglern wohl kaum Besucher an, gäbe es hier nicht seit 1857 die berühmte Belleek Pottery. Das bemalte Porzellan dieser Werkstatt ist als *parian ware* bekannt. Es wurde im 19. Jahrhundert entwickelt und sollte an den Parian-Marmor aus dem alten Griechenland erinnern.

Heute bringt man Belleek auch mit blumenverzierten Schmuckgittern in Verbindung. Einige der schönsten Stücke sind im kleinen Museum des Besucherzentrums zu sehen. Bei einer Führung durch die Töpferei erfährt man mehr über den Herstellungsprozess.

Lower Lough Erne
Die Seenlandschaft Fermanagh rund um den Lower Lough Erne ist reich an Sehenswürdigkeiten. Seit vorchristlicher Zeit siedelten hier Menschen. Auf einigen der vielen Inseln wurden im Mittelalter Klöster gegründet. Ein Ring von Befestigungen und Burgen erinnert an die Zeit der »Plantation«. Der See ist ein Paradies für Wasservögel wie Enten, Seetaucher und Eisvögel. Die vielen Forellen ziehen Angler an.

↑ *Ein Töpfer stellt in der Belleek-Pottery-Fabrik Parianware her*

Der ovale Salon mit
originalen Regency-Möbeln
im Castle Coole ↑

18
Enniskillen

🅰 C2 🏰 Co Fermanagh
📊 15 000 ✉ ℹ Enniskillen
Castle, Wellington Road;
+44 28 6632 3110 🚪 Do
🌐 fermanaghlakelands.com

Das Ferienzentrum Enniskillen liegt auf einer Insel zwischen Upper und Lower
Lough Erne. Die Stadt erlangte 1987 traurige Berühmtheit, als eine Bombe der IRA
elf Menschen tötete.

Im Westen ragt **Enniskillen
Castle** (15. Jh.) auf, das das
Fermanagh County Museum,
in dem Ausstellungen zur
Lokalgeschichte und zum
Handwerk zu sehen sind, sowie das Inniskilling Regimental Museum, das sich mit der
Militärgeschichte der Region
befasst, beherbergt. Das beeindruckendste Bauwerk ist
das von zwei Türmen flankierte Watergate, das man
am besten vom anderen Ufer
aus bewundert. Weiter westlich liegt die 1618 gegründete Portora Royal School, zu
deren Schülern Oscar Wilde
und Samuel Beckett gehörten. Eintrittskarten müssen
im Voraus gekauft werden.

Umgebung: Außerhalb der
Stadt liegt, umgeben von einem Park mit Blick über den
See, **Castle Coole**, eines der
schönsten Wohnhäuser Irlands im klassizistischen Stil.
Die lange Fassade wird von
einem Portikus aufgelockert
und an beiden Seiten von je
einem Pavillon abgeschlossen. Der 1. Earl of Belmore
ließ das Gebäude um 1790
errichten. Ursprünglich wurde der Bau von dem Iren Richard Johnston entworfen,
doch dann beauftragte der
Earl den englischen Architekten James Wyatt. Der Earl
verstarb 1802 hoch verschuldet, sein Sohn stellte das
Haus bis 1825 fertig.

Familienporträts schmücken das Esszimmer. Im State
Bedroom steht das Bett, das
für den Besuch von König

George IV in Irland 1821 gebaut wurde – er schlief jedoch nie darin. Zu den
schönsten Räumen gehört
der ovale Salon (Ballsaal) im
hinteren Teil des Hauses. Mit
Eichenfußboden und reich
dekorierten Regency-Möbeln
vermittelt er dezenten Luxus.

Enniskillen Castle
♿♿♿♿♿ 🕐 Mo–Fr 9:30–
17, Sa 11–17 (Juni–Sep: So
11–17) 🗓 24. Dez–1. Jan
🌐 enniskillencastle.co.uk

Castle Coole
♿♿♿♿♿ NT 🏠 bei A4,
2,5 km südöstl. von Enniskillen 🕐 siehe Website
🌐 nationaltrust.org.uk

19 ♿♿♿♿♿
Marble Arch Caves
Global Geopark

🅰 C2 🏰 Marlbank Scenic
Loop, Florencecourt, Co
Fermanagh 🕐 Mitte März–
Juni, Sep: tägl. 10–16; Juli,
Aug: tägl. 9–18; Okt: tägl.
10:30–15 🌐 marblearch
cavesgeopark.com

Die Höhlen wurden von Flüssen ausgewaschen, die vom
Cuilcagh Mountain herunter-

Schon
gewusst?

Die Marble Arch
Caves dienten in *Game
of Thrones* als Beric
Dondarrions
Versteck.

290

fließen und sich unterirdisch zum Claddagh River vereinigen. Die 60-minütigen Touren führen an Stalagmiten, Kalzitkaskaden und anderen Kalksteininformationen vorbei. Der neun Meter hohe »Marble Arch« befindet sich außerhalb des Höhlensystems in einer Schlucht.

Man sollte im Voraus buchen und 30 Minuten vor Beginn der Tour vor Ort sein. Achten Sie auf die Wettervorhersagen – wenn es regnet, kann man die Höhlen bisweilen nicht besuchen.

20
Devenish Island
🅰 C2 🏠 Co Fermanagh
🚢 Devenish Ferry (+44 28 6862 1892) von Trory Point, 5 km nördl. von Enniskillen; Mitte Juni – Sep: tägl.
🆆 discovernorthern ireland.com

Im 6. Jahrhundert gründete der hl. Molaise III., der an die 1500 Schüler und Gelehrte um sich geschart hatte, auf dieser kleinen Insel ein Kloster. Es wurde von den Wikingern im 9. Jahrhundert geplündert und 1157 niedergebrannt, dennoch blieb es bis ins 17. Jahrhundert ein wichtiges religiöses Zentrum.

Einige schöne Gebäude des Klosters sind noch erhalten, etwa Teampall Mor (1225), ein sehr gutes Beispiel für die Architektur im Übergang von der Romanik zur Gotik. Am höchsten Punkt der Insel steht St Mary's Priory, eine Augustinerkirche (15. Jh.). Nicht weit entfernt findet man ein schön gearbeitetes Steinkreuz aus derselben Zeit.

Die faszinierendste Sehenswürdigkeit ist ein Rundturm aus dem 12. Jahrhundert, der über 25 Meter hoch ist. Er ist vollständig erhalten. Seine fünf Stockwerke sind über Leitern im Inneren erreichbar. Das Dachgesims weist wunderbar gearbeitete menschliche Gesichter auf, die in alle vier Himmelsrichtungen schauen, eine für einen Rundturm in Irland einmalige Dekoration. Ein kleines Museum dokumentiert die Geschichte des Klosters.

Restaurant

Café Merlot
Gehobene Küche in einem wunderschön umgebauten ehemaligen Pubkeller mit Gewölbedecke und einer preisgünstigen Weinkarte.

🅰 C2 🏠 6 Church St, Enniskillen
🆆 cafemerlot.co.uk
£ £ £

21
Florence Court
🅰 C2 🏠 Co Fermanagh
☎ +44 28 6634 8249
🕐 siehe Website 🆆 national trust.org.uk/florence-court

Der palladianische Landsitz wurde von der Familie Cole Mitte des 18. Jahrhunderts errichtet. Arkaden und Pavillons wurden wahrscheinlich um 1770 von William Cole, dem 1. Earl of Enniskillen, angefügt. Die im Rokoko-Stil gehaltenen Stuckverzierungen werden dem aus Dublin stammenden Stuckateur Robert West zugeschrieben. Leider wurden große Teile des Gebäudes bei einem Brand 1955 schwer beschädigt. Die Inneneinrichtung wurde nicht ersetzt, jedoch rekonstruierte man die Mauerdekorationen nach alten Fotografien so originalgetreu wie möglich.

Faszinierender als das Haus ist das Anwesen selbst, das in einem von Hügeln geformten »Amphitheater« liegt. Es gibt viele Spaziergewege, darunter einen zur berühmten Florence-Court-Eibe, deren Abkömmlinge man in ganz Irland findet.

←

St Mary's Priory auf Devenish Island im Lower Lough Erne

Café

The Craic'd Pot
Das Espresso-Café ist einer der besten Orte, um in Armagh einen Koffeinschub zu bekommen. Probieren Sie auch das köstliche Gebäck.

🅰 D2 🏠 25 English Street, Armagh
☎ +44 28 3778 9657

㉒
Lough Neagh
🅰 D2 🏠 Co Armagh, Co Tyrone, Co Londonderry, Co Antrim

Der Sage nach entstand Lough Neagh, weil Finn McCool *(siehe S. 276)* dem Land einen Klumpen Erde entriss. Diesen warf er ins Meer, sodass sich die Isle of Man formte. Lough Neagh ist der größte See der Britischen Inseln. Seine Ufer bestehen vor allem aus Marschland, deshalb führen auch nur wenige Straßen an der Küste entlang. Die schönsten Feriengebiete liegen im Süden: Oxford Island bietet Wanderwege und das **Lough Neagh Discovery Centre**. Am südwestlichen Ufer fährt eine Bahn durch das Moorland **Peatlands Park**. Der See ist berühmt für seine Aale.

Lough Neagh Discovery Centre
🔄📷🚻♿ 🏠 Oxford Island, M1 Exit 10 🕐 tägl. 🔒 24.–26. Dez 🌐 oxfordisland.com

Peatlands Park
♿ 🏠 M1 Exit 13 ☎ +44 28 3885 1102 🕐 Apr – Mitte Sep: tägl. 13 –19; Mitte Sep – März: Sa, So 12 –16

㉓
Armagh
🅰 D2 🏠 Co Armagh
👥 15 000 🚉 ℹ 40 Upper English St 🕐 Di, Fr
🌐 visitarmagh.com

Als eine der ältesten Städte Irlands geht Armagh auf die Zeit des hl. Patrick *(siehe S. 296)* zurück, der hier 455 eine Kirche gründete. Auf zwei Hügeln erheben sich die beiden St Patrick's Cathedrals, deren beeindruckendere die riesige katholische Kathedrale im neogotischen Stil ist. Die ältere anglikanische Kathedrale stammt noch aus dem Mittelalter.

Armaghs baumbestandene Mall, auf der im Sommer Kricket gespielt wird, ist von Häusern im georgianischen Stil umgeben. Darunter ist auch das kleine **Armagh County Museum** mit Dokumentationen zur Geschichte der Region. St Patrick's Trian ist ein Museum, das die Stadtgeschichte erzählt. Hier gibt es auch ein »Land of Lilliput« für Kinder nach Jonathan Swifts *Gullivers Reisen.* Das **Armagh Planetarium** auf dem College Hill bietet interaktive Vorführungen und Shows zum Sonnensystem.

6440 Kilometer
legen die Aale des Lough Neagh zurück, um in der Sargassosee zu laichen.

Umgebung: Im Westen von Armagh steht auf einem Hügel Navan Fort, der Sage nach das ehemalige Emain Macha, ein spirituelles Zentrum Ulsters und eng verbunden mit den Erzählungen über den Krieger Cúchulainn. Der Ort war vor 4000 Jahren bereits eine Kultstätte und erlangte seine größte Bedeutung um 100 v. Chr., als hier ein großes Holzgebäude auf einem gigantischen Grabhügel errichtet wurde. Der Komplex wurde niedergebrannt und danach mit Erde bedeckt. Forschungen ergaben, dass dies nicht während eines Krieges, sondern im Rahmen einer rituellen Handlung vollzogen wurde.

Das **Navan Centre** bietet Dokumente zu Geschichte und Mythologie des Orts.

Armagh County Museum
⊗ 🏠 The Mall East 📞 +44 28 3752 3070 🕐 Mo – Sa 🔒 einige Feiertage

Armagh Planetarium
⊗⊜🔒 🏠 College Hill 🕐 Gelände: Mo – Fr 🔒 Planetarium: wg. Renovierung 🌐 armagh.space

Navan Centre
⊗⊜⊜🔒 🏠 an A28, 4 km westl. von Armagh
📞 +44 28 3752 9644
🕐 Apr – Sep: tägl. 10 –17:30; Okt – März: tägl. 10 –16

㉔
Dungannon
🅰 D2 🏠 Co Tyrone
🏔 11 000 🚌 ℹ️ Ranfurly House, 26 Market Sq;
+44 28 8772 8600 🔒 Do
🌐 flavouroftyrone.com

Dungannon liegt auf einem Hügel und war Herrschaftssitz der O'Neill-Dynastie, die vom 14. Jahrhundert bis zur Zeit der Plantation herrschte. Dann wurde ihre Burg zerstört. Die Royal School wurde 1608 von James I beschlossen und 1614 eröffnet. Sie ist eine der ältesten Schulen Nordirlands. Seit 1789 steht sie an ihrem jetzigen Platz. Die Marktstadt war einst ein Zentrum der Leinenherstellung und auch für Glas bekannt – die Glasbläserei Tyrone Crystal musste 2010 jedoch schließen.

Das Shopping-Center Linen Green in Moygashel bietet Outletläden.

㉕ ⊗⊜
Seamus Heaney HomePlace
🅰 D2 🏠 45 Main St, Bellaghy, Co Derry
🕐 Mo – Sa 10 –17, So 13 –17
🌐 seamusheaneyhome.com

Der Tod des Literaturnobelpreisträgers Seamus Heaney 2013 hinterließ in der kulturellen Szene Irlands eine große Lücke. Thema des beliebtesten und wichtigsten Lyrikers des Landes war auch immer wieder der Nordirlandkonflikt. HomePlace in Bellaghy ist ein interaktives

←

Vogelbeobachtungshütte auf Oxford Island am Ufer des Lough Neagh

↑ *Im HomePlace ausgestellte Skulptur des Lyrikers Seamus Heaney*

Kunstzentrum, das Leben und Werk von Heaney gewidmet ist. Das moderne Gebäude ist gefüllt mit persönlichen Dingen des Lyrikers, Fotos sowie Aufnahmen von Freunden, kulturellen Wegbegleitern und Heaney selbst. In dem Gebäude gibt es auch den Aufführungsort Helicon, eine Bibliothek, ein Café, einen Laden und ein Gemeindezentrum.

㉖
Larne
🅰 E1 🏠 Co Antrim
🏔 20 000 🚉 🚌 ℹ️ The Book Nook, 96b Main St;
+44 28 2826 2450

Die Industriestadt Larne, in der die schottischen Fähren ankommen, ist zwar nicht der schönste Ankunftspunkt in Ulster, aber das Tor zur Küste von Antrim.

An der Küste von Larne Lough wird seit der mittleren Steinzeit Schifffahrt betrieben. Splitter von Feuersteinen zeugen von der frühesten menschlichen Präsenz vor etwa 9000 Jahren. Im 10. Jahrhundert nutzten die Norweger Larne Lough als Seestützpunkt, 1315 landete Edward Bruce hier, und 1914 unterhielt die Ulster Volunteer Force hier für ihren Kampf gegen die Home Rule ein Waffenlager.

27

Ulster Folk and Transport Museum

E2 Cultra, nahe Holywood, Co Down +44 28 9042 8428 März–Sep: Di–So, Bank Holidays 10–17; Okt–Feb: Di–Fr 10–16, Sa, So 11–16 nmni.com/uftm

Das Museum illustriert das Leben und die Traditionen der Menschen in Nordirland. Ganzjährig werden traditionelles Handwerk und alte Methoden des Landbaus präsentiert.

Die A2 trennt das Volksmuseum vom Transportmuseum. Dort ist in einer großen Halle die Irish Railway Collection zu sehen. Die kleinere Transport Gallery zeigt in Ulster hergestellte Maschinen, u. a. einen Wagen der Eisenbahnlinie Portrush–Giant's Causeway. Interessant sind das Testmodell des erfolglosen DeLorean-Autos, das Anfang der 1980er Jahre mit Unterstützung der Regierung gebaut wurde, und eine Dokumentation zur *Titanic*.

1760

wurde Carrickfergus während des Siebenjährigen Kriegs von den Franzosen eingenommen.

28

Carrickfergus

E2 Co Antrim 42 000 Carrickfergus Castle; +44 28 9335 8222; Apr–Sep: tägl. 9–16:30; Okt–März: tägl. 10–16 Do

Carrickfergus entstand um eine Burg, mit deren Bau John de Courcy 1180 begann, um die Zufahrt zum Belfast Lough zu kontrollieren. De Courcy führte das anglonormannische Heer, das nach Strongbows Eroberung von Leinster in Ulster einfiel.

Carrickfergus Castle steht auf einem Felsen mit Blick über den Hafen und ist die schönste und besterhaltene normannische Burg in Irland. Sie wurde seit dem 12. Jahrhundert mehrmals verändert, so wurden z. B. große Befestigungsmauern für die Kanonen der Burg hinzuge-

Restaurants

The Bay Tree
Das Bistro ist bekannt für seine Zimt-Scones und das Abendmenü am Freitag.

E2 118 High St, Holywood bay treeholywood.co.uk.

£££

Noble
Gemütliches Restaurant, in dem perfekte lokale und saisonale Gerichte serviert werden.

E2 27 Church Rd, Holywood Mo, Di nobleholywood.com

£££

Hara
Das stilvolle Restaurant kredenzt kreative Gerichte.

D2 16 Lisburn St, Hillsborough hara hillsborough.co.uk

£££

↑ *Alte Dampflokomotive im Ulster Folk and Transport Museum*

fügt. An den Wehranlagen stehen lebensgroße Modellsoldaten. Die Burg hat mehrmals den Besitzer gewechselt. 1315 übernahmen die Schotten unter Edward Bruce für drei Jahre die Anlage. Von 1688 an wurde sie von der Armee James' II kontrolliert, bis General Schomberg sie 1690 für Wilhelm von Oranien eroberte, der sich hier vor der Schlacht am Boyne *(siehe S. 251)* aufhielt.

Die von de Courcy gegründete St Nicholas' Church hat Buntglasmosaiken und ein »Lepra-Fenster«, durch das Infizierte die Sakramente empfingen.

Weitere Attraktionen sind Flame, ein Museum über die Gasversorgung in viktorianischer Zeit, und das **Andrew Jackson Centre**, in dem vormals die Ahnen des 7. US-Präsidenten lebten.

Carrickfergus Castle
⊗ ⊛ ⊘ ⚄   ☎ +44 28 9335 1273 🕐 tägl. 9:30–17 🗓 1. Jan, 24.–26. Dez

Andrew Jackson Centre
⊗ ⊕   🏠 2 Boneybefore ☎ +44 28 9335 8522 🕐 Mi–So 11–15 (sonst nach Vereinbarung)

---

29 ⊗ ⊛ ⛊ ⛨ ⛩ ⚄ NT
Mount Stewart
🅰 E2 🏠 Portaferry Rd, Newtonards, Co Down ☎ +44 28 4278 8387 🚌 von Belfast 🕐 Haus: März–Okt: tägl. 11–17; Nov–Feb: Sa, So 11–15; Gärten: ganzjährig 🌐 nationaltrust.org.uk

Der Landsitz (19. Jh.) ist im Inneren prachtvoll gestaltet. Die eigentliche Attraktion sind jedoch die Gärten mit Pflanzen und Bäumen, die im subtropischen Klima hervorragend gedeihen. Mount Stewart, heute im Besitz des National Trust, gehörte einst der Familie Londonderry, deren berühmtestes Mitglied Lord Castlereagh von 1812 bis 1822 britischer Außenminister war.

30
Ards Peninsula
🅰 E2 🏠 Co Down 🚆 🚌 nach Bangor 🚹 Regent Street, Newtownards; +44 28 9182 6846 🌐 visitards andnorthdown.com

Die Halbinsel liegt östlich von Belfast bei Bangor. Dieser Ferienort verfügt über einen Hafen sowie einige Jachtclubs. Etwas weiter im Süden liegt Donaghadee. Von hier legen Schiffe zu den drei Copeland Islands ab, wo seit den 1940er Jahren nur noch Seevögel leben. Nahe Millisle steht die **Ballycopeland Windmill** (1784), die einzige Windmühle Nordirlands, die noch in Betrieb ist.

Auf der anderen Seite der Halbinsel, beim Strangford Lough, liegt Newtownards. Oberhalb des Orts erhebt sich der Scrabo Country Park mit dem Scrabo Tower, der 1857 zum Gedenken an den 3. Marquess of Londonderry erbaut wurde.

→

Scrabo Tower auf der Ards Peninsula

Im Dorf Greyabbey gibt es Antiquitätenläden und die Ruinen einer 1193 gegründeten Zisterzienserabtei.

Portaferry an der Spitze der Halbinsel bietet einen tollen Blick über die Strangford Narrows. Das Aquarium **Exploris** zeigt das Leben in den Gewässern der Irischen See und im Strangford Lough.

Ballycopeland Windmill
⊗   🏠 an B172, 2 km westl. von Millisle ☎ +44 28 9082 3207 🕐 Juli–Mitte Sep: Fr–So 10–17

Scrabo Tower
🏠 bei Newtownards ☎ +44 28 9082 3027 🕐 Turm: Apr–Juni, Sep: tägl. nachmittags; Juli, Aug: tägl.; Okt: So nachmittags

Exploris
⊗ ⊜ ⚄   🏠 Castle Street, Portaferry ☎ +44 28 4272 8062 🕐 tägl. 10–17 🗓 24.–26. Dez 🌐 explorisni.com

31
Hillsborough
🅐 D2 🏠 Co Down 🔢 4000
🚋 ℹ️ The Square
🌐 discovernorthernireland.
com

Das georgianische Städtchen ist 16 Kilometer von Belfast entfernt und wird von **Hillsborough Castle** dominiert – der offiziellen nordirischen Residenz von Charles III und für den Besuch von Würdenträgern. Führungen umfassen die Prunkräume.

Auf der anderen Seite des Platzes befindet sich **Hillsborough Fort**, ursprünglich ein Artilleriefort, bevor es im 18. Jahrhundert für Festlichkeiten der Nachkommen von Arthur Hill, dem Gründer der Stadt, umgebaut wurde.

Hillsborough Castle
🎫🎫 🕐 Do – So 10 –17 (Okt – März: bis 16) 🕐 24. – 26. Dez 🌐 hrp.org.uk

Hillsborough Fort
🎫 🏠 Zugang vom Stadtplatz oder Parkplatz am Forest Park 📞 +44 28 9054 3030 🕐 Mo

32
Downpatrick
🅐 E2 🏠 Co Down 🔢 19 000
🚋 ℹ️ St Patrick Centre, Market St; +44 28 4461 2233; Juli, Aug: tägl. (So nur nachmittags); Sep – Juni: Mo – Sa 🚪 Sa 🌐 discovernorthern ireland.com

Gäbe es nicht die enge Verbindung zum hl. Patrick, kämen nur wenige Besucher nach Downpatrick. Die anglikanische Down Cathedral stammt aus dem frühen 19. Jahrhundert. Auf dem Kirchhof steht ein Kreuz aus dem 10. Jahrhundert. Hier soll auch die Grabstätte des hl. Patrick sein. Sie ist durch einen Granitblock mit der Aufschrift »Patric« markiert.

Das **Down County Museum** im Old County Gaol ist vor allem dem Andenken des hl. Patrick gewidmet. Eines der spannendsten Exponate ist das Downpatrick High Cross (10. Jh.).

Umgebung: Um Downpatrick erinnern einige Sehenswürdigkeiten an den hl. Patrick. Struell Wells, einst wohl eine Opferstätte, an der der Heilige wirkte, umfasst eine Kirchenruine und ein Badehaus (17. Jh.). Etwas weiter im Norden bei Saul, wo der Heilige einst landete, befindet sich eine kleine Gedenkkirche. Der Hügel Slieve Patrick ist eine bedeutende Pilgerstätte. Auf seinem Gipfel erhebt sich eine Statue des Heiligen. Nahe dem Fluss Quoile steht mitten in Moorland **Inch Abbey**, eine ehemalige Zisterzienserabtei, die 1180 von John de Courcy gegründet wurde.

Down County Museum
🎫🎫🎫 🏠 English St, The Mall 🕐 Mo – Sa 10 –16:30, So 13:30 –17 🌐 down countymuseum.com

Inch Abbey
🏠 5 km nordwestl. von Downpatrick 📞 +44 28 9181 1491 🕐 tägl.

→
Sonnenaufgang über den Seen und Gipfeln der Mourne Mountains

33
Mourne Mountains
🅐 D2 🏠 Co Down 🚂 nach Newry 🚌 nach Newcastle ℹ️ 10 –14 Central Promenade, Newcastle; +44 28 4372 2222 🌐 visit mournemountains.co.uk

Die Berge von Mourne mit einem Dutzend Gipfeln, die etwa 600 Meter Höhe erreichen, ziehen Jahr für Jahr Tausende von Besuchern an. Nur eine Straße, die B27 von

Das Leben des hl. Patrick
Vom Leben des hl. Patrick, Schutzheiliger Irlands, ist wenig bekannt, doch war er wohl nicht der erste Missionar der Insel. Die meisten Legenden berichten, dass Patrick als Junge zum Schafehüten nach Irland gebracht wurde, jedoch nach Frankreich floh, wo er die christliche Lehre studierte. 432 kehrte er nach Irland zurück. In Saul im County Down missionierte er den Landesherrn. Anschließend reiste er durchs Land und bekehrte viele andere keltische Stämme zum Christentum.

Kilkeel nach Hilltown, durchquert die Mournes. Ein beliebter, aber schwieriger Wanderpfad führt von Newcastle zum 850 Meter hohen Gipfel des Slieve Donard, des höchsten Bergs. Der Weg passiert die Mourne Wall, die zwischen 1904 und 1922 zum Schutz der Wasserreservoirs im Silent Valley errichtet wurde.

In der Region gibt es über 20 kurze Wanderrouten, etwa leichte Spazierwege im Rostrevor Forest oder schwierige Routen zum Slieve Muck und anderen Gipfeln.

35 Kilometer nördlich von Newcastle in den Mourne Mountains befindet sich der Legananny Dolmen, eine der meistfotografierten Sehenswürdigkeiten des Landes.

34 Lecale Peninsula

🅰 E2 🏠 Co Down 🚢 nach Ardglass 🅸 Downpatrick; +44 28 4461 2233 🅦 discovernorthern ireland.com

Man erreicht diesen Teil des County Down mit der Autofähre von Ards Peninsula nach Strangford. Nahe dem Hafen liegt Castle Ward, der Sommersitz von Lord und Lady Bangor, die sich offensichtlich über den Stil ihres

um 1760 erbauten Hauses nicht einig waren. Die Vorliebe des Hausherrn für Klassizismus erkennt man an der Frontseite des Gebäudes. Die Präferenz von Lady Bangor für Gotik kommt an der Gartenseite zum Tragen. In den Innenräumen mischen sich klassizistische und gotische Elemente. Um das Anwesen liegen Gärten, Spielareale und ein Bauernhof mit einer Kornmühle. Heute ist das Haus auch bekannt als Winterfell aus *Game of Thrones*.

Vier Kilometer südlich von Strangford führt die A2 an Kilclief Castle (15. Jh.), einem der ältesten Turmhäuser Irlands, vorbei und weiter nach Ardglass. Das Fischerdorf war einst einer der geschäftigsten Häfen Ulsters. Zu seinem Schutz wurden einige Burgen errichtet, von denen noch sechs zu sehen sind. Den besten Blick über die Dundrum Bay hat man von St John's Point, sechs Kilometer südwestlich von Ardglass.

Castle Ward

 🏠 an A25, 2,5 km westl. von Strangford 🕐 Haus: Mitte März – Okt: tägl. 12 – 17; Gelände: Apr – Sep: tägl. 10 – 20; Okt – März: tägl. 10 – 16 🅦 nationaltrust.org.uk

35 Castlewellan Forest Park

🅰 D2 🏠 Main St, Castlewellan, Co Down 📞 +44 28 4377 8664 🕐 tägl. 10 – Sonnenuntergang

Der Castlewellan Forest Park liegt in den Ausläufern der Mourne Mountains. Bedeutendste Attraktion ist ein weit außerhalb des 1740 gestalteten Parks angelegtes Arboretum, das heute Gewächshäuser, Zwergkoniferen und einen Rhododendronwald umfasst. Erwähnenswert ist auch das Peace Maze, eines der größten Heckenlabyrinthe der Welt, das den Weg zu einer friedvollen Zukunft in Nordirland darstellt. Der Park bietet zudem ein Schlösschen (19. Jh.), heute eine Tagungsstätte, sowie einen See und Wälder.

Schon gewusst?

Die Szenerie der Mourne Mountains inspirierte C. S. Lewis zum magischen Land Narnia.

297

Fahrt entlang der Mourne Coast

Länge 85 km **Rasten** Newcastle, Dundrum, Annalong, Kilkeel, Rostrevor **Terrain** Windige Küstenstraßen

Die Fahrt über die abfallenden Straßen der Mournes ist einer der Höhepunkte einer Reise nach Nordirland. Entlang der Küste führt die Mourne Coastal Route zwischen den Ausläufern des Gebirges und der Irischen See entlang, bietet herrliche Ausblicke und verbindet eine Vielzahl von Fischerdörfern und historischen Burgen. Auf dem Weg ins Landesinnere durchqueren Sie eine leere Moorlandschaft, die mit Heidekraut bewachsen ist. Das Silent Valley mit einem Besucherzentrum und gut ausgeschilderten Wegen ist eines der Gebiete, die speziell für Besucher erschlossen wurden.

Zur Orientierung
Siehe Karte S. 264f

Die Kleinstadt **Dundrum** wird von den Ruinen einer normannischen Burg überragt *(siehe S. 297).*

Der reizvolle **Tollymore Forest Park** ist übersät mit Follies wie dem Gothic Gate, das Teil des ursprünglichen Anwesens aus dem 18. Jahrhundert war.

Vom **Spelga Dam** aus hat man einen tollen Blick nach Norden über die Mourne-Ausläufer *(siehe S. 296f).*

Newcastle ist seit dem frühen 19. Jahrhundert ein beliebter Urlaubsort und verfügt über eine Promenade mit Blick auf einen weitläufigen Sandstrand.

Silent Valley ist für den Verkehr gesperrt, aber Sie können vom Parkplatz zum Gipfel des Ben Crom Mountain wandern oder im Sommer mit dem Bus fahren.

Der ruhige viktorianische Ort **Rostrevor** liegt unterhalb des Gipfels von Slieve Martin an den Ufern des Carlingford Lough.

Das für Besucher gesperrte **Green Castle** (13. Jh.) liegt am Ende einer einspurigen Straße auf einem Felsvorsprung am Eingang zum Carlingford Lough.

0 Kilometer 6
0 Meilen 6
N

Moosbewachsene Ufer des Flusses Shimna im Tollymore Forest Park ↑

REISE-INFOS

Healy Pass auf der Beara Peninsula

IRLAND
REISEPLANUNG

Mit etwas Planung sind die Vorbereitungen für die Reise schnell zu erledigen. Die folgenden Seiten bieten Ihnen Tipps und Hinweise für Anreise und Aufenthalt in Irland.

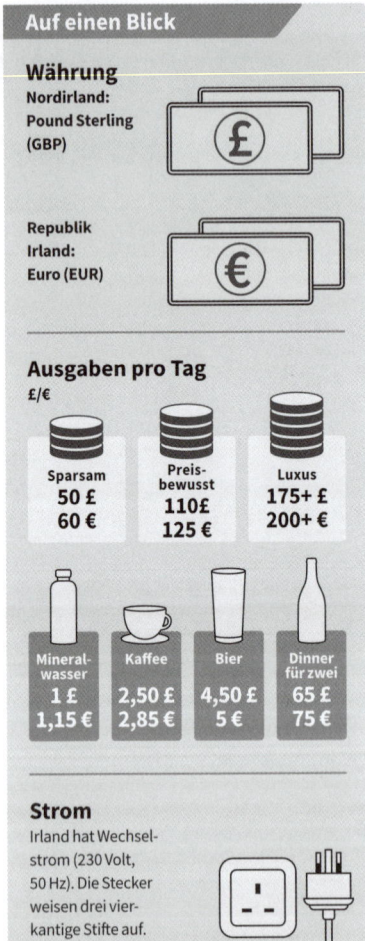

Auf einen Blick

Währung
Nordirland:
Pound Sterling
(GBP)

Republik
Irland:
Euro (EUR)

Ausgaben pro Tag
£/€

Sparsam	Preisbewusst	Luxus
50 £	110£	175+ £
60 €	125 €	200+ €

Mineralwasser	Kaffee	Bier	Dinner für zwei
1 £	2,50 £	4,50 £	65 £
1,15 €	2,85 €	5 €	75 €

Strom
Irland hat Wechselstrom (230 Volt, 50 Hz). Die Stecker weisen drei vierkantige Stifte auf.

Einreise

Irland und das Vereinigte Königreich (Nordirland) sind **keine** Schengen-Staaten. Besucher aus Staaten der EU brauchen für die Einreise nach Irland einen gültigen Reisepass oder Personalausweis mit biometrischem Foto, Schweizer einen Reisepass. Das Dokument muss für die Dauer des Aufenthalts in Irland gültig sein. Auch alle Kinder benötigen ein eigenes Reisedokument mit Lichtbild.

Irish Naturalisation and Immigration Service (INIS)
🌐 inis.gov.ie
UK Government
🌐 gov.uk

Sicherheitshinweise

Aufgrund unvorhersehbarer Entwicklungen kann es zu Änderungen und Einschränkungen kommen. Aktuelle Hinweise zur Einreise sowie Sicherheitshinweise finden Sie beim deutschen Auswärtigen Amt (www.auswaertiges-amt.de), beim österreichischen Bundesministerium für europäische und internationale Angelegenheiten (www.bmeia.gv.at) oder beim Eidgenössischen Departement für auswärtige Angelegenheiten der Schweiz (www.eda.admin.ch).

Zoll

Informationen über die Rechtsvorschriften für Waren und Devisen, die in die Republik Irland ein- oder ausgeführt werden, finden Sie auf der Website von **Tourism Ireland**. Informationen über die Rechtsvorschriften für Nordirland stehen auf der Website der britischen Regierung (siehe oben).

Tourism Ireland
🌐 ireland.com

Versicherungen

Wir empfehlen Ihnen, eine umfassende Versicherung abzuschließen, die Diebstahl, den Verlust von Gegenständen, medizinische Versorgung, Stornierungen und Verspätungen abdeckt.

EU-Bürger haben in der Republik Irland Anspruch auf kostenlose medizinische Not-

fallversorgung, sofern sie im Besitz einer gültigen **EHIC** (Europäische Krankenversicherungskarte) sind. Beachten Sie die neuesten Informationen zu den nationalen Notfalldiensten in Nordirland auf der **NHS**-Website.
EHIC
W **ec.europa.eu**
NHS
W **nhs.uk**

Impfungen
Impfungen sind für einen Besuch Irlands nicht erforderlich.

Bezahlen
Die Akzeptanz gängiger Kredit- und Debitkarten ist in Irland sehr hoch, man kann damit in den meisten Läden und Restaurants bezahlen. Kontaktloses Zahlen wird auch immer beliebter, nur nicht in öffentlichen Verkehrsmitteln. Man sollte jedoch auch immer etwas Bargeld dabeihaben. In Cafés, kleinen Läden und auf Märkten ist immer noch Barzahlung die Regel.

Die Telefonnummer des Sperr-Notrufs bei Verlust einer Karte lautet: +49 116 116.

Wenn Sie mit dem Service in einem Restaurant zufrieden waren, ist ein Trinkgeld von zehn Prozent des Rechnungsbetrags üblich. Gepäckträger und Zimmermädchen freuen sich über einen Euro oder ein Pfund pro Gepäckstück/Tag. Bei Taxifahrten genügt es, den Betrag auf den nächsten Euro oder das nächste Pfund aufzurunden.

Hotels
Irland bietet eine riesige Vielfalt an Unterkünften – von Fünf-Sterne-Hotels über Bed & Breakfasts bis zu Hostels. Im Sommer (Juni–Sep) können Hotels schnell ausgebucht sein, auch sind während dieser Zeit die Preise meist um einiges höher. Man sollte deshalb frühzeitig seine Unterkunft buchen.

Eine gute Zusammenstellung von Unterkünften in allen Preisklassen findet man auf der Website von **Tourism Ireland** *(siehe S. 302)*, Irlands offizieller Tourismusinformation.

Reisende mit besonderen Bedürfnissen
Die meisten Sehenswürdigkeiten, öffentlichen Gebäude und Verkehrsmittel in Irland

sind für Rollstuhlfahrer zugänglich. In ländlicheren Gebieten sind die Möglichkeiten möglicherweise eingeschränkter, sodass es sich lohnt, vorher anzurufen, um zu prüfen, ob Ihren Bedürfnissen entsprochen wird.

Accessible Ireland in der Republik Irland bietet Informationen zu Unterkünften, Verkehrsmitteln und Sehenswürdigkeiten für Menschen mit Mobilitäts-, Seh- oder Hörbehinderungen. In Nordirland hilft **Disability Action** mit einem Beratungsdienst weiter.
Accessible Ireland
W **accessibleireland.com**
Disability Action
W **disabilityaction.org**

Sprache
Die Republik Irland ist offiziell zweisprachig – fast alle Straßenschilder sind englisch und irisch beschriftet. Außer in einigen Gegenden im Westen, den sogenannten Gaeltachts, wird überall Englisch gesprochen. Doch findet man bisweilen immer noch Schilder etc. mit nur gälischen Namen.

Öffnungszeiten
Montag Einige Museen und Sehenswürdigkeiten bleiben geschlossen.
Sonntag Die meisten Läden sind nur begrenzt geöffnet oder ganztägig geschlossen.
Feiertage Schulen und Ämter sind geschlossen; Läden, Museen und Sehenswürdigkeiten sind geschlossen oder schließen früher.

Feiertage

1. Jan	New Year's Day
17. März	St Patrick's Day
März/Apr	Good Friday (Karfreitag)
März/Apr	Easter Monday (Ostermontag)
Mai (1. Mo)	Early May Bank Holiday
Mai (letzter Mo)	Bank Holiday (Nordirland)
Juni (1. Mo)	Bank Holiday (Republik)
12. Juli	Battle of the Boyne (Nordirland)
Aug (1. Mo)	Bank Holiday (Republik)
Aug (letzter Mo)	Bank Holiday (Nordirland)
Okt (letzter Mo)	Bank Holiday (Republik)
25. Dez	Christmas Day
26. Dez	Boxing Day (St Stephen's Day in der Republik)

IN IRLAND
UNTERWEGS

Ob Sie einen Städtetrip planen oder einen Aufenthalt im ländlichen Gebiet – hier erfahren Sie, wie Sie Ihre Wunschdestination am besten erreichen und sich im Land bewegen.

Auf einen Blick

Tickets ÖPNV

Dublin
3,30 €
Einzelticket

Belfast
4,20 £
Eintagesticket Bus

Bus Éireann Open Road Pass
60 €
Drei-Tage-Pass für ganz Irland

Tempolimits (Republik Irland)

Autobahn
120 km/h
(75 mph)

Schnellstraße
100 km/h
(62 mph)

Einfache Straße
80 km/h
(50 mph)

Stadtgebiet
50 km/h
(30 mph)

Anreise mit dem Flugzeug

Irlands vier Hauptflughäfen – Dublin, Shannon, Cork und Belfast International – verfügen über regelmäßige Bus- und Zugverbindungen. Von den kleineren Flughäfen verkehren meist nur Taxis.

Dublin Airport wird täglich von mehr als 700 Bussen angefahren. Darunter gibt es auch direkte Linien in die Stadt, die alle 15 bis 20 Minuten fahren. In Cork unterhält Bus Éireann eine Busverbindung zwischen Stadt und Flughafen. Die Busse fahren werktags alle 30 Minuten, am Wochenende stündlich. Bus Éireann betreibt eine Linie vom Shannon Airport nach Limerick. Mehrmals am Tag gibt es eine Busverbindung nach Ennis, etwa 20 Kilometer vom Shannon Airport entfernt.

Bei allen Flughäfen der Republik gibt es Parkplätze (Kurz- und Langzeit).

In Nordirland bringt der Airport Express 300 Passagiere vom Belfast International alle 20 Minuten zum Europa Bus Centre.

Öffentliche Verkehrsmittel

Die wichtigsten irischen Verkehrsbehörden, **Transport for Ireland** in der Republik Irland und **Translink** in Nordirland, bieten auf ihren Websites Infos über Sicherheitsmaßnahmen, Fahrpläne, Fahrkarteninfos, Verkehrspläne und mehr.
Transport for Ireland
🆆 transportforireland.ie
Translink
🆆 translink.co.uk

Zug
Nationale Züge

Das Bahnsystem in der Republik Irland wird von **Irish Rail** (Iarnród Éireann) betrieben. Die Züge sind zuverlässig und bequem und eignen sich somit vor allem für längere Fahrten durchs Land. Achtung: In der Grafschaft Donegal fährt kein Zug.

Das Netz von **Northern Ireland Railways** ist etwas eingeschränkter, aber günstiger. Die Fahrt von Dublin nach Belfast dauert etwa zwei Stunden, ein Hin- und Rückticket kostet ab 30 £.

Von den Flughäfen in die Stadt

Flughafen	Verkehrsmittel	Fahrtdauer	Preis
Dublin Airport	Bus (Airlink)	30 – 60 Min.	7 €
	Taxi	30 Min.	20 – 25 €
Cork	Bus (Éireann)	30 Min.	8 €
	Taxi	30 Min.	20 – 25 €
Shannon	Bus (Éireann) nach Limerick	30 – 45 Min.	8 €
	Taxi nach Limerick	25 Min.	35 – 40 €
Belfast International	Bus (Airport Express 300)	40 Min.	8 £
	Taxi	30 Min.	35 – 40 £
Belfast City Airport	Bus (Airport Express 600)	20 Min.	2,50 £
	Taxi	15 Min.	10 £

Irish Rail
Ⓦ **irishrail.ie**
Northern Ireland Railways
Ⓦ **translink.co.uk/Services/NI-Railways**

Regionale Züge
Der **DART** (Dublin Area Rapid Transit) bedient 30 Bahnhöfe zwischen Malahide und Greystones mit Haltestellen in Dublins Zentrum. Ein Tagesticket für alle DART-Züge kostet 12,15 €. Es gibt auch Mehrtagestickets für Züge und Busse. Informationen findet man auf der DART-Website.

Mit der Dubliner Straßenbahn **Luas** erreicht man problemlos die Vororte. Luas und DART treffen sich an der Connolly Station.

In Belfast fahren alle Züge der Northern Ireland Railways ab Central Station, die sich nicht im Zentrum befindet. Von hier gehen jedoch regelmäßig Züge zum Bahnhof Great Victoria Street im Herzen der Stadt. Tickets kauft man online oder an Stationen.
DART
Ⓦ **irishrail.ie**
Luas
Ⓦ **luas.ie**

Bus
Fernbusse
Das nationale Busunternehmen der Republik Irland, **Bus Éireann**, deckt ganz Irland ab. Mit Bussen reist man günstiger als mit Zügen. Noch günstiger wird es, wenn man online bucht oder am gleichen Tag hin- und zurück-

fährt. Fahrpläne und Ticketpreise findet man auf der Website. Private Busunternehmen bedienen viele ländliche Gebiete und decken Strecken ab, die nicht von Bus Éireann bedient werden. Der wichtigste Busbahnhof in Dublin ist Busáras.

Ulsterbus/Translink verkehrt in ganz Nordirland und bietet Expressverbindungen zwischen größeren Städten an. Fahrpläne und Ticketpreise findet man auf der Website. In Belfast gibt es zwei große Busbahnhöfe – das Europa Bus Centre nahe der Great Victoria Street und die Laganside Bus Station.
Bus Éireann
Ⓦ **buseireann.ie**
Ulsterbus/Translink
Ⓦ **translink.co.uk**

Lokale Busse
Dublin Bus betreibt den Busverkehr in Dublin und Umgebung. Im Rest der Republik übernimmt Bus Éireann den Busbetrieb.

Ulsterbus/Translink betreibt Belfasts **Metro**. Fahrpläne findet man an Busstationen und online.

In Dublin, Limerick, Galway, Cork und Waterford gibt es mit der **Leap Card** Ermäßigungen für öffentliche Verkehrsmittel.
Dublin Bus
Ⓦ **dublinbus.ie**
Metro
Ⓦ **translink.co.uk**
Leap Card
Ⓦ **leapcard.ie**

Taxis

Außer in sehr ländlichen Gegenden der Republik Irland gibt es überall Taxis. Einzelheiten können Sie im Hotel erfragen. Herumfahrende Taxis auf Fahrgastsuche (erkennbar am beleuchteten Schild auf dem Wagendach) gibt es nur selten, in Dublin findet man Taxis am ehesten vor Bahn- oder Busbahnhöfen.

Der Fahrpreis richtet sich nach der Streckenlänge – falls nicht, sollte man die Gebühr vorher erfragen. Hat ein Taxi keinen Taxameter, so klären Sie vorher, was die Fahrt kostet. Auf der Website von Transport for Ireland (siehe S. 304) finden Sie einen Taxitarifkalkulator und ein Tool, mit dem Sie überprüfen können, ob Ihr Fahrer eine gültige Lizenz hat.

In Nordirland sind Taxis relativ preiswert. Fahrten im Stadtzentrum von Belfast kosten meist nicht mehr als 10 £.

Auch in den abgelegeneren Städten Nordirlands gibt es jeweils mindestens ein Taxiunternehmen bzw. einen Taxistand, an dem man relativ problemlos einen Wagen findet.

Lynk und **Fonacab** sind Taxidienste in Dublin bzw. Belfast, die online oder per Telefon gebucht werden können.

Lynk
🆆 lynk.ie
Fonacab
🆆 fonacab.com

Autofahren in Irland

Eine der besten Möglichkeiten, Irland zu bereisen, ist, mit dem Auto quer durchs Land zu fahren. In Irland herrscht **Linksverkehr!** Wenn Sie mit dem eigenen Auto unterwegs sind, müssen Sie Ihren Ausweis, Führerschein und Versicherungsdokumente dabeihaben.

Die Straßen in Nordirland und in der Republik Irland sind zumeist in einem guten Zustand. Viele Abschnitte sind in Autobahnen umgebaut oder zweispurig ausgebaut worden, darunter auch abgelegene Gebiete wie das County Donegal.

Bei Problemen hilft **AA** (Automobile Association) oder **AA Ireland**.

AA
🆆 theaa.com
AA Ireland
🆆 theaa.ie

Mietwagen

Alle internationalen Mietwagenfirmen sind sowohl in der Republik als auch in Nordirland vertreten. Ein Mietwagen ist, vor allem in der Republik Irland, relativ teuer – auch deshalb lohnt sich eine Reservierung vorab.

Normalerweise können Sie mit einem Mietwagen beliebig viele Kilometer fahren. Im Preis inbegriffen sind Insassen-, Feuer- und Diebstahlversicherung, jedoch keine Versicherung gegen Schäden am Wagen selbst. Wollen Sie die innerirische Grenze überqueren, müssen Sie dies angeben.

Um ein Auto zu mieten, benötigen Sie einen gültigen Führerschein und müssen mindestens 21 Jahre alt sein.

Parken

Leider ist es in Irlands Städten nicht einfach, einen Parkplatz zu finden. Aufgrund des hohen Verkehrsaufkommens gibt es jedoch in den meisten Orten ausgewiesene Parkplätze.

Dublin, Belfast und einige andere größere Städte haben mit Parkuhren bestückte Parkzonen oder (sehr teure) Parkplätze.

Man kann überall auf den Straßen parken – mit Ausnahme von wenigen, mit einer gelben Linie markierten Zonen. Hier gibt ein Schild an, wann Parken verboten ist. Eine gelbe Doppellinie bedeutet generelles Parkverbot.

Parken mit Parkscheibe ist an vielen Stellen vorgeschrieben. Parkscheiben bekommen Sie in Läden, bei Tankstellen und Fremdenverkehrsbüros sowie an Automaten.

In Nordirland haben fast alle Städte und Ortschaften sogenannte Control Zones, die mit gelben und pinkfarbenen Schildern ausgewiesen sind. Aus Sicherheitsgründen ist es verboten, hier zu parken.

Verkehrsregeln

In ganz Irland herrscht Linksverkehr, der am Anfang etwas gewöhnungsbedürftig ist.

Die meisten Verkehrsschilder in der Republik Irland sind in gälischer und englischer Sprache, Streckenangaben sind in Kilometern angegeben. In Nordirland sind wie in Großbritannien alle Streckenangaben auf Straßenschildern in Meilen ausgewiesen.

In der Republik Irland bedeutet das Verkehrsschild mit der Aufschrift »Yield« (gälisch »Géill Slí«) »Vorfahrt achten«.

Trotz des Linksverkehrs hat in der Regel der von rechts Kommende Vorfahrt, auch in einem Kreisverkehr, falls nicht anders angegeben. Einsatzfahrzeuge haben immer Vorfahrt.

Sowohl in Nordirland als auch in der Republik Irland besteht Gurtpflicht – auch auf den Rücksitzen. Eine Haftpflichtversicherung ist obligatorisch. Für Kinder bis zu 135 Zentimeter Größe oder jünger als zwölf Jahre sind entsprechende Kindersitze vorgeschrieben. Für Motorradfahrer besteht Helmpflicht.

In beiden Landesteilen besteht Handyverbot, außer es ist eine Freisprechanlage vorhanden.

Die Alkohol-Promillegrenze liegt bei 0,5 (Republik Irland) bzw. 0,8 (Nordirland). Um die strikte Einhaltung dieser Grenzen zu gewährleisten, kommt es zu häufigen Test.

Reiseplanung

Diese Karte, auf der die Hauptrouten mit Fahrtzeiten verzeichnet sind, ist sehr nützlich, wenn man Irlands größere Städte mit dem Auto besuchen will. Die angegebenen Zeiten beziehen sich auf die schnellsten und direktesten Routen.

Belfast – Donegal	2,5 Std.
Belfast – Derry	1,75 Std.
Cork – Killarney	1,5 Std.
Dublin – Belfast	2 Std.
Dublin – Galway	2,5 Std.
Dublin – Kilkenny	2 Std.
Dublin – Limerick	2,75 Std.
Dublin – Waterford	2,5 Std.
Galway – Sligo	2 Std.
Limerick – Cork	1,5 Std.

Derry~Londonderry
Donegal
Belfast
Sligo
Galway
Dublin
Limerick
Kilkenny
Waterford
Killarney
Cork

••• Hauptstraßen

Fahrradverleih

Auf den Landstraßen Irlands ist es ein Vergnügen, mit dem Rad zu fahren. Doch sollte man bei der Planung immer an das unbeständige Wetter denken.

Firmen vermieten Räder an Touristen und haben normalerweise an sechs oder sieben Tagen die Woche geöffnet. Oft kann man auch Räder für einen geringen Mehrbetrag an einem Ort mieten und an einem anderen wieder abgeben. In Zügen und Bussen kann man Räder gegen eine Gebühr mitnehmen.

In den großen Städten, darunter Dublin, Cork, Galway, Limerick und Belfast, gibt es Mietradsysteme. Auch für Fahrradfahrer gilt die Alkohol-Promillegrenze (siehe S. 306).

Boote und Fähren

Mit der Fähre nach Irland zu fahren, ist vor allem bei Besuchern beliebt, die mit dem eigenen Auto quer durch Irland reisen wollen.

Neun Häfen in Großbritannien und zwei in Frankreich bieten Überfahrten zu den sechs wichtigsten Häfen Irlands an, die alle über Bus- und Bahnverbindungen sowie Taxistände verfügen. Die meisten Fähren bieten An- und Abfahrtsmöglichkeiten für Fahrzeuge. **Brittany Ferries**, **Irish Ferries**, **P & O Ferries**

und **Stena Line** betreiben regelmäßige Inlandsfähren und internationale Verbindungen nach Irland aus England und Frankreich.

Viele Gesellschaften bieten einen Rail-and-Sail-Service an, bei dem man mit einem Kombiticket von jedem Bahnhof in England zu jedem beliebigen Ziel in Irland reisen kann. Diese Tickets sind online, telefonisch oder persönlich in den Hafenbüros buchbar.

Auch innerhalb Irlands gibt es viele kürzere Überfahrten. Preise und Verfügbarkeit können je nach Jahreszeit variieren.
Brittany Ferries
W brittany-ferries.co.uk
Irish Ferries
W irishferries.com
P & O Ferries
W poferries.com
Stena Line
W stenaline.co.uk

Wandern

Ein ausgedehntes Netz von Wanderwegen durchzieht das ganze Land. Die meisten irischen Großstädte sind kompakt genug, um sie zu Fuß zu erkunden, und ein Spaziergang ist die beste Art, die Architektur zu bewundern und die lokale Atmosphäre aufzusaugen.

PRAKTISCHE
HINWEISE

Ein paar wenige Kenntnisse der lokalen Gegebenheiten genügen – hier finden Sie die wichtigsten Hinweise und Tipps für Ihren Irland-Aufenthalt.

Auf einen Blick

Notrufnummern

Nordirland	Republik Irland
999	**112**

Zeit

In ganz Irland gilt die GMT, die eine Stunde hinter der MEZ liegt. Es gilt von Ende März bis Ende Oktober Sommerzeit.

Leitungswasser

Falls nicht anders angegeben, ist Leitungswasser in Irland trinkbar.

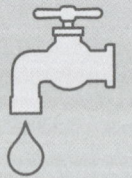

Websites und App

Wild Atlantic Way App
Diese App ist ein absolutes Muss, wenn man Irlands schroffe Westküste bereisen will.

www.discoverireland.ie
Offizielle Tourismuswebsite der Republik Irland.

www.discovernorthernireland.com
Offizielle Tourismuswebsite von Nordirland.

Persönliche Sicherheit

Irland ist generell ein sehr sicheres Reiseland, die Sicherheitslage in Nordirland hat sich kontinuierlich entspannt. Wenn Sie während der Fahrt ein Schild sehen, das anzeigt, dass Sie sich einem Kontrollpunkt nähern, fahren Sie langsamer, benutzen Sie das Abblendlicht und halten Sie Ihren Ausweis bereit.

ITAS (Irish Tourist Assistance Service) unterstützt Verbrechensopfer beim Umgang mit Botschaften, bei Überweisungen oder der Sperrung von Kreditkarten.

In größeren Städten können Taschendiebstähle ein Problem sein. Wurde Ihnen etwas gestohlen, wenden Sie sich an die nächste Polizeistation. Für Ihre Versicherung benötigen Sie ein polizeiliches Verlustprotokoll.

Beim Verlust von Pass oder Personalausweis oder wenn Sie anderweitig in größeren Schwierigkeiten sind, wenden Sie sich an die Botschaft Ihres Heimatlandes.

ITAS
🌐 itas.ie
Botschaft Deutschland
🏠 31 Trimleston Ave, Booterstown, Co Dublin 📞 +353 1 277 6100
🌐 dublin.diplo.de
Botschaft Österreich
🏠 93 Ailesbury Rd, Dublin 4
📞 +353 1 269 4577
🌐 bmeia.gv.at/dublin
Botschaft Schweiz
🏠 6 Ailesbury Rd, Dublin 4
📞 +353 1 218 6382
🌐 eda.admin.ch/dublin

Gesundheit

Irland hat ein sehr gutes Gesundheitssystem. Die medizinische Notfallversorgung für EU-Bürger ist für alle, die eine EHIC *(siehe S. 302f)* besitzen, kostenlos. Bei Nicht-Notfällen und bei Besuchern aus Nicht-EU-Ländern ist der Patient für die Zahlung der medizinischen Kosten verantwortlich. Auf der NHS-Website *(siehe S. 303)* finden Sie Infos zu den medizinischen Notfalldiensten in Nordirland.

Bei kleineren Problemen bekommen Sie in Apotheken die benötigten Medikamente.

In Notfällen sollten Sie einen Allgemeinarzt oder die Notaufnahme des nächsten Krankenhauses aufsuchen. In der Republik müssen Sie möglicherweise eine Gebühr bezahlen, wenn Sie nicht von einem Hausarzt überwiesen werden.

Rauchen, Alkohol und Drogen
Rauchen ist an allen öffentlichen Plätzen verboten, auch in Bars, Cafés, Restaurants und Hotels. Der gesetzliche Grenzwert für Autofahrer liegt in der Republik bei 0,5 Promille und in Nordirland bei 0,8 Promille. Der Besitz von illegalen Drogen ist verboten.

Ausweispflicht
Sie müssen in Irland Ihren Ausweis nicht ständig bei sich tragen. Falls die Polizei Ihre Identität überprüfen will, ist es jedoch sinnvoll, mindestens eine Kopie vorweisen zu können.

Etikette
Obwohl Nordirland eine sichere Reisedestination ist, sollte man sich der Spannungen zwischen Nord- und Südirland bewusst sein und sich respektvoll gegenüber religiösen und politischen Überzeugungen zeigen.

Da etwa 87 Prozent der Bevölkerung der Republik Irland römisch-katholisch sind, ist es schwierig, eine Kirche anderer Konfession zu finden. Kleiden Sie sich bei einem Kirchenbesuch entsprechend.

LGBTQ+
In der Regel akzeptieren die Iren alle Menschen – unabhängig von Rasse, Geschlecht oder Sexualität. Nordirland erkannte 2005 das Recht auf Geschlechtsumwandlung an, die Republik folgte 2015, die gleichgeschlechtliche Ehe wurde in der Republik 2015 und in Nordirland 2020 legalisiert. In den großen Städten gibt es eine lebendige LGBTQ+ Szene. Ländliche Gebiete können jedoch in ihren Ansichten konservativer sein. **Outhouse** in Dublin, das **Rainbow Project** in Belfast und die **LGBT Ireland Helpline** bieten Unterstützung.
Outhouse
W outhouse.ie
Rainbow Project
W rainbow-project.org
LGBT Ireland Helpline
W lgbt.ie

Mobiltelefone und WLAN
Kostenlose WLAN-Hotspots gibt es in den Großstädten überall. Cafés und Restaurants haben meist ihr eigenes WLAN-Passwort.

Für Besucher aus der EU fallen keine Roaming-Kosten an. Sie zahlen für Telefonate, SMS und Daten genauso viel wie daheim. In Nordirland fallen bisher ebenfalls keine Roaming-Kosten an, das kann sich jedoch jederzeit ändern.

Post
Briefmarken bekommt man in Postämtern, Supermärkten und an Zeitungskiosken. In der Republik Irland kosten Briefe und Postkarten in ein anderes europäisches Land 1,50 €, Airmail-Briefe und Postkarten von Nordirland in ein anderes europäisches Land 1,17 £.

Mehrwertsteuer
Die Mehrwertsteuer in der Republik beträgt 23 Prozent, in Nordirland 20 Prozent.

Nur Bürger eines Lands, das nicht EU-Mitglied ist, können sich die Mehrwertsteuer bei der Ausreise rückerstatten lassen. Sie müssen hierfür beim Zoll die Steuerquittung und ihren Ausweis vorlegen.

Besucherpässe
Viele Destinationen bieten Besucherpässe oder Discount-Karten für den Besuch von Ausstellungen und Veranstaltungen, für Museen, Führungen und vieles mehr.

Der **Dublin Pass** gilt für einen, zwei, drei oder fünf aufeinanderfolgende Tage und bietet freien Zugang zu den wichtigsten Sehenswürdigkeiten, Ermäßigungen in Restaurants und eine Tour mit dem Hop-on-Hop-off-Bus. Der **Belfast Vistor Pass** beinhaltet Fahrten mit öffentlichen Verkehrsmitteln und Ermäßigungen für Sehenswürdigkeiten und Restaurants für einen, zwei oder drei Tage. Die **Heritage Card** gewährt ein Jahr lang freien Eintritt zu Kulturerbestätten in Irland. Alle Pässe sind online und in den teilnehmenden Fremdenverkehrsbüros erhältlich.
Dublin Pass
W dublinpass.com
Belfast Visitor Pass
W visitbelfast.com
Heritage Card
W heritageireland.ie

REGISTER

Seitenzahlen in **fetter** Schrift
verweisen auf Haupteinträge.

DANKSAGUNG

Dorling Kindersley bedankt sich bei folgenden Personen für ihre Beiträge zur letzten Ausgabe: Darragh Geraghty, Lisa Gerard-Sharp, Tim Perry, Helen Peters.

BILDNACHWEIS

Dorling Kindersley dankt folgenden Personen, Institutionen und Bildarchiven für die freundliche Genehmigung zur Reproduktion ihrer Fotografien:

o = oben; u = unten; m = Mitte; l = links; r = rechts

123RF.com: bloodua 277mlo; Alberto Loyo 291ul.

4Corners: Francesco Carovillano 18, 184–185.

Alamy Stock Photo: 19. Jahrhundert 50–51om; 500px/stephenemerson 10–11u; Phil Crean A 99m; AA World Travel Library 237ur; age fotostock 195or, 216ol, 260u; Aitormmfoto 116–117o; Ambling Images 183ur; Per Andersen 255ur; Art Directors & TRIP/Helene Rogers 49or; Artokoloro Quint Lox Limited 85ur; Stephen Barnes 266mru, 294–295o, /Arts and Crafts 286ul, /Entertainment 275ur, /Food and Drink 45ur, /Northern Ireland 266mr; Eduardo Blanco 266o; Hans Blossey 199u; Paul Briden 195ul; David Broadbent 24–25m; Chris Bull 52ol; James Byard 88ol; Alexandre Cappellari 102om, 109ol; Peter Cavanagh 46ul; ClickAlps Srls 163mr; David Clynch 133ol; Thornton Cohen 105ml, 281or, 268mr; Gary Cook 215or; Chris Cooper-Smith 101or; Roger Covey 211or; culliganphoto 98; Cultura RM 239ur; Richard Cummins 48ur, 296um; Ian G Dagnall 22ul, 44–45us, 50mu, 151o, 174–175u, 243ol, 274–275o; dbimages 58mr, 190mlo; Design Pics Inc 20mu, 89u, 99mr, 104o, 113ol, 119u, 128mr, 135ur, 140o, 143ul, 189or, 197ul, 244–245, 289or; dominic dibbs 145o; Werner Dieterich 103ur; Ros Drinkwater 58mru; Joe Dunckley 176–177u; Andrew Egan 253o; Stephen Emerson 19, 20ol, 206–207, 224–225, 292–293u; Eye Ubiquitous 84ul, 86u, 133or, 135or, 135mo, 256or, 288u, /Hugh Rooney 40or; David Flanagan 39mr; Kevin Foy 71mr; Ian Pollock James Joyce/geogphotos 41mlo, 212ul; H.S. Photos 83ur; Rik Hamilton 69or; Justin Hannaford 43ml; Kim Haughton 106or; Hemis.fr 234o, 238u, /Gregory Gerault 47ul, /Jacques Sierpinski 33ur; Hi-Story 116mlu; Chris Hill 213mlu; Hufton+Crow-VIEW 277mo; image-BROKER 153um; incamerastock 40–41u; Brian Irwin 249ml; JLBvdWOLF 115ur; Inge Johnsson 94–95; Victor Lacken 279ur; Lebrecht Music &

Arts 49ur, 85um; Vincent Lowe 38ul, 229mru; David Lyons 24mlo, 24–25o, 258ul; Gavin Lyons 145mro; Jack Maguire 239o; Martin Thomas Photography 13o, 115ml; Barry Mason 74ur; mauritius images GmbH 114mlo, /Walter Bibikow 182ml; Angus McComiskey 46ur; Gareth McCormack 39ul, 152mlu, 152u, 169ol, 191mr, 229ul, 232or, 254o; Paul McErlane 41or, /Carolyn Mulholland *Büste von Seamus Heaney* 2016 293or; John A Megaw 58ul; Andrew Melbourne 179ol; Mike Kipling Photography 172o; Mikel Bilbao Gorostiaga Travels 35mru, 196or; Ashley Morrison 47m; John Morrison 52mr; George Munday 31ur, 148ul; Juan Carlos Muñoz 162–163u; Michael David Murphy 189mro; National Geographic Creative 287ul, 288ml, /Catherine Karnow 45or, 58o; Niday Picture Library 251mr; linda nolan 142o; North Wind Picture Archives 65mlu; J Orr 266ul, 268ul; Peter Oshkai 85mru; Pictorial Press Ltd 49ul, 50mlo, 52um; Radharc Images 252ul; reallife-photos 35mlo; Republic of Ireland 38–39o; David Ribeiro 114–115u; Richard Wareham Fotografie 69ol; RM Ireland 236o; robertharding 105u, 235u, /Francesco Vaninetti 268o, /Nigel Hicks 22mr; Olle Robin 189ur; De Rocker 112ml; Invictus SARL 203ur; scenicireland.com/ Christopher Hill Photographic 13mr, 21, 25or, 149u, 233u, 262–263, 276–277u, /Paul Lindsay 47ur; Nazrie Abu Seman 112–113ul; Kathleen Smith 17o, 124–125; Stephen Saks Photo-graphy 192mu; travelib 73o; Ferenc Ungor 110l; Universal Images Group North America LLC/ DeAgostini 213ul; Ivan Vdovin 181or; Vito Arcomano Photography 10mlu; Richard Wayman 29mu, 228mlu; Ken Welsh 147ur; Tim E White 86om.

AWL Images: Walter Bibikow 140ur; Marco Bottigelli 8–9u; Danita Delimont Stock 4; Cahir Davitt 28ul; Shaun Egan 26–27m, 60–61; Hemis 10mo; Nick Ledger 12mlu; Maurizio Rellini 6–7, 17ul, 74o, 87ul, 107ul, 154–155, 210o.

Bantry House and Garden: 166mlu.

Bridgeman Images: The Board of Trinity College/MS 58 fol. 202v *The Devil Tempting Christ to cast Himself down from the Temple*, Illumination des Lukas-Evangeliums, *Book of Kells*, um 800 (Pergament), Irische Schule(9. Jh.) 66ol.

Christ Church Cathedral: 85or, 85mr.

Coppi: Geoff Telford 11ur, 44ol.

Dalkey Book Festival: Conor McCabe 41ur.

Depositphotos Inc: Patryk_Kosmider 49ol, 198ul.

Dorling Kindersley: Antony Souter 8mlu; Joe Cornish 166ur, /Bunratty Castle, County Clare, Ireland 192ul; Maxine Pedliham 37or; Ray Grinaway 48o.

Dreamstime.com: Björn Alberts 257u; Steve Allen 108ul, 168–169u, 189mlo; Arndale 131mlu; Arsty 178ul; Benjaminboeckle 231ol; Bobhilscher 130ul; Jason Busa 260–261o; Captblack76 204o; Carso80 66ul; Joaquin Ossorio Castillo 282ul; Daniel M. Cisilino 128ul, 144u, 177or, 259ur, 261mr; Steven Cukrov 289ur; Francescomaho 52–53mo; Gabe9000c 160–161o; Giuseppemasci 137ur; Graphicjet 213mru, 285ul; Hecke01 282–283o; Marcin Kaminski 163ol, 164ml; Klodien 51or; Patryk Kosmider 37ml, 192m; Chon Kit Leong 32–33o; Madrugadaverde 24ol, 128mru, 139o, 158–159o; Robert Mokronowski 136–137o; Monicaminciu 172–173u; Martin Mullen 153o; Aitor Muñoz Muñoz 248–249o; Christian Mueringer 26mlo; Krzysztof Nahlik 268mru, 275mlu, 295ur; 133mlo; Boonlong Noragitt 11om; Pajda83 160ul, 164u, 200–201u, 221u; Richard Semik 131ur, 194ml; David Soanes 11mru; Spiroview Inc. 50ul; Tyler Stipp 26–27o; Stefano Valeri 212–213o; Trondur 67ol; Attila Tatár 93mro; Unaphoto 30or; VanderWolf-Images 65or, 273ol; Michael Walsh 258–259o; Sara Winter 286–287o, 296–297o, 299; Yykkaa 138–139u.

EPIC – The Irish Emigration Museum: 106ul.

Getty Images: AFP/Peter Muhly 52–53om; Glen Allison 300–301; Bettmann 53mu, 65mu; Walter Bibikow 30–31u, 148or; Marco Bottigelli 170–171o; Matt Browne 43u; Ramsey Cardy 42ul; David Soanes Photography 65mr, 90–91o, 102ul, 118ul; DEA/G. Dagli Orti 249ur, 250ol; Design Pics 172mu, 223or, 240ur, /The Irish Image Collection 113ur, /Peter Zoeller 166ml; Shaun Egan 280–281o; Andreas von Einsiedel 290o; Epics 116mu; Gamma-Rapho/Jean-Christian Bourcart 116ur, /Peter McCabe 217u; George Karbus Photography 228–229o; Cody Glenn 142ul; Bill Heinsohn 77ur; Heritage Images 65mru; Chris Hill 28–29o, 75u, 195ol, 204–205u, 222u, 240–241o, 270o; Richard I'Anson 103o; IIC/Axiom 83ml, 171ur; Image Source 250–251u; Dave G Kelly 22o, 33ml; Ieverstock 120–121u; Lonely Planet Images 91ml; maydays 64–65o; Ray McManus 51ur; Charles McQuillan 52ul, 53or; mikroman6 120or, 202u; Moment/mikroman6 190–191u, /David García Pérez 122–123, /Peter Zelei Images 200or, /Chiara Salvadori 130–131o; Laurie Noble 198o; NurPhoto 22mru; Michelle O'Kane 29ur; oonat 113mlo; Panoramic Images 150–151u; Douglas Pearson 217or; Peter Zelei Images 146o, 164–165; Andrea Pistolesi 135om; Portland Press Herald 53um; Redferns/Kieran

Frost 117ur; robertharding/Neale Clarke 277ol; Chiara Salvadori 72ul; Martin Siepmann 149om; Sportsfile/Ramsey Cardy 42–43o; ullstein bild 65ur; Peter Unger 188–189u, 191ol; Angel Villalba 278–279o; Ray Wise 218–219o; www.deirdregregg.com 285or; Peter Zoeller 82or, 132ul.

GPO Witness History: 99ul.

Irish Museum of Modern Art Dublin: Jac Leirner, Institutional Ghost at the IMMA, Dublin/ Ruth Medjber 116ml.

iStockphoto.com: ClaudineVM 92or; David Soanes Photography 31ml; duncan1890 49mlo; eugene_remizov 230–231u; funky-data 51ul; hipokrat 218ur; JoeDunckley 8mlo; Joel Carillet 12–13u; kilhan 12o; Krzysztof Nahlik 272–273u; mammuth 128o; marcviln 179or; miroslav_1 2–3; Mustang_79 203o; Nagalski 37mru; Paul Vowles 31or; powerofforever 27or; rimglow 89or; RogerBradley 280ur; ShaunTurner 284o; stevegeer 26ol, 164or; Stockbyte 78–79; Westbury 85ul; wieditmedia 48ul; Philip_ Willcocks 283m; wynnter 50ol.

The Jameson Distillery Midleton: 175or.

The Jameson Whiskey Distillery: 100–101u, 101ol, 101ml.

Little Museum of Dublin: Mick O'Dea, RHA-Gemälde im Little Museum of Dublin 73ur.

Photos © National Gallery of Ireland: 70–71u, 71ol, 71or.

Mit freundlicher Genehmigung des **National Museum of Ireland:** 68–69u, 69mo, 214mru, 214um.

National Print Museum: 118or.

Mit freundlicher Genehmigung des **Office of Public Works (OPW):** Dublin Castle/Davison & Associates 83or, 83mr.

Robert Harding Picture Library: Klaus-Werner Friedrich 34–35u.

Shutterstock: Remizov 32ur.

SuperStock: The Irish Image Collection 90um; Prisma/Karl-Heinz Raach 220or; Stock Connection 13ur.

Tayto Park: 36–37u.

Temple Bar Company: 34–35o.

W5: 36–37o.

Wild Honey Inn: 45ml.

Umschlag:
Vorderseite und Buchrücken: **Dreamstime.com:**
Pierre Leclerc.
Rückseite: **Alamy Stock Photo:** Gabriele Dessì
ml, Inge Johnsson m; **AWL Images:** Maurizio
Rellini or.

Alle anderen Bilder © Dorling Kindersley
Weitere Informationen: **www.dkimages.com**

www.dk-verlag.de

DK London (aktualisierte Neuauflage)

Mitwirkende Darren Longley, Sean Sheehan,
Rachel Thompson
Lektorat Georgina Dee, Alison McGill, Parnika
Bagla, Rada Radojicic, Avanika, Chhavi Nagpal,
Kanika Praharaj, Shikha Kulkarni, Hollie Teague,
Beverly Smart
Gestaltung und Bildredaktion Maxine Pedliham,
Tania Da Silva Gomes, Sumita Khatwani, Stuti
Tiwari, Ankita Sharma, Vagisha Pushp, Bess Daly,
Priyanka Thakur
Umschlag Bella Talbot, Laura O'Brien, Rohit Rojal
Herstellung Jason Little, Kariss Ainsworth
Kartografie Suresh Kuma
Illustrationen Draughtsman Maps, Maltings
Partnership, Robbie Polley, Richard Bonson, Brian
Craker, John Fox, Paul Guest, Stephan Gyapay, Ian
Henderson, Claire Littlejohn, Gillie Newman, Chris
Orr, Kevin Robinson, John Woodcock, Martin
Woodward

© 1995, 2021 Dorling Kindersley Ltd., London
A Penguin Random House Company

Zuerst erschienen 1995 in Großbritannien bei
Dorling Kindersley Ltd., London

Für die deutsche Ausgabe © 1996, 2022
Dorling Kindersley Verlag GmbH, München
Ein Unternehmen der
Penguin Random House Group

Aktualisierte Neuauflage 2023 / 2024

Alle Rechte vorbehalten. Reproduktion, Speicherung in
Datenverarbeitungsanlagen, Wiedergabe auf
elektronischen, fotomechanischen oder ähnlichen Wegen,
Funk und Vortrag – auch auszugsweise – nur mit
schriftlicher Genehmigung des Copyright-Inhabers.

Verlagsleitung Monika Schlitzer, DK Verlag
Programmleitung Heike Faßbender, DK Verlag
Redaktionsleitung Stefanie Franz, DK Verlag
Projektbetreuung Theresa Fleichaus, DK Verlag
Herstellungskoordination Antonia Wiesmeier,
DK Verlag

Übersetzung Klaus Kamphausen, München;
Dr. Gabriele Rupp, München
Redaktion Dr. Gabriele Rupp, Krailing
Schlussredaktion Philip Anton, Köln
Umschlaggestaltung Ute Berretz, München
Satz und Produktion DK Verlag, München
Druck RR Donnelley Asia Printing Solutions Ltd.,
China

ISBN 978-3-7342-0719-8

20 21 22 23   26 25 24 23 22

Dieser Reiseführer wird regelmäßig aktualisiert.
Angaben wie Telefonnummern, Öffnungszeiten,
Adressen, Preise und Fahrpläne können sich jedoch
ändern. Der Verlag kann für fehlerhafte oder
veraltete Angaben nicht haftbar gemacht werden.
Für Hinweise, Verbesserungsvorschläge und
Korrekturen ist der Verlag dankbar.
Bitte richten Sie Ihr Schreiben an:

Dorling Kindersley Verlag GmbH
Redaktion Reiseführer
Arnulfstraße 124 • 80636 München
reise@dk.com

Irland